DIE ZWANZIGER JAHRE IN BERLIN –
EIN WEGWEISER DURCH DIE STADT

PRESSESTIMMEN

»Ein Wegweiser, der Interessierte knapp und anschaulich über
alle wesentlichen Namen und Geschehnisse informiert und sie
zu den Orten führt: handlich, reich illustriert, übersichtlich und
informativ, eignet sich das Buch als Vademecum beim Flanieren
durch die Straßen und Museen ebenso wie zur Lektüre daheim.«
literaturblatt

»Wer mit dem Wegweiser durch die Goldenen Zwanziger durch
die Stadt geht, wird sich begeistern.« Berliner Morgenpost

»Ein wohlgeordneter, kluger Wegweiser durch das Berlin von
heute.« Frankfurter Allgemeine Zeitung

MICHAEL BIENERT
ELKE LINDA BUCHHOLZ

DIE ZWANZIGER JAHRE IN BERLIN

EIN WEGWEISER DURCH DIE STADT

IMPRESSUM

Bienert, Michael/Buchholz, Elke Linda:
Die Zwanziger Jahre in Berlin – Ein Wegweiser durch die Stadt
5. Auflage der überarbeiteten und aktualisierten Neuausgabe –
Berlin: Berlin Story Verlag 2020
ISBN 978-3-95723-065-2

© Berlin Story Verlag GmbH
Leuschnerdamm 7, 10999 Berlin
Tel.: (030) 20 91 17 80
Fax: (030) 69 20 40 059
www.BerlinStory.de
E-Mail: Service@BerlinStory.de
UStID: DE291153827
AG Berlin (Charlottenburg) HRB 152956 B
Layoutentwurf: Till Kaposty-Bliss
Umschlag: Marlen Rühle, Norman Bösch
Satz: Norman Bösch

WWW.BERLINSTORY.DE

INHALT

1 EIN MYTHOS WIRD BESICHTIGT 10

   Innenstadtkarte 1932 .... 14/15

2 DIE NOVEMBERREPUBLIK 16
   Reichstag und Regierungsviertel 19
   Revolutionäre am Schloßplatz 23
   Gedenkstätten für Rosa Luxemburg 25
   Attentat im Grunewald 27
   Wer regierte im Roten Rathaus? 29
   Straßenschlachten am Rosa-Luxemburg-Platz 31
   »Krieg dem Kriege!« –
   Geschichte im Museum 34

3 TEMPO UND TECHNIK 36
   Der eiserne Gustav 39
   Die erste Ampel am Potsdamer Platz 41
   Vollgas auf der Avus 43
   Schneller mit der S-Bahn 45
   Linie 8 – Licht und Farbe im Untergrund 47
   Die Speisekammer im Westhafen 50
   Schiffshebewerk Niederfinow 52
   Berlin funkt –
   Messegelände und Haus des Rundfunks 54
   Elektropolis 56
   Technik im Museum............................... 59
   Alles relativ? – Einstein in Berlin 62

4 NEUES BAUEN 66

Sparsam bauen –
Projekte von Staat und Verwaltung 70
Solidarisch in die Zukunft –
Bauten der Gewerkschaften. 73
Besser lernen – Schulen der Demokratie 76
Schöner baden – Strandbad Wannsee,
Müggelseebad und Stadtbad Mitte 79
Hoch hinaus – Wegmarken der
Büro- und Geschäftshausarchitektur 81
Moderner beten – Kraftwerke Gottes 88
Kühl und elegant – Erich Mendelsohns Villen 93
Avantgardistisch und mustergültig –
Wohnbauten von Luckhardt & Anker. 98
Perfekt und bescheiden –
Mies van der Rohes Landhaus Lemke. 102

5 WOHNEN IM WELTKULTURERBE 104

Tuschkastensiedlung – Gartenstadt Falkenberg 106
Moderner Wedding – Siedlung Schillerpark 108
Hufeisen, Hüsung, Rote Front – Großsiedlung Britz 110
Loggien für Arbeiter – Wohnstadt Carl Legien. 112
Panzerkreuzer und Langer Jammer –
Ringsiedlung Siemensstadt. 114
Nie wieder Kohle schleppen – Die Weiße Stadt 116
Dächerkrieg in Zehlendorf – Onkel-Tom-Siedlung 118
Billig bauen, ohne dass es danach aussieht –
Reichsforschungssiedlung Haselhorst 120
Unter der Lichtburg – Gartenstadt Atlantic 122
Weitere Siedlungen und Wohnhäuser 124

6 DIE KLARE LINIE 126

Das Bauhaus-Archiv 129
Exkurs: Bauhäusler bauen in Berlin. 132
Weltkulturerbe in Bernau 136
Das Bröhan-Museum 139
Berliner Chic – Mode am Hausvogteiplatz. 142
Mode im Museum 144
Mode in der Bibliothek. 146
Der Bubikopf 148

7 GROSSSTADTKUNST 150
Avantgarden in der Berlinischen Galerie 155
Neue Nationalgalerie – Sammlung auf Wanderschaft. . . . 159
Weitere Museen 164
Käthe Kollwitz – Im Museum und auf der Straße 166
George Grosz – Spießer, Huren, Mordgelüste 169
Georg Kolbe – Bildhaueratelier im Westend 172
Von Zille bis Dada – Berliner Künstleradressen 176

8 ASPHALTLITERATUR UND PRESSE 180
Im Zeitungsviertel 184
»Berlin ist Benzin« – Alfred Döblin 186
Die Dichterakademie 191
Sally und Emil am Nollendorfplatz 193
Hier schrieb Berlin – Autorenadressen 196

9 REVUE BERLIN – MUSIK, THEATER, KINO 198
Neue Töne – Opern und Philharmonie 202
Theaterlandschaft. 205
»Haus Herzensglück« – Renaissance-Theater 210
»In der Asphaltstadt« – Brecht in Berlin 212
Metropolis und Marlene –
Filmgeschichte im Museum 217
Cyankali im »Babylon« – Kinopaläste 223
Das deutsche Hollywood – Filmstadt Babelsberg. 226
Wohnadressen der Stars 229

10 KURFÜRSTENDAMM. 230
»Industriegebiet der Intelligenz« –
Künstlerlokale 236
Quer zum Kurfürstendamm –
Zwischen Literaturhaus und »Weltbühne« 238
Jeanne Mammen – Das verborgene Atelier 242
Die Secession wird Bühne –
Theater am Kurfürstendamm 245
Vom »Universum« zur Schaubühne –
Erich Mendelsohns Woga-Komplex 247
Der Junge mit dem Fotoapparat –
Helmut Newton Stiftung im Museum für Fotografie 240

11 METROPOLE DES VERBRECHENS............. 252
Die Einbrecherkönige von Moabit................ 256
Das Museum im Polizeipräsidium................ 258
Kriminalgericht Moabit 260
Franz Biberkopf und Carl von Ossietzky in Tegel....... 262

12 VERFOLGUNG, EXODUS UND ERINNERUNG...... 264
Jüdisches Museum und Centrum Judaicum........... 269
In Weissensee – Die jüdische Nekropole............. 272
Institut für Sexualwissenschaft und
Denkmal der Bücherverbrennung 274
1933 – Schauplätze des Terrors 277

13 100 JAHRE GROSS-BERLIN 282

4 ANHANG.................................. 286
Weiterführende Literaturhinweise 287
Weiterführende Internetseiten 291
Adressen 293
Register 297

Der Potsdamer Platz, um 1925 >

EIN MYTHOS WIRD BESICHTIGT

Jede Stadt hat ihre Geschichten, die wieder und wieder erzählt werden. Jede Stadt hat ihre Orte, die Besucher gesehen haben müssen. Und jede Stadt hat ihre Bilder und Lieder, die eng mit ihrem Namen verbunden bleiben. Das alles verdichtet sich in den Köpfen zur Mythologie einer Stadt.

Bei Babylon denken wir an Turmbau und Sprachverwirrung, bei Athen an antike Baukunst, Philosophie und Demokratie, bei Rom an das alte Weltreich und den Katholizismus. Paris war Schauplatz der Französischen Revolution und bürgerliche Kulturmetropole des 19. Jahrhunderts. Bei New York stehen uns die Skyline von Manhattan und die Stadtneurotiker aus zahllosen Filmen vor Augen. Die Berliner Mythologie ist jung wie diese Großstadt, spiegelt Auf- und Abbrüche, politische Kämpfe und Extreme im 20. Jahrhundert.

Noch immer zieht die Berliner Mauer Touristen an, obwohl kaum etwas von den ehemaligen Grenzanlagen stehen blieb. Gespenstisch lebendig bleibt auch die Nazizeit, weil das Böse fasziniert und die Gräuel nicht vergessen werden sollen, damit sie sich nicht wiederholen. Überstrahlt wird die dunkelste Epoche vom Mythos der »goldenen« Zwanziger Jahre. In der kurzen Blütezeit zwischen zwei Weltkriegen hat Berlin die Weltkultur um wichtige Werke der Architektur und bildenden Kunst, der Musik und Literatur bereichert: Wir denken an die »Dreigroschenoper«, an den Roman »Berlin Alexanderplatz«, an die Hufeisensiedlung in Britz, an den scharfen Strich des Zeichners Georg Grosz, an Filme wie »Das Cabinet des Dr. Caligari« oder »Metropolis«. Berlin war die wichtigste Theaterstadt in Deutschland und spielte eine führende Rolle bei der Entwicklung neuer Massenmedien wie Rundfunk und Kino. Die anonyme Millionenstadt diente als Ex-

< *Kinoplakat am Potsdamer Platz, 2005*

perimentierfeld für neue Lebensformen und Lebensstile, war ein Zentrum wissenschaftlicher Forschung und Standort innovativer Industrien.

Gleichzeitig trug dieses Berlin den Keim der Zerstörung in sich. Hier tobten erbitterte politische Kämpfe, die auf vielen Schauplätzen ausgetragen wurden: im Reichstag, in der Presse, auf der Straße und ebenso in den Künsten. Den meisten Berlinern ging es in jenen Jahren nicht gut. Viele litten unter den wirtschaftlichen Folgen des verlorenen Ersten Weltkrieges, unter der Inflation und Weltwirtschaftskrise. Es gab zahllose Verarmte und Arbeitslose, und die grassierende Existenzangst unterhöhlte das Vertrauen in die junge Weimarer Demokratie. Der Vitalität Berlins tat das keinen Abbruch, im Gegenteil. Das Gefühl, auf einem unsicheren Fundament zu leben, fachte die Lebensgier und die Neugier an.

Diese schöpferische Unruhe ist ein Faszinosum, bis heute. Solange Berlin geteilt war, konservierten die Berliner den Mythos der Zwanziger Jahre in Retrospektiven, Ausstellungen und Büchern – wobei der Akzent in Ost-Berlin ganz eindeutig auf der Geschichte der Kommunistischen Partei und ihrer Verbündeten lag, deren Träume aus den Zwischenkriegsjahren angeblich in der DDR verwirklicht worden waren. In West-Berlin wurde eher die kulturelle Vielfalt jener Epoche beschworen. Nach der Wiedervereinigung glaubten viele, Berlin könne schnell wieder eine Ideen sprühende Metropole wie in den Zwanziger Jahren werden. Stadtplaner und Architekten stellten Strukturen der alten Reichshauptstadt wieder her oder knüpften an die moderne Bautradition an. Man kann inzwischen wieder auf den alten, während der Spaltung unterbrochenen oder stillgelegten U- und S-Bahnstrecken durch die Stadt fahren. Doch hat der heutige Großstadtalltag nicht viel mit der rauen Lebenswirklichkeit der Zwanziger Jahre gemein. Es gilt der Satz, den der Flaneur Franz Hessel 1929 seinem literarischen Wegweiser »Spazieren in Berlin« vorangestellt hat: »Man findet Herculaneum unter der Asche wieder; aber einige Jahre verschütten die Sitten einer Gesellschaft besser als aller Staub der Vulkane«.

Geblieben ist die diffuse Sehnsucht, etwas von der damaligen Stadt in der heutigen wiederzufinden. Einheimische, Zugereiste und Besucher teilen sie gleichermaßen. Längst gibt es zahllose Publikationen über das Berlin der Zwanziger Jahre. Ein Wegweiser wie der vorliegende fehlte bislang. Die Zeit schien uns reif dafür, weil sich die Präsenz der Zwanziger Jahre in der Stadtlandschaft seit dem Fall der Mauer stark verändert hat. So stehen am Potsdamer Platz jetzt Hochhäuser, wie sie die Stadtplaner der Zwanziger

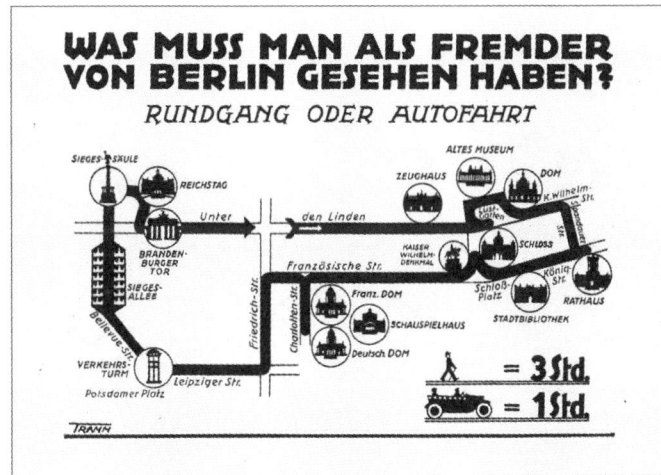

Jahre erträumten. Der Verkehr flutet über den ehemaligen Todesstreifen zwischen Ost- und West-Berlin, sogar eine Replik der ersten Ampelanlage aus der Zwischenkriegszeit hat man am Potsdamer Platz aufgestellt. Zahlreiche Geschäfts- und Wohnhäuser der Moderne wurden denkmalgerecht saniert, sechs Wohnsiedlungen 2008 in die Welterbeliste der UNESCO aufgenommen. Im Reichstagsgebäude tagt wieder ein Nationalparlament. Die Museumslandschaft wurde im Zuge der Wiedervereinigung neu geordnet. Bilder und Dokumente der Weimarer Jahre sind innerhalb der Stadt umgezogen in die Berlinische Galerie, das Jüdische Museum, das Museum für Film und Fernsehen oder das Technikmuseum mit seiner neuen Luftfahrtabteilung – allesamt Museen, in denen Kulturleistungen der Zwanziger Jahre gewürdigt werden.

Nur ein Museum der Zwanziger Jahre hat noch niemand eröffnet. Die Stadt als Ganzes kann jedoch wie ein Museum besichtigt werden – vorausgesetzt, man hat den passenden Führer. Diese Lücke haben wir mit dem vorliegenden Buch zu schließen versucht. Ein vollständiges Bild von Berlin zwischen 1918 und 1933 zu geben, ist nicht unser Ziel. Wir wollen lediglich zeigen, wo und wie man in der heutigen Stadt etwas über das legendäre »Babylon Berlin« der Zwanziger Jahre erfahren kann. Sein Bild von Berlin muss sich ohnehin jeder selbst machen.

^ *Aus dem offiziellen Führer des städtischen Fremdenverkehrsamtes, 1928*

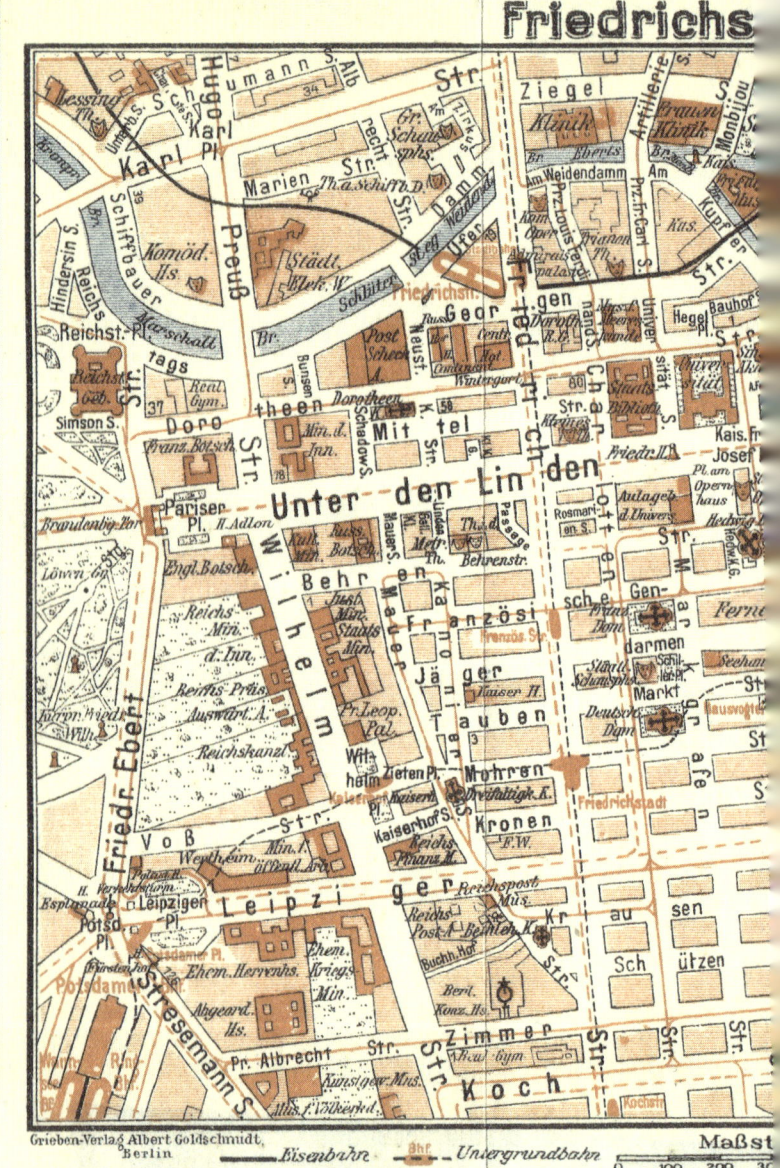

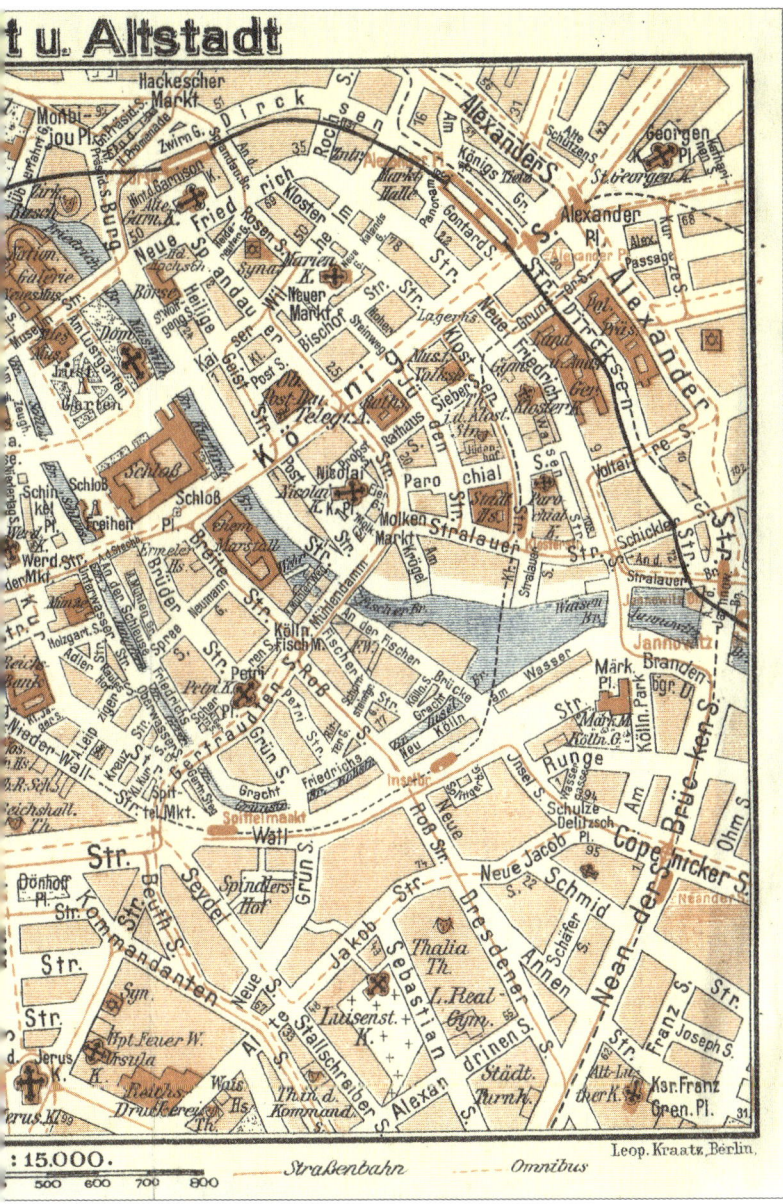

DIE NOVEMBER-REPUBLIK

16

»Es ist für die gesamte weitere deutsche Geschichte von verhängnisvoller Bedeutung gewesen, dass der Kriegsausbruch, trotz allem fürchterlichen Unglück, das ihm folgte, für fast alle mit ein paar unvergesslichen Tagen größter Erhebung und gesteigerten Lebens verbunden geblieben ist, während an die Revolution von 1918, die doch schließlich Frieden und Freiheit brachte, eigentlich fast alle Deutschen nur trübe Erinnerungen haben (...) Obwohl der Krieg zu Ende ging, die Frauen ihre Männer, die Männer ihr Leben zurückgeschenkt bekamen, ist seltsamerweise kein festliches Nachgefühl mit dem Datum verbunden; vielmehr Missmut, Niederlage, Angst, sinnlose Schießerei, Konfusion, ja und schlechtes Wetter.« Wie der Schriftsteller Sebastian Haffner als Jugendlicher erlebten die meisten Berliner das Ende des Kaiserreiches. Der Umsturz lag seit längerem in der Luft. Die deutschen Truppen befanden sich seit Monaten auf dem Rückzug, der Reichstag und selbst die kaisertreue Heeresleitung drängten auf einen Waffenstillstand. Der Hauptstadt stand ein weiterer Hungerwinter bevor. Das Reich war ausgeblutet: Am Ende des Ersten Weltkrieges zählte man 1,8 Millionen Tote und 4 Millionen Verwundete allein auf deutscher Seite. Die wirtschaftlichen, aber auch die seelischen Kriegsfolgen waren eine Hypothek, die den Aufbruch in die Demokratie schwer belastete.

Seit 1871 war Berlin die Hauptstadt des Deutschen Reiches. Auf den Straßen und im Reichstag wurden schon in der Kaiserzeit politische Kämpfe zwischen den Anhängern der Monarchie auf der einen Seite, liberalen Bürgern und Vertretern der Arbeiterbewegung auf der anderen ausgefochten. Letztere bildeten am 10. November 1918 eine Übergangsregierung, den Rat der Volksbeauftragten. Die Regierung unter Führung des Sozialdemokraten

< *Revolutionsdenkmal von Gerhard Rommel (1988) am Marstallgebäude*

Friedrich Ebert versuchte, das revolutionäre Chaos möglichst rasch zu beenden und die öffentliche Ordnung wiederherzustellen. Beim Kampf gegen linksradikale Aufständische, die gegen den moderaten Regierungskurs opponierten, stützte sich der Rat der Volksbeauftragten auf konservative Truppenverbände. Diese richteten im Winter 1918/19 mehrfach Blutbäder unter revoltierenden Arbeitern an. Die ersten Monate der Republik rissen eine unüberbrückbare Kluft zwischen die beiden großen Arbeiterparteien, die republiktreuen Sozialdemokraten und die Moskau hörigen Kommunisten. Diese Spaltung lähmte die politische Linke und ermöglichte es einem Bündnis von Konservativen und Rechtsradikalen, die Republik Anfang der Dreißiger Jahre in eine Diktatur umzuwandeln.

Berlin symbolisierte die »Novemberrepublik« wie keine andere Stadt, vor allem in den Augen ihrer Feinde. Die Hauptstadt war nicht nur Regierungssitz der »Novemberverbrecher«, wie rechte Propagandisten gifteten, sie war auch eine große Industrie- und Arbeiterstadt, die meistens links wählte. Die Weimarer Republik war eigentlich eine Berliner Republik. Weimar gab ihr den Namen, weil die erste frei gewählte Nationalversammlung im Februar 1919 dort zusammentrat, um eine Verfassung zu beschließen. Berlin galt zu diesem Zeitpunkt als unsicheres Pflaster. Außerdem war Berlin belastet durch seine Vergangenheit als säbelklirrende Hauptstadt des Kaiserreiches. Das Weimar Goethes und Schillers stand für ein anderes Deutschland, für Aufgeklärtheit, Humanismus, Weltbürgerlichkeit. Die Vision eines Staates im Geiste des deutschen Idealismus wurde in Weimar formuliert, doch ihre Feuerprobe musste sie in Berlin bestehen.

Bei der Verteidigung der Republik machte die Stadtbevölkerung lange Zeit eine bessere Figur als ihre gewählten Vertreter. So stoppte sie im März 1920 den Kapp-Putsch, einen Umsturzversuch reaktionärer Kräfte, durch einen Generalstreik. Trotz des latenten Bürgerkriegs in den ersten Jahren der Republik, trotz der Geldentwertung des Jahres 1923, trotz des ermüdenden Schauspiels ständig wechselnder Koalitionsregierungen wählten die Berliner mehrheitlich demokratische Parteien. Erst die Auswirkungen der 1929 einsetzenden Weltwirtschaftskrise, die die Zahl der Arbeitslosen in der Viermillionenstadt auf über 600 000 anschwellen ließ, veränderten das Klima zugunsten der Radikalen. Bei den letzten Wahlen vor der Errichtung der Diktatur lieferten sich Sozialdemokraten, Kommunisten und Nazis jedesmal ein Kopf-an-Kopf-Rennen. Zuletzt gewannen auch in Berlin die Gegner der parlamentarischen Demokratie die Oberhand.

REICHSTAG UND REGIERUNGSVIERTEL

Am 9. November 1918 herrschte hektische Betriebsamkeit im Reichstag. Die politische Lage war unübersichtlich: Überall im Deutschen Reich meuterten Truppen, rissen spontan gebildete Arbeiter- und Soldatenräte die Macht an sich. Der in Belgien weilende Kaiser Wilhelm II. war geneigt zur Abdankung, wollte aber die preußische Königswürde unbedingt behalten. Reichskanzler Max von Baden machte der Sache ein Ende und tat, wozu er gar nicht befugt war: Er gab den Thronverzicht Wilhelms II. bekannt und ernannte den Sozialdemokraten und Handwerkersohn Friedrich Ebert zu seinem Nachfolger als Regierungschef. Danach trat Eberts Parteifreund Philipp Scheidemann auf einen Balkon des Reichstagsgebäudes und hielt vor den gespannt wartenden Schaulustigen eine spontane Rede. Dabei ließ er sich zu dem Satz »Es lebe die Republik!« hinreißen.

Sehr zum Ärger Eberts, denn es war abgesprochen, dass erst eine frei gewählte Nationalversammlung über die künftige Staatsverfassung entscheiden solle. Das war die Geburtsstunde der Republik.

Die Nationalversammlung tagte ab dem Februar 1919 zunächst in Weimar. Sie wählte Friedrich Ebert zum Präsidenten, Scheidemann zum neuen Regierungschef und schrieb die parlamentarische Demokratie in der Verfassung fest. Ab September 1919 setzte die Nationalversammlung ihre Arbeit im Berliner Reichstagsgebäude fort, und im Sommer des folgenden Jahres wurde eine neue Volksvertretung gewählt.

Laut Verfassung verabschiedete das Parlament die Gesetze und kontrollierte die Regierung. Dazu war es mit starken Rechten gegenüber der Exekutive versehen. Allerdings war die Parteienlandschaft heillos zersplittert, was die Koalitions-

^ *Seit 2011 markiert ein Denkzeichen für den Hitler-Attentäter Georg Elser den Ort der Reichskanzlei.*

bildung erschwerte: So kam es, dass von 1919 bis 1933 über 20 Reichsregierungen amtierten, von denen die stabilste weniger als zwei Jahre im Amt blieb. In dieser Zeit musste der Reichstag achtmal neu gewählt werden.

Wegen der ständigen Regierungskrisen, aber auch wegen der ruppigen Auseinandersetzungen zwischen den gewählten Anhängern und Gegnern der parlamentarischen Demokratie genoss der Reichstag in den Zwanziger Jahren bei der Bevölkerung kein hohes Ansehen. Dabei war er, anders als der alte Reichstag, kein machtloser Debattierklub, sondern ein fleißiges Arbeitsparlament, das intensiv über eine Vielzahl von Gesetzen beriet.

Für einen modernen Parlamentsbetrieb bot das nach Plänen von Paul Wallot erbaute, 1894 eröffnete Gebäude viel zu wenig Platz. Deshalb wurde in den Zwanziger Jahren bereits intensiv über Erweiterungsbauten am Königsplatz, seit 1925 Platz der Republik, nachgedacht. Sogar ein Abriss des alten Reichstagsgebäudes stand zur Diskussion.

Als verhängnisvoll erwies sich die in der Weimarer Reichsverfassung vorgesehene Stellung des Reichspräsidenten. Er wurde direkt gewählt, konnte Notverordnungen erlassen und das Parlament auflösen, falls es sich widersetzte. So konnten ab 1930 die vom Präsidenten Paul von Hindenburg (Foto S. 35) ernannten Reichskanzler ohne Mehrheit im Parlament regieren. Damit wurde der Parlamentarismus allmählich ausgehöhlt, ehe die Nationalsozialisten den Reichstag in ein Marionettentheater der Diktatur verwandelten.

Am Abend des 27. Februar 1933 brannte das Parlamentsgebäude, in dem Hitlers Partei seit den Wahlen vom letzten Juli die stärkste Fraktion stellte. Am Tatort wurde der junge Niederländer Marinus van der Lubbe verhaftet, der gestand, den Brand gelegt zu haben. Hitlers Regierung machte die Kommunisten für die Tat verantwortlich und ließ vom Reichspräsidenten eine »Notverordnung zum Schutz von Volk und Staat« unterzeichnen, die zahlreiche Grundrechte außer Kraft setzte. Mit diesem Instrument zerschlugen die Nationalsozialisten die politische Opposition.

Nach den letzten Wahlen im März 1933 versammelte sich das Parlament in der Krolloper, einem heute nicht mehr existierenden Gebäude gegenüber vom Westportal des Reichstagsgebäudes (Foto S. 203). Die kommunistischen Mandate hatte Hitler annullieren lassen und damit seiner Partei die Parlamentsmehrheit gesichert. Der gleichgeschaltete Reichstag verabschiedete am 23. März 1933 das fatale »Er-

mächtigungsgesetz« gegen die Stimmen der SPD – und machte sich damit überflüssig, da die Regierung fortan ohne parlamentarische Kontrolle schalten und walten konnte.

Seit 1999 tagt im Reichstagsgebäude wieder ständig das deutsche Nationalparlament, der Bundestag. Beim Umbau durch den britischen Architekten Sir Norman Foster ist vom alten Haus kaum mehr geblieben als die steinerne Außenhülle. Kunstwerke mahnen die Parlamentarier an das Scheitern der Weimarer Demokratie. Jenny Holzer entwarf einen Schriftpfeiler, auf dem in elektronischer Laufschrift Reden aus dem alten und neuen Reichstag erscheinen. Christian Boltanski richtete im Kellergeschoss ein Archiv mit Metallkästen für alle Abgeordneten des Nationalparlaments seit 1871 ein. In der Lobby liegen vor einer flammenden Fotoinstallation Katharina Sieverdings Gedenkbücher für die in der Nazizeit verfolgten und ermordeten Reichstagsabgeordneten aus. Ihnen ist außerdem ein Mahnmal draußen vor der Südwestecke des Gebäudes an der Scheidemannstraße gewidmet, eine lange Reihe von in den Boden eingelassenen Metalltafeln mit den Namen der Parlamentarier.

Vom einstigen Regierungsviertel haben der Zweite Weltkrieg und der DDR-Städtebau fast nichts übriggelassen. Auf einem kurzen Abschnitt der Wilhelmstraße, zwischen Leipziger Straße und Unter den Linden, waren seit der Kaiserzeit die wichtigsten Amtssitze in schönen Palais untergebracht: die Reichskanzlei und der Sitz des Reichspräsidenten, das Auswärtige Amt, die Minsterien für Finanzen, Inneres, Justiz, Bildung, Verkehr und Landwirtschaft (vgl. Karte auf S. 14). Gläserne Tafeln mit histori-

^ *Das Reichstagsgebäude von der Siegessäule gesehen, davor das Bismarckdenkmal auf dem Königsplatz (heute Platz der Republik)*

schen Fotos und den wichtigsten Informationen machen es seit einigen Jahren möglich, die Wilhelmstraße wieder als Geschichtsmeile wahrzunehmen. Dokumentiert ist die Entwicklung zum Regierungsviertel außerdem in der Ausstellung auf dem Gelände der Gestapo-Zentrale, der »Topographie des Terrors« (Wilhelm-, Ecke Niederkirchnerstraße, s. S. 280f.).

Berlin war nicht nur die Hauptstadt des Deutschen Reiches, sondern auch Preußens, des weitaus größten Teilstaates. An der Wilhelmstraße 54 findet sich seit 1994 eine Gedenktafel für den späteren Bundeskanzler Konrad Adenauer, der dort als Präsident des Preußischen Staatsrats zwischen 1931 und 1933 residierte. Im ehemaligen Preußischen Herrenhaus an der Leipziger Straße 3-4 tagt heute der Bundesrat, im ehemaligen Preußischen Landtag an der Niederkirchnerstraße 5 seit 1993 das Berliner Abgeordnetenhaus. Im Festsaal des Landtagsgebäudes wurde am 1. Mai 1919 die Kommunistische Partei Deutschlands gegründet.

In den Zwanziger Jahren wählte der preußische Landtag mehrmals den Sozialdemokraten Otto Braun zum Ministerpräsidenten. Dieses Bollwerk der Demokratie wurde im Juli 1932 durch einen Staatsstreich beseitigt, indem die Reichsregierung unter Franz von Papen die rechtmäßige Regierung Preußens absetzte – und damit ein bedeutendes Hindernis auf dem Weg Hitlers zur Macht ausräumte.

TIPP: Im Erdgeschoss des Abgeordnetenhauses ist eine umfangreiche Ausstellung zur Geschichte des Hauses öffentlich zugänglich.

^ *Reichskanzlei in der Wilhelmstraße, links der moderne Anbau von Eduard Jobst Siedler, erbaut 1928-30*

REVOLUTIONÄRE AM SCHLOSSPLATZ

Karl Marx und Karl Liebknecht, der sozialistische Theoretiker und der kommunistische Parteiführer, schweben gottgleich über den bewaffneten Matrosen, Soldaten und Arbeitern am Schloßplatz. So sah die DDR-Geschichtsschreibung die Novemberrevolution, und so sieht man das Ereignis seit 1988 am historischen Marstallgebäude auf zwei riesigen Bronzereliefs (Schloßplatz 7, Ecke Breite Straße). Dargestellt ist die Ausrufung der sozialistischen Republik durch Karl Liebknecht am 9. November 1918. Kurz nachdem Scheidemann am Reichstag die Republik hatte hochleben lassen, sprach Liebknecht von einem Balkon des Stadtschlosses zur versammelten Menge.

Im benachbarten Marstallgebäude befand sich in den Revolutionstagen das Hauptquartier der Volksmarinedivision. Am Heiligabend des Jahres 1918 kam es hier zu Gefechten zwischen Regierungstruppen und aufständischen Matrosen und Arbeitern. Die »Blutweihnacht« forderte über 60 Tote und führte zum Bruch zwischen den gemäßigten und radikalen Linken im Rat der Volksbeauftragten. Die Radikalen verließen die Übergangsregierung, gründeten die KPD und riefen zur Fortsetzung der Revolution auf der Straße auf.

Das Schloss verlor mit der Abdankung und Flucht des Kaisers seine Funktion als Residenz. Es diente als Museum, wurde im Zweiten Weltkrieg stark beschädigt und von der DDR-Führung zum Abriss freigegeben. Am Schloßplatz blieb lediglich das Schlossportal mit dem Balkon erhalten, von dem Liebknecht am 9. November 1918 gesprochen hatte. Es bildet nun den Portikus zum 1964 eingeweihten einstigen DDR-Staatsratsgebäude am Schloßplatz 1. Eine Replik schmückt

∧ *Revolutionäre Soldaten hielten das Schloss und den Marstall 1918/1919 wochenlang besetzt.*

das Humboldt-Forum, das auf dem Schlossgrundstück mit rekonstruierter Barockfassade entstanden ist.

Ein politischer Ort war auch der Lustgarten zwischen dem Schlossareal und dem Alten Museum. In der Zeit der Weimarer Republik fanden dort häufig Massenkundgebungen statt. Bürgerliche und Sozialdemokraten demonstrierten für die Verteidigung der Republik, aber auch Nazis und Kommunisten wählten den Platz für Aufmärsche.

Schaut man vom Schloßplatz oder vom Lustgarten in Richtung der neogotischen Friedrichwerderschen Kirche, springt einem eine wiederaufgebaute rote Backsteinecke der Bauakademie ins Auge – oder vielleicht auch deren strenge Fassade auf Plastikfolie, wie seit Sommer 2005. Der von Karl Friedrich Schinkel entworfene Bau soll nach dem Willen einer Bürgerinitiative in den kommenden Jahren als Architekturmuseum wiedererstehen, die Mittel hat der Bundestag 2016 bewilligt.

Seit 1920 befand sich dort die Hochschule für Politik. Sie war eine Schule des Liberalismus und der Demokratie und stand als Abendschule nicht nur Akademikern offen. Gelehrt hat dort neben dem Philosophen Max Scheler der liberale Politiker und Schriftsteller Theodor Heuss, der nach dem Zweiten Weltkrieg zum ersten Bundespräsidenten gewählt wurde.

^ *Revolutionäre vor dem Marstall, November 1918,*
 Foto des Bildreporters Willy Römer

GEDENKSTÄTTEN FÜR ROSA LUXEMBURG

Jedes Jahr im Januar ziehen Zehntausende mit roten Nelken in einem Demonstrationszug zum Städtischen Zentralfriedhof Friedrichsfelde. Diese Tradition geht auf eine große Arbeiterkundgebung am 25. Januar 1919 zurück, mit der die Toten der jüngsten Straßenkämpfe zu Grabe getragen wurden. Karl Liebknecht und 32 getötete Arbeiter und Soldaten fanden auf dem Armenfriedhof der Stadt Berlin ihre letzte Ruhe. Auch ein leerer Sarg für Rosa Luxemburg wurde in dem Trauerzug mitgeführt. Ihre Leiche fand man erst fünf Monate später im Landwehrkanal und bestattete sie neben Liebknecht.

Beide Politiker hatten nach der Gründung der Kommunistischen Partei am 1. Januar 1919 zur Fortsetzung der Revolution und zum Widerstand gegen Eberts Übergangsregierung aufgerufen. Die ließ den Spartakusaufstand blutig niederschlagen. Liebknecht und Luxemburg flohen von Versteck zu Versteck, bis sie am 15. Januar bei Freunden in der Mannheimer Straße 43 in Wilmersdorf festgenommen wurden (dieses Haus existiert noch, hat aber inzwischen die Nummer 27). Eine Bürgerwehr brachte die Gefangenen ins Hauptquartier der Garde-Kavallerie-Schützen-Division im (zerstörten) Hotel Eden nahe der Kaiser-Wilhelm-Gedächtniskirche, wo sie misshandelt und getötet wurden.

In der Nähe entstand 1987 ein Doppeldenkmal: Unter der Lichtensteinbrücke am Landwehrkanal bilden die Buchstaben »Rosa Luxemburg« eine abschüssige Ebene, und am Neuen See im Tiergarten findet man eine gemauerte Gedenkstele für Karl Liebknecht. Auch frühere Lebensstationen der mitreißenden Agitatorin sind markiert: Vor dem Haus in der Friedenauer Cranachstraße 58, wo sie von 1902 bis 1911

^ *Seit 1947 trägt der ehemalige Bülowplatz den Namen von Rosa Luxemburg.*

lebte, gibt es eine Gedenktafel (und seit 2013 am am früheren Wohnhaus in der nahen Wielandstraße 23). Eine Gedenkstele aus DDR-Zeiten erinnert an ihre Inhaftierung während des Ersten Weltkrieges im Frauengefängnis an der Barnim- und Weinstraße (Friedrichshain). Vor dem Haus der »Bundesstiftung Rosa Luxemburg« am Franz-Mehring-Platz 1 steht sie als Denkmalfigur in Bronze. Ein weiteres »Denkzeichen« ist seit 2006 auf dem Rosa-Luxemburg-Platz zu besichtigen: Nach einem Entwurf des Künstlers Hans Haacke wurden Zitate von Rosa Luxemburg über den Platz verstreut in den Straßenbelag eingelassen.

Das berühmteste Mahnmal der Zwanziger Jahre existiert nicht mehr. Der Architekt Mies van der Rohe entwarf es für den Friedhof in Friedrichsfelde, eine Ziegelwand mit blockhaften Vorsprüngen, mit Hammer und Sichel, einem Fahnenmast und den Schlussworten von Rosa Luxemburgs letztem Zeitungsartikel: »Ich war – ich bin – ich werde sein«. 1926 konnte das aus Arbeiterspenden finanzierte Denkmal eingeweiht werden. Von den Nazis zerstört, wurde es in den frühen DDR-Jahren nicht wiederaufgebaut, weil seine Architektursprache damals als modernistischer Irrweg verpönt war. Seit 1951 existiert auf dem Friedhof eine neue Gedenkstätte der Sozialisten: Um einen Grabstein aus Porphyr sind die Gräber von Luxemburg und Liebknecht, der KPD-Funktionäre Ernst Thälmann, Wilhelm Pieck, Walter Ulbricht und anderer namhafter Sozialisten angeordnet. Auch Künstler, die der Arbeiterbewegung nahe standen, sind dort beigesetzt, darunter Käthe Kollwitz und Otto Nagel, der Theatermann Gustav von Wangenheim, die Schriftsteller Erich Weinert und Friedrich Wolf (Eingang Gudrunstr., Nähe S- und U-Bahnhof Lichtenberg).

^ *Gedenkseite für Rosa Luxemburg aus der »Roten Fahne« vom 15. Januar 1932*

ATTENTAT IM GRUNEWALD

Anstrengende Tage lagen hinter Reichsaußenminister Walther Rathenau, als er am Morgen des 24. Juni 1922, einem verregneten Sonnabend, sein Haus in der Villenkolonie Grunewald verließ, um sich im offenen Wagen zum Ministerium an der Wilhelmstraße fahren zu lassen. Ergebnislos hatte Rathenau mit den Siegermächten des Ersten Weltkrieges über eine Linderung der Reparationslasten verhandelt, die die Wirtschaft lähmten und die Inflation anheizten. Im Reichstag hatte am Vortag der deutschnationale Abgeordnete Karl Helfferich unter Tumulten eine Hetzrede gegen den Außenminister gehalten, ihm eine verbrecherische Politik und den Ausverkauf deutscher Interessen an die Siegermächte vorgeworfen.

Rathenau hatte viele Neider. Der Sohn des Industriellen Emil Rathenau war einer der reichsten Männer seiner Zeit. Während des Ersten Weltkrieges hatte er die Rohstoffversorgung des Deutschen Reiches organisiert. Lieber wäre er ganz und gar Künstler gewesen: Er schrieb mehrere Bücher, malte Bilder und hatte sein Junggesellenheim an der Koenigsallee 65 selbst entworfen. Seine jüdische Herkunft und seine Bemühungen um einen Ausgleich zwischen Deutschland und den ehemaligen Kriegsgegnern machten ihn zur Zielscheibe einer hasserfüllten nationalistischen Propaganda. Rathenau war mehrfach gewarnt worden: Ihm drohe ein Attentat wie dem ehemaligen Minister Matthias Erzberger, der im Vorjahr ermordet, oder wie Philipp Scheidemann, der Anfang Juni 1922 bei einem Waldspaziergang mit Blausäure angegriffen worden war. Dennoch verzichtete Rathenau auf Polizeischutz.

Sein letzter Weg, den er am Morgen des 24. Juni 1922 auf dem Rücksitz seines Auto-

∧ *Gedenktafel für den ermordeten Politiker im Rathaus Wedding (s.S.72)*

mobils zurücklegte, lässt sich in wenigen Minuten zu Fuß abschreiten. Er führte die Koenigsallee hinauf an noblen Villen vorbei bis zu einer unübersichtlichen Kurve, an der die Erdener und die Wallotstraße einmünden. Hier bremste Rathenaus Chauffeur, um einem Pferdefuhrwerk auszuweichen. In diesem Augenblick überholte ein anderer Wagen das Ministerauto. Neun Schüsse knallten, dann flog eine Eierhandgranate und explodierte zu Rathenaus Füßen. Sein Chauffeur wendete und raste zurück zum Haus, wo man nur noch die Leiche des Ministers aus dem Wagen bergen konnte.

Der Mord war ein Schock für die junge Republik. Hunderttausende gingen in den folgenden Tagen auf die Straße, um für die Demokratie und gegen den Terror aus dem rechtsradikalen Untergrund zu demonstrieren. Die beiden jungen Täter wurden bald gestellt, der eine erschossen, der andere tötete sich selbst. Bereits im Oktober 1922 konnte der Prozess gegen dreizehn Hintermänner vor dem Staatsgerichtshof in Leipzig beginnen. Doch deren Verstrickung in einen bewaffneten Geheimbund, die Organisation Consul, und die Querverbindungen zur Reichswehr wurden nie vollständig aufgeklärt.

An der Attentatsstelle steht ein Gedenkstein für Rathenau. Ganz in der Nähe, an der Erdener Straße 8, residierte der Verleger Samuel Fischer, der bereits zu Lebzeiten eine fünfbändige Werkausgabe des Autors Rathenau druckte. Befreundet war er auch mit dem Kritiker Alfred Kerr, der bis zur Emigration um die Ecke in der Douglasstraße 10 lebte.

Nach Rathenaus Tod diente sein Haus als Museum, bis die Nazis an die Macht kamen und es ausräumten. Der Hass der Rechtsradikalen verfolgte ihn über den Tod hinaus. Die Nazis tilgten den Namen Rathenauallee, den die heutige Taubertstraße einige Jahre trug. Sie schmolzen den Rathenaubrunnen des Bildhauers Georg Kolbe ein, der 1930 im Volkspark Rehberge eingeweiht worden war. Das Denkmal an der Attentatsstelle wurde noch in der Nachkriegszeit mehrfach geschändet. Kein passender Gedenkort ist der heutige Rathenauplatz, eine laute Verkehrsdrehscheibe am Ende der Koenigsallee. Das extravagante Haus des Politikers ist Privatbesitz und bleibt der Öffentlichkeit verschlossen. Aber wenigstens hat die Stadt den schön geschwungenen Rathenaubrunnen zur 750-Jahr-Feier Berlins 1987 rekonstruieren lassen. Und 2011 wurde die von Alfred Messel entworfene Familiengrabstätte der Rathenaus auf dem Waldfriedhof Berlin-Oberschöneweide denkmalgerecht erneuert.

WER REGIERTE IM ROTEN RATHAUS?

Die Novemberrevolution änderte an den Machtverhältnissen im Roten Rathaus, dem Sitz des Magistrats, also der Stadtregierung, zunächst wenig. Der seit 1912 amtierende Oberbürgermeister Adolf Wermuth wurde von der Räteregierung gebeten, die Geschäfte weiterzuführen, damit die Versorgung der Bevölkerung nicht zusammenbrach. Die ersten freien Wahlen bestätigten den Verwaltungsfachmann Wermuth in seinem Amt.

Einschneidender als die Revolution wirkte sich eine große Verwaltungsreform aus, durch die Groß-Berlin, wie wir es heute kennen, überhaupt erst als politische Einheit entstand. Faktisch war Berlin längst über seine Stadtgrenzen hinausgewachsen. Stadtentwicklungs- und Verkehrsprojekte, die dem Rechnung trugen, waren aber nur sehr schwer durchzusetzen, solange zahlreiche Umlandgemeinden ihre Eigeninteressen verteidigten. Acht Städte, 59 Landgemeinden und 27 Gutsbezirke gingen am 1. Oktober 1920 in Groß-Berlin auf, das wiederum in 20 bürgernahe Bezirksverwaltungen untergliedert wurde. Mit 883,5 Quadratkilometern entstand die flächenmäßig größte Stadt Europas, und mit 3,8 Millionen Einwohnern rangierte Berlin nach New York und London nun weltweit an dritter Stelle.

Wenige Monate später wählte eine sozialdemokratisch-bürgerliche Mehrheit den überzeugten Republikaner Gustav Böß zum neuen Oberbürgermeister. Wie sein Vorgänger war er ein bürgerlicher Verwaltungsexperte. Seit 1912 war Böß als Stadtkämmerer für die Berliner Finanzen zuständig gewesen. Das war damals ein schwieriges Amt, denn die Ausgaben für die zu großen Teilen arme Stadtbevölkerung lagen meistens höher als die Steuereinnahmen. Um notwendige Sozial- und

^ *Oberbürgermeister*
Gustav Böß

Wohnungsbauprogramme zu finanzieren, verschuldete sich die Gemeinde in den Zwanziger Jahren und wurde dann mit voller Wucht von der einsetzenden Weltwirtschaftskrise getroffen.

Ausgerechnet an diesem Wendepunkt, im Sommer 1929, stürzte Gustav Böß über eine Korruptionsaffäre in der Stadtverwaltung, den Sklarek-Skandal. Dabei hatte sich Böß selbst wenig vorzuwerfen, sondern nachweislich versucht, einen direkten Bestechungsversuch durch ein Pelzgeschenk der Firma Sklarek an seine Frau abzuwenden.

Die Pelzaffäre jedoch wurde von der Presse und von der rechten Opposition im Rathaus gnadenlos aufgebauscht, um vor Neuwahlen Stimmung gegen die linksbürgerlichen Parteien zu machen.

Um die zutage getretenen Mängel in der Kommunalverwaltung zu beheben, setzte der Preußische Landtag einen Untersuchungsausschuss ein und verabschiedete im März 1931 ein Gesetz, das die Kompetenzen des Berliner Oberbürgermeisters neu regelte. Erst danach wählte das Stadtparlament den parteilosen Heinrich Sahm zum Nachfolger von Gustav Böß. Als die Nationalsozialisten im Reich die Macht übernahmen, stellten sie dem gewählten Stadtoberhaupt einen »Stadtkommissar« zur Seite. Er säuberte die Verwaltung von republikfreundlichen Beamten und stellte an ihrer Stelle 400 arbeitslose Nationalsozialisten ein, ehe er 1935 den allzu kompromissbereiten Heinrich Sahm aus dem Amt drängte.

STRASSENSCHLACHTEN AM ROSA-LUXEMBURG-PLATZ

Den Rosa-Luxemburg-Platz, der damals Bülowplatz hieß, nannte der Publizist Carl von Ossietzky 1931 die »klassische Berliner Arena erbitterter Partisanenkämpfe. Ein Stück Mittelalter tut sich mitten in der nüchternen Millionenstadt auf. Alexander-Platz gegen Bülow-Platz! Polizeipräsidium gegen kommunistische Parteizentrale!« Im Juli 1926 war die Führung der KPD aus der nahen Rosenthaler Straße 38 (Gedenktafel) in ein modernes Geschäftshaus am Bülowplatz umgezogen. Damit wurde der Platz zu einem wichtigen Versammlungsort für ihre Anhänger. Die kommunistischen Straßenkämpfer des »Roten Frontkämpferbundes« sahen den Platz und die umgebenden Straßen als ihr Revier an. Das galt es gegen Eindringlinge zu verteidigen. Daher kam es regelmäßig zu Zusammenstößen mit der Polizei und mit Nationalsozialisten, die sich in provozierender Absicht dem Parteihaus näherten.

Ich komme uff'n Bülowplatz
Und denke, wat is los?
Der hat ja Polizeibesatz
Hier is 'ne Staatsaktion,
mein Schatz!
Hier jibt's Zusammenstoß!

reimte der Arbeiterdichter Erich Weinert 1928. Als im folgenden Jahr die vom Präsidium am Alexanderplatz geführte Polizei die traditionellen Maidemonstrationen verbot, weil sie Straßenkämpfe mit den Kommunisten fürchtete, rief die KPD ihre Anhänger erst recht dazu auf, die Straßen zu erobern. Der Bülowplatz war am 1. Mai den ganzen Tag über Sammelplatz für Arbeiter, die mit Schüssen auseinandergetrieben wurden. In vielen Stadtteilen wurden Barrikaden gebaut. Der »Blutmai« 1929 forderte über 30 Tote.

Der Hass gegen die Polizei entlud sich am 9. August 1931 in einem gezielten Mord an zwei sozialdemokratischen Polizeioffizieren, die am Rande einer

< *Das Rote Rathaus, erbaut 1861-69 nach Plänen von Hermann Friedrich Waesemann, Rathausstraße 15*

kommunistischen Demonstration auf dem Bülowplatz aus einem Hinterhalt erschossen wurden. Einer der Schützen war Erich Mielke, damals ein junger Rotfrontkämpfer, später Minister für Staatssicherheit der DDR.

Lachender Dritter der Kämpfe zwischen Kommunisten und der sozialdemokratisch geführten Polizei waren die Nazis. Besonders erfolgreich warb der SA-Führer Horst Wessel in der Umgebung des Bülowplatzes junge Rotfrontkämpfer für seine nationalsozialistische Schlägertruppe an. Deshalb wurde er von den Kommunisten steckbrieflich gesucht. Als ihn eine Vermieterin am 14. Januar 1930 an die Rotfrontkämpfer verriet, überlebte Wessel den folgenden Hausbesuch nicht. Die Nazibewegung hatte ihren Märtyrer gefunden. Der NS-Gauleiter und spätere Reichspropagandaminister Joseph Goebbels nutzte die Beisetzung Wessels für eine Großdemonstration der Nazis, die bewusst über den Bülowplatz zum Friedhof St. Nikolai führte. Dort wurde zum ersten Mal das Horst-Wessel-Lied gesungen, von diesem Zeitpunkt an die Hymne der Nationalsozialisten.

Als sie drei Jahre später die Macht im Staat eroberten, machten die Nazis aus dem kommunistischen Parteihaus das »Horst-Wessel-Haus« und benannten den Bülowplatz in Horst-Wessel-Platz um. Den beiden ermordeten Polizeioffizieren errichteten sie ein Denkmal. Nach dem Zweiten Weltkrieg kehrten Kommunisten wie Wilhelm Pieck und Walter Ulbricht, die schon vor 1933 zur Führung der Partei gehört hatten, aus dem Moskauer Exil nach Ost-Berlin zurück. Sie ließen das alte Par-

^ *Das »Karl-Liebknecht-Haus«, Parteizentrale der KPD, mit Wahlkampfparolen, Foto um 1930*

> **Arbeiter Berlins!**
>
> **10000 M. Belohnung**
>
> Auf Säulenplakaten der Kommunistischen Partei und in einer Extraausgabe der Roten Fahne wurde behauptet:
>
> **Der Vorwärts schreibt: „Alle K.P.D.-Wähler sind Lumpen"**
>
> Der Vorwärts zahlt eine Belohnung von 10000 RM. in bar an jedermann, der den Nachweis erbringt, daß die Behauptung auf Wahrheit beruht.
> Kann dieser Nachweis nicht erbracht werden, so ist damit erwiesen, daß die Kommunistische Partei und die Rote Fahne wochenlang in Berlin mit einer krassen Unwahrheit agitiert haben.
> Wir unsererseits sind in der Lage, aus der Nummer der Roten Fahne vom 19. August 1929 nachzuweisen, in der zustimmend der Satz nachgedruckt wurde:
>
> **Die Lüge als bewußtes Kampfmittel benutzen, wie es die Kommunisten in den Tageszeitungen tun, ist keine Lüge, sondern eine verflucht reale Notwendigkeit**
>
> Hier ist ein Schulfall dieser Kampfmethode gegeben Die Kommunisten sagen Euch systematisch die Unwahrheit
>
> **Darum heraus aus der K.P.D.: Tretet ein in die Sozialdemokratische Partei Deutschlands**
>
> Bezirksverband Berlin der SPD

teihaus, das »Karl-Liebknecht-Haus« an der Kleinen Alexanderstraße 28, Ecke Weydinger Straße, wiederaufbauen. Bis 1990 nutzte es die SED, dann wurde es Bundeszentrale von PDS und Linkspartei. Der ehemalige Bülow- und Horst-Wessel-Platz trägt seit 1947 den Namen Rosa Luxemburgs. Neben dem Parteihaus tragen die Volksbühne (s. S. 214f.) und das Kino »Babylon« (s. S. 223f.) dazu bei, dass der Geist der Zwanziger Jahre an diesem Platz fassbar geblieben ist wie an wenigen Orten in der Stadt.

^ *Das Plakat vom Dezember 1929 war typisch für das zerrüttete Verhältnis von SPD und KPD.*

»KRIEG DEM KRIEGE!«
GESCHICHTE IM MUSEUM

Der glühende Pazifist Ernst Friedrich, im Ersten Weltkrieg wegen Sabotage vorbestraft, veröffentlichte 1924 sein Buch »Krieg dem Kriege«: mit grausigen Bildern von der Front, von Kriegsverstümmelten und Massengräbern, satirisch kommentiert durch kriegsverherrlichende Zitate.

Im Nachwort rief der Autor die Kriegsgegner aller Länder dazu auf, ihm weiteres Material zu schicken: »Plakate, Bilder, Lieder, Gedichte, Bücher, Soldatenspielzeug, Kriegsandenken, Nippessachen, mit Kriegssprüchen bemalte Kaffeetassen, Taschentücher auf denen Kriegsbilder aufgedruckt sind, kurzum: alles was mit Militarismus und Krieg irgendwie zusammenhängt«.

Dank einer Geldspende konnte Friedrich 1925 sein Anti-Kriegsmuseum in einem kleinen Altstadthaus in der Parochialstraße 29, nicht weit vom Alexanderplatz, eröffnen.

Zu den Unterstützern gehörte die Künstlerin Käthe Kollwitz, die auch Publikationen des Museumsgründers illustrierte. Im März 1933 verwüsteten SA-Leute das Museum, danach diente es ihnen als Sturmlokal und Folterkammer (Gedenktafel Parochialstraße 1-3). Im Exil baute Ernst Friedrich sein Museum neu auf, zunächst 1936 in Brüssel, wo es nach dem deutschen Einmarsch 1940 erneut zerstört wurde.

Fünfzehn Jahre nach seinem Tod wurde das Berliner Anti-Kriegsmuseum neu gegründet: 1982, auf dem Höhepunkt der Friedensbewegung gegen die Atomrüstung. Es erinnert an die Geschichte seines Vorläufers aus den Zwanziger Jahren und verlängert dessen Arbeit mit Ausstellungen in die Gegenwart. Seit 1984 ist das Museum in einer Ladenwohnung im Wedding, Brüsseler Straße 21, untergebracht (Nähe U-Bahnhof Seestraße).

^ *Das Anti-Kriegsmuseum war bis 1933 in der Berliner Altstadt zu finden.*

Einen »Reklamebau für den Krieg« nannte Kurt Tucholsky 1929 das Zeughaus, seit der Kaiserzeit die Ruhmeshalle des preußischen Militärs. Dort ist seit 2006 die Dauerausstellung des Deutschen Historischen Museum zu sehen. Eindrucksvoll dokumentiert sie die Gräuel des Ersten Weltkrieges und das politische Reizklima der Zwanziger Jahre. Propagandaplakate der Parteien dominieren diesen Ausstellungsabschnitt. An einer Tanksäule von 1930 zweigt eine Sackgasse ab, in der elegante Damenkleider, Stahlrohrmöbel, Zigarettendosen und andere modische Accessoires zu bewundern sind. Insgesamt vermittelt das nationale Geschichtsmuseum ein ernüchterndes Zeitbild, das vor allem den Übergang zur ausführlicher dargestellten nationalsozialistischen Schreckensherrschaft erklären soll.

TIPP: Die politische Geschichte der Weimarer Republik ist auch Teil der großen Dauerausstellung »Wege-Irrwege-Umwege« im Deutschen Dom am Gendarmenmarkt, die den Weg der Deutschen in die parlamentarische Demokratie in den vergangenen 200 Jahren nachzeichnet.

Ausschnitthaft bleibt die Darstellung der Weimarer Jahre in der ständigen Ausstellung des Stadtmuseums (im Märkischen Museum). Zusätzliche Ausstellungsflächen sind geplant, um den Reichtum der Sammlung zu zeigen.

Einen schönen Eindruck von der Bedeutung jüdischer Kaufleute, Wissenschaftler und Künstler bei der Metropolenwerdung Berlins gibt das Jüdische Museum, dessen Neubau ursprünglich als Ausstellungshaus für das Stadtmuseum gedacht war (s. S. 270f.).

Für politisch Interessierte sehenswert sind außerdem die Ausstellung im Preußischen Landtag zur Geschichte des Hauses (S. 22) und die nahe »Topographie des Terrors« (S. 280f.)

^ *Im Reichspräsidentenpalais an der Wilhelmstraße residierte 1925-34 der Kriegsveteran Paul von Hindenburg. Postkarte um 1930.*

TEMPO
UND
TECHNIK

Das Tempo sei das eigentliche Wahrzeichen Berlins – so liest man es häufig in zeitgenössischen Berichten und Reflexionen über die Metropole der Zwanziger Jahre. Der Philosoph Ernst Bloch nannte sie »eine stets neue Stadt, eine hohl gebaute, an der nicht einmal der Kalk recht fest wird«. Das Tempo sei der Stoff, aus dem sie sich immer neu bilde. Mit dem Begriff Tempo war damals nicht allein die Geschwindigkeit des Großstadtverkehrs gemeint. Er schloss ebenso die hektische Bautätigkeit ein, den raschen Wandel der Moden, die Flüchtigkeit zwischenmenschlicher Beziehungen. Tempo hieß nicht nur Schnelligkeit, sondern auch Ziellosigkeit, meinte Beschleunigung als Selbstzweck. »Elliptische Tretmühle« betitelte Egon Erwin Kisch eine seiner berühmten Stadtreportagen: Im ununterbrochenen Kreisen der Radrennfahrer beim alljährlichen Sechstagerennen verdichtete sich für Kisch der Charakter der Metropole wie unter einem Brennglas.

Die Berliner hatten wenig Gelegenheit, sich auf dem einmal Gelernten und Erreichten auszuruhen, und die Besucher aus kleineren Orten erlebten die Viermillionenmetropole in der Regel als unübersichtlich, hektisch und anstrengend. Berlin war eine Zuwandererstadt, deren Bevölkerung sich im 19. Jahrhundert verzehnfacht hatte. Nur wenige Berliner waren an der Spree geboren, und selbst die Einheimischen erkannten ihre rasant wachsende Stadt, in der sie vor vielleicht zwanzig, dreißig Jahren groß geworden waren, oft nicht wieder. In immer kürzeren Abständen mussten sie lernen, sich neu zurechtzufinden.

»Innere Urbanisierung« nennen Soziologen die Entstehung des modernen Großstädters, der in den Zwanziger Jahren deutliche Konturen annahm. Schon seit der Kaiserzeit war es immer wichtiger geworden, sein persönliches Leben mit objektiven Zeit-

< *Potsdamer Platz mit dem 1924 in Betrieb genommenen Verkehrsturm, Filmreklame von 1925*

strukturen wie Fabrik- und Büroarbeitszeiten oder den Fahrplänen öffentlicher Verkehrsmittel zu synchronisieren: Daher rührte die charakteristische Nervosität und Hektik der Berliner. Nicht nur am Arbeitsplatz lernten sie mit immer neuen Maschinen umzugehen, auch ihre übrige Lebenswelt zeigte ein zunehmend technisches Gepräge. Waren es im 19. Jahrhundert die Eisenbahn, die Dampfmaschine und die Gasbeleuchtung gewesen, die der Stadt eine neue Physiognomie verliehen, so begann an der Schwelle zum 20. Jahrhundert der Siegeszug der Elektrizität. U-Bahn, S-Bahn, Kino, Rundfunk, Lichtreklame bestimmten in den Zwanziger Jahren immer stärker den Rhythmus und das Erscheinungsbild der Metropole.

Der einzelne Großstädter erlebte sich als austauschbares Rädchen in einer hochtechnisierten Maschinerie. Das weckte Ängste und provozierte Ablehnung, ja Hass auf die Großstadt. Berlin sei ein seelenloser Moloch, der das Individuum zugrunde richte – diese schon vor dem Ersten Weltkrieg erhobene Klage verstummte auch in den Zwanziger Jahren nie. Gleichzeitig entwickelte sich ein modischer Kult um das Tempo, begeisterten sich Hunderttausende für neue Geschwindigkeitsrekorde bei Sportveranstaltungen, im Auto- und Flugverkehr. Schnelllebigkeit, sei es im Beruf oder in den erotischen Beziehungen, wurde zur modischen Attitüde. Diese enthusiastische Bejahung des Tempos war ein raffinierter Trick, um sich mit den Zwängen des Großstadtlebens auszusöhnen: Statt sich vom Tempo treiben zu lassen und darüber außer Atem zu geraten, rannten ihm die Berliner einfach davon.

^ *Verkehrsgewühl am Bahnhof Zoo, in den Zwanzigern beliebter Treffpunkt für Verabredungen*

DER EISERNE GUSTAV

Auf dem Mittelstreifen der Potsdamer Straße, in Sichtweite der Neuen Nationalgalerie, wächst aus einem Steinbrocken eine klobige Bronzefigur mit Zylinder, buschigem Vollbart und blicklosen Augen. Tag und Nacht muss die traurige Gestalt in der Autoverkehrslärmhölle schmoren. Dabei ist das Denkmal eigentlich als Ehrenbezeigung der Berliner Taxifahrer für ihren berühmtesten Ahnherren gedacht: für Gustav Hartmann, den »Eisernen Gustav«, der 1928 auf der Pferdedroschke mit seinem Gaul Grasmus von Berlin nach Paris und wieder zurück klapperte. Über 2000 Kilometer legte er gemütlich in 165 Tagen zurück, unterwegs von Hunderttausenden bejubelt und auf Händen getragen. Ein Symbol der deutsch-französischen Völkerverständigung nach den Verletzungen des Ersten Weltkrieges? So wurde er von den Republikanern gesehen, doch vor allem trieb Gustav die verrückte Idee, nach einem ereignisarmen Leben auf dem Kutschbock seinen 69. Geburtstag in Paris zu feiern. Einmal wollte der alte Herr im Mittelpunkt stehen.

Vom ersten Kilometer an war die Reise ein inszeniertes Medienereignis, mitfinanziert vom Zeitungshaus Ullstein, das einen Reporter mitfahren ließ. Auf der Grundlage seiner Berichte fabulierte der Schriftsteller Hans Fallada später in seinem Roman »Der eiserne Gustav« (1938) eine weitgehend erfundene Familiengeschichte um die Figur des Gustav Hackendahl.

Nach dem Zweiten Weltkrieg wurde sie gleich dreimal verfilmt, mit den Publikumslieblingen Heinz Rühmann und Gustav Knuth in der Bundesrepublik und mit Willi Narloch in der DDR.

Als sich der echte Gustav auf die Reise machte, ging das Zeitalter der Pferdedrosch-

ken im Berliner Alltagsverkehr zu Ende. Autotaxen waren schneller und galten als schicker. Ende 1930 gab es nur noch zwölf täglich verkehrende Pferdetaxen in Berlin. Ihr letztes Reservat war der bis dahin für den Autoverkehr gesperrte Tiergarten. Der alte Gustav Hartmann weckte in den Zeitgenossen sentimentale Gefühle, Erinnerungen an ein Berlin, in dem es gemütlicher zuging als in der modernen Metropole des Tempos. Als Ritter von der traurigen Gestalt, als moderner Don Quichotte, der gegen den Siegeszug des Automobils protestierte, ist er in die Mythologie der Stadt eingegangen.

Tatsächlich gehörten schon vor Gustavs Paristrip Automobile zu seinem florierenden Fuhrpark in der Alsenstraße 11 am Wannsee. Seit 1928 war er Mitglied im Allgemeinen Deutschen Automobil-Club, heute bekannter unter dem Kürzel ADAC. Und so verwundert es nicht, dass zu den Stiftern seines Denkmals in den Neunziger Jahren nicht nur der Berliner Taxiverband zählte, sondern auch der Automobilkonzern DaimlerChrysler, der nebenan am Potsdamer Platz ein großes Areal bebaute.

^ *Denkmal für Gustav Hartmann vor dem 1929 erbauten Geschäftshaus Loeser & Wolff, Potsdamer Straße 56*

DIE ERSTE AMPEL AM POTSDAMER PLATZ

»Wenn der Provinzler nach Berlin kommt, dann staunt er nicht so sehr über die vielen Häuser und Straßen, sondern über den Verkehr, der in den Straßen herrscht ... Damit die Fußgänger den Wagenverkehr nicht aufhalten und stören, die vielen Autos und Straßenbahnen aber wiederum den Leuten, die den Damm überschreiten wollen, nicht gefährlich werden können, stehen an den Knotenpunkten des Verkehrs die Posten der Sipo, die alles regeln. Hebt der Polizist den Arm hoch, dann bleiben alle Wagen, die heranrollen, sofort stehen. Nun gehen schnell die Fußgänger über den Damm. Ein Wink des Sipobeamten – und die Fuhrwerke, die dicht hintereinander aufgefahren sind, rollen weiter. Das wiederholt sich alle paar Minuten.

Der größte Verkehr herrscht in Berlin am Potsdamer Platz. Fünf große Hauptstraßen treffen hier zusammen, und auch vom Bahnhof kommen die Menschen in dicken schwarzen Haufen herab.

Da der Verkehrsposten von der Mitte des Platzes aus das Gewimmel nicht mehr überblicken konnte, wurde er hochgehoben und in einen Turm gestellt, der hier errichtet wurde und beinahe wie ein kleiner Leuchtturm aussieht. ›Oberkieker‹ nennt ihn der allezeit witzige Berliner. Nach allen fünf Seiten kann der Mann im Turm den Platz und die Eingänge der Straßen überschauen. Durch elektrische Lichtsignale regelt er das Überfahren des Potsdamer Platzes. Die Signale sind dieselben wie bei der Eisenbahn.«

So erklärte ein 1926 erschienenes Schulleseheft den staunenden Kindern aus der Provinz die jüngste Sehenswürdigkeit Berlins. Erst zwei Jahre zuvor war der aus den USA importierte Verkehrsturm auf dem Potsdamer Platz aufgestellt worden die erste Verkehrsampel in Deutschland

^ *Der 1924 eingeweihte Verkehrsturm war bald ein Wahrzeichen der Verkehrsmetropole.*

überhaupt. Rasch wurde der Turm zu einer Ikone des Neuen Berlin, die vielfach sogar das Brandenburger Tor als Wahrzeichen von Ansichtspostkarten und Stadtplänen verdrängte.

Durch den Verkehrsturm allein war das Gedränge am Potsdamer Platz auf Dauer nicht zu regeln, deshalb plädierten Verkehrsplaner für einen radikalen Umbau des Platzes. So schlug der Bauhauslehrer Marcel Breuer 1929 eine Art Autobahnkleeblatt vor, um die Wagenströme kreuzungsfrei zu verteilen. Fußgänger sollten Unterführungen benutzen und gar nicht mehr mit dem rollenden Verkehr in Berührung kommen.

Die Wirtschaftskrise der frühen Dreißiger Jahre, später der Weltkrieg, sorgten dafür, dass solche Umbaupläne in der Schublade blieben; seit 1945 verlief mitten über den Potsdamer Platz die Sektorengrenze, später sorgte die Mauer für totale Verkehrsberuhigung. Als nach der Wiedervereinigung am Potsdamer Platz ein neues Stadtquartier gebaut wurde, mit Hochhäusern, die Stadtplaner an dieser Stelle schon in den Zwanzigern vorgesehen hatten, wurde auch eine Kopie des Verkehrsturms neben die große Kreuzung gestellt. Die Regelung des nun wieder stetig wachsenden Autoverkehrs allerdings bewältigt eine ganz normale Ampelanlage, so wie man sie überall in der Stadt findet.

^ *Blick vom Potsdamer zum Leipziger Platz, Postkarte um 1925*

VOLLGAS AUF DER AVUS

Verglichen mit der heutigen Stadt waren in den Zwanziger Jahren wenige Autos in Berlin unterwegs. 1929 näherte man sich der Zahl von 100 000 zugelassenen Kraftfahrzeugen. Dabei handelte es sich überwiegend um Lastwagen, Busse und Motorräder, die zusammen mit Straßenbahnen, Fuhrwerken und Fußgängern das Straßenbild prägten. Auf dem Weg zur Arbeit benutzten die meisten Berliner öffentliche Verkehrsmittel. Personenkraftwagen waren ein Luxusartikel, den sich wenige Privatleute leisten konnten, und machten nicht einmal die Hälfte der Zulassungen aus. Zum Vergleich: Heute kommen auf 3,4 Millionen Berliner etwa 1,2 Millionen Autos und nur 86 000 Lastwagen, 2400 Busse und 80 000 Motorräder.

Damals waren die Straßen noch nicht auf die Bedürfnisse der Autofahrer zugeschnitten. Umso größer war die Faszination durch die Avus, die erste Autobahn der Welt. Die Bauarbeiten im Grunewald hatten bereits in der Kaiserzeit begonnen, doch verzögerte sich durch den Ersten Weltkrieg der Eröffnungstermin. Mit einem Autorennen am 24. und 25. September 1921 wurde die »Automobil-Verkehrs- und Übungsstraße«, abgekürzt Avus, dem Verkehr übergeben. Es war die erste Straße, die ausschließlich für den Autoverkehr reserviert war. Fußgänger oder Pferdefuhrwerke hatten auf der Avus nichts zu suchen, nur bei Motorradfahrern machten die Betreiber eine Ausnahme.

Hier konnten die Autobesitzer von Berlin gegen eine Benutzungsgebühr endlich mal richtig Gas geben: »Auf der Avus ist die Geschwindigkeit Mittelpunkt. Was einem diese Straßenbahnen aufspeicherten, diese Droschken, Busse, Vehikel und die Verkehrsampeln, diese zusammengedrängte Lust

^ *Kleinwagen mit siamesischer Prinzessin, abgedruckt 1928 in einem Modemagazin*

und Bravour zur Geschwindigkeit, entlädt sich hier. Nachher fühlt man sich wohler. Ein bisschen Sport ist auch dabei, wenn man den ersten Vordermann überholt«, berichtete 1926 der geschwindigkeitsselige Berlinreporter Bernard von Brentano in einem Feuilleton über »Das Vergnügen zu fahren«.

Beim ersten Avusrennen erreichte Fritz von Opel 1921 eine Durchschnittsgeschwindigkeit von 130 km/h. In den folgenden Jahren stellte die Automobilindustrie immer stärkere und schnellere Modelle vor. Die Bauindustrie experimentierte mit neuen Fahrbahnbelägen auf der Avus. Ein Raketenauto erreichte bereits 1928 eine Geschwindigkeit von über 200 km/h. Die Nazis nahmen sich die Avus bei der Planung ihres Reichsautobahnnetzes zum Vorbild. Als Rennstrecke verlor sie seit den Dreißiger Jahren an Bedeutung, sie war für neue Geschwindigkeitsrekorde nicht schnell genug. Noch während der Teilung Berlins wurde sie regelmäßig für den Normalverkehr gesperrt, damit auch die West-Berliner den Kitzel des Motorsports genießen konnten. Diese Ära ging 1998 mit dem letzten Autorennen zu Ende, seitdem ist die Avus eine ganz gewöhnliche Stadtautobahn.

Zu einem schicken Automobil gehörte in den Zwanziger Jahren ein passender Stellplatz. Als erstes Parkhaus in Berlin entstand 1929-30 im wohlhabenden Neuen Westen der Stadt der »Kantgaragenpalast«. Der Bauhausschüler Richard Paulick und sein Partner Hermann Zweigenthal entwarfen eine Hochgarage für 300 Wagen auf sechs Geschossen, mit Waschanlagen, Werkstätten und einer Tankstelle im Erdgeschoss (Kantstraße 126). Der beantragte Abriss der maroden »Kantgaragen« wurde 2016 durch öffentliche Proteste und einen Eigentümerwechsel verhindert.

^ *Autorennen auf der Avus, der ersten Autobahn in Deutschland*

SCHNELLER MIT DER S-BAHN

Die meisten S-Bahn-Strecken sind bereits vor dem Ersten Weltkrieg als Trassen für die Dampfeisenbahn angelegt worden, doch erst in den Zwanzigern kam der Nahverkehr darauf richtig in Fahrt. Die Strecken wurden schrittweise elektrifiziert. Neue Bahnhöfe ermöglichten ein schnelleres und bequemeres Umsteigen. Als Geburtsstunde des modernen S-Bahn-Verkehrs gilt der 8. August 1924. An diesem Tag fuhr der erste elektrisch betriebene Zug vom Stettiner Bahnhof (neben der heutigen Station Nordbahnhof) nach Bernau. Zwei Jahre später begann die Elektrifizierung der übrigen Nahverkehrsstrecken. Als 1930 das kreisrunde Signet der Stadtschnellbahn eingeführt wurde, ein weißes S auf grünem Grund, verkehrten die neuen Züge schon auf den wichtigsten Strecken: der Stadt- und der Ringbahn. Das Modell S-Bahn war so erfolgreich, dass es seither in vielen Städten kopiert wurde, inklusive seines Logos.

Für die Stromversorgung entlang der Strecken mussten zahlreiche Gleichrichterwerke sowie zwei große Schaltzentralen am Ost- und Westkreuz gebaut werden, die der Reichsbahnarchitekt Richard Brademann im Stil der Zeit entwarf: kantige, gut proportionierte Backsteinbauten im Stil der Neuen Sachlichkeit. Im Schaltwerk am Ostkreuz ist heute die Netzleitstelle für die gesamte S-Bahn untergebracht (Markgrafendamm 24 B). Auch einige Bahnhöfe atmen noch den Geist der Zeit: Brademanns expressionistischer Ausflugsbahnhof Wannsee (1927-28), sein Bahnhof an der Feuerbachstraße (1932-33) oder seine Umsteigestationen Westkreuz (1926-28) und Bornholmer Straße (1934-35). Ähnlich charakteristisch für die Architektur der Zwanziger Jahre sind die S-Bahnhöfe Schöneberg (von Carl Heinz

^ *Das S-Bahn-Logo, Abkürzung für »Stadtschnellbahn«, wurde 1930 in Berlin eingeführt.*

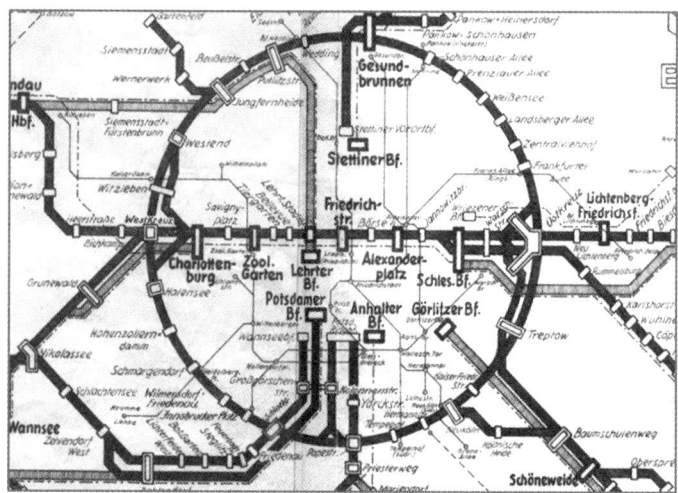

Schwennecke und Erich Zimmermann, 1930-33) und Jannowitzbrücke (Hugo Röttcher, 1927-32). Vor allem am Ostkreuz herrscht in den Hauptverkehrszeiten ein ähnlich reger Betrieb, wie man ihn von alten Filmen über das Verkehrsgeschehen der Zwanziger Jahre kennt.

TIPP: Fahrten in historischen Zügen veranstaltet regelmäßig an Wochenenden der »Verein Historische S-Bahn«; Zeugnisse der S-Bahn-Geschichte sammelt das S-Bahn-Museum in Griebnitzsee (zzt. auf der Suche nach neuen Räumen). Die Geschichte der Berliner Eisenbahnen ist ein Ausstellungsschwerpunkt im Deutschen Technikmuseum (s. S. 59 ff.)

^ *oben: S-Bahn-Netz Anfang der Dreißiger Jahre (Ausschnitt)*
unten: Der 1927/28 erbaute S-Bahnhof Wannsee, 2005

LINIE 8
LICHT UND FARBE IM UNTERGRUND

Die Umwandlung der Dampfeisenbahnstrecken für den Nahverkehr in ein modernes, elektrisch betriebenes S-Bahn-System in den Zwanziger Jahren war eine Antwort auf den Erfolg der U-Bahn in Berlin. »Das leuchtende ›U‹ ist ein großes Lusterlebnis, keiner vergisst es«, schrieb Walter Kiaulehn in seinen Erinnerungen an die Zwanziger Jahre: »Das düstere Bogenwerk der Stadtbahn indes hatte immer etwas leicht Kriminelles, etwas von Ganove und Messerstecherei.« Seit 1902 verkehrte die erste U-Bahn zwischen der Warschauer Brücke und dem »Knie«, dem heutigen Ernst-Reuter-Platz, mit einem Abzweig am Gleisdreieck zum Verkehrsbrennpunkt Potsdamer Platz. Teils unter der Erde, teils auf Stahlstützen über den Straßen, was bei Touristen heute noch zu Verwechslungen mit der S-Bahn führt; der feine Unterschied besteht darin, dass die U-Bahn von Anfang an elektrisch fuhr, während die S-Bahn eine Weiterentwicklung des Dampfbahnverkehrs war. Bis zum Ersten Weltkrieg gingen 47 Bahnhöfe der Hoch- und Untergrundbahn in Betrieb, im letzten Friedensjahr zählte man dort 73 Millionen Fahrgäste.

Ergänzt wurde das Streckennetz in den Zwanziger Jahren durch neue Nord-Süd-Linien: die heutige Linie 6 zwischen Seestraße und Tempelhof, sowie die heutige Linie 8 zwischen Gesundbrunnen und Leinestraße; mit der östlichen Erweiterung vom Alexanderplatz nach Friedrichsfelde kam diese zweite Ausbauphase des Streckennetzes 1930 zum Abschluss. Die Linie 8 zählt zu den größten, besterhaltenen und eindrucksvollsten Baudenkmalen der Epoche. Prunkten die ersten U-Bahnhöfe noch mit allerlei historistischen Ornamenten, so entstand hier eine purifizierte Verkehrsarchitektur mit

^ *Der U-Bahnhof Rosenthaler Platz von Alfred Grenander wurde 1930 eröffnet.*

ganz eigener Ästhetik. An die Stelle der überkommenen Ornamente und Architekturzitate trat eine sorgfältige Farb- und Lichtregie, mit der die Bahnhöfe individuell gestaltet wurden. Die glatt gefliesten Wände verkörperten Nüchternheit, Kälte und Dynamik der Großstadt. Mit wachem Sinn für den Gegensatz zwischen Unter- und Oberwelt spottete der Kritiker Siegfried Kracauer über diesen Stil: »Sämtliche Räume und Raumteile glänzen wie Badezimmer, so dass man eigentlich nur noch die vernickelten Hähne der Brausen vermisst. Vielleicht wird die proletarische Bevölkerung, die in der Nachbarschaft wohnt, durch diesen hygienischen Glanz für die Dürftigkeit der Stuben entschädigt, in denen er nötiger wäre.«

Die meisten Bahnhöfe der Linie 8 entwarf der schwedische Architekt Alfred Grenander, aber auch der AEG-Chefdesigner Peter Behrens hat Spuren hinterlassen, denn es war seine Firma, die bereits vor dem Ersten Weltkrieg mit dem Bau der Strecke begann. Beim 1928 eröffneten Bahnhof Moritzplatz entwickelte Behrens aus einem einzigen Grundmodul, dem Quadratmaß der Wandfliesen, die gesamte Architektur. Einziger Schmuck sind die schillernden Reflexe auf den weißen Fliesen, die an Perlmutt erinnern. Grenander wählte für die übrigen Bahnhöfe kräftigere Farben, um die schnelle Erkennbarkeit beim Einfahren zu gewährleisten.

Eigentlich war am Moritzplatz kein Bahnhof geplant. Doch dort stand damals ein großes Wertheim-Warenhaus, und der Konzern ließ es sich fünf Millionen Reichsmark kosten, einen direkten U-Bahn-Anschluss zu bekommen. Auch die Konkurrenz von Karstadt wurde in die Planungen einbezogen. Bis heute ist ihr Warenhaus am U-Bahnhof Hermannplatz (Foto S. 85) von der imposanten, 1926 in Betrieb genommenen unteren Bahnsteighalle direkt zu erreichen. Den größten Bahnhof baute Alfred Grenander bis 1930 am Alexanderplatz, zeitgleich entstand nach seinen Plänen oberirdisch ein Umformwerk mit angeschlossenem Verwaltungsgebäude für die städtischen Verkehrsbetriebe (Dircksenstraße, Ecke Rosa-

Neue Sachlichkeit zeichnet auch das ehemalige BVG-Verwaltungsgebäude aus.

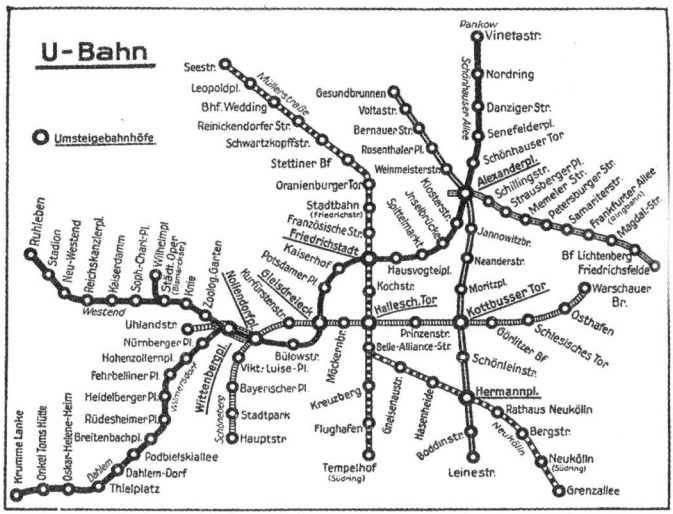

Luxemburg-Straße). Unter der Erde fluten die Menschenströme durch ein grün gefliestes Labyrinth, dessen Decken auf Lichtkapitellen zu schweben scheinen. Zwischen den Bahnsteigebenen, den Rolltreppen und der unterirdischen Ladenpassage ergeben sich reizvolle Durchblicke. Man fühlt sich in eine futuristische Unterwelt wie in Fritz Langs Film »Metropolis« versetzt. So stellten sich die Planer in den Zwanziger Jahren die moderne Großstadt vor: als große Bühne für die reibungslose Abwicklung von möglichst viel Verkehr auf möglichst vielen Ebenen.

TIPP: Im U-Bahnhof Klosterstraße befindet sich eine kleine Dauerausstellung zur Geschichte des öffentlichen Nahverkehrs in Berlin; auch ein historischer U-Bahn-Wagen ist dort ausgestellt.

Mehr über die U-Bahn-Geschichte erfährt man im U-Bahn-Museum am Bahnhof Olympiastadion.

– Weitere charakteristische U-Bahnhöfe der Zwanziger Jahre, für die der Architekt Alfred Grenander verantwortlich zeichnete, sind die Stationen: Gesundbrunnen (1930, mit oberirdischem Empfangsgebäude), Voltastraße (1930), Bernauer Straße (1930), Rosenthaler Platz (1930), Weinmeisterstraße (1930), Jannowitzbrücke (1930), Kottbusser Tor (1929), Schönleinstraße (1927), Boddinstraße (1927) und Leinestraße (1929) an der Linie 8. An der Linie 6: Platz der Luftbrücke (1926) und Tempelhof (1929). An der Linie 7: Rathaus Neukölln (1926, mit oberirdischem S-Bahn-Eingang). An der Linie 3: Onkel Toms Hütte (1929) und Krumme Lanke (1929). An der Linie 2: Nollendorfplatz (mit einer Gedenkhalle für Kriegsgefallene, 1926), Olympiastadion (1929) und Ruhleben (1929).

^ *Das U-Bahn-Netz im Jahr 1932. Die hellen und gepunkteten Linien gingen in den Zwanzigern in Betrieb.*

DIE SPEISEKAMMER
IM WESTHAFEN

Wie wurde die Viermillionenstadt in den Zwanziger Jahren mit Lebensmitteln, Brennmaterial oder Rohstoffen für die Industrie versorgt? Ein Autobahnnetz für den Lastwagenverkehr gab es noch nicht. Fast der gesamte Güterverkehr wurde über das im 19. Jahrhundert entstandene Eisenbahnnetz oder die Wasserwege abgewickelt. Rund 13 000 Schiffe jährlich löschten um 1920 in Berlin ihre Fracht. Als Haupthafen wurde 1923 der Westhafen offiziell eingeweiht und in den folgenden Jahren um ein drittes Becken erweitert. Er war damals einer der größten und modernsten Binnenhäfen in Deutschland.

Entworfen hat das Hafenensemble der Architekt Richard Wolffenstein, mit fein gegliederten Fassaden aus dunklen Eisenklinkern und Muschelkalk, mit Walmdächern und hellen Sockeln aus Granit. In das Verwaltungsgebäude unter dem großen Uhrturm, der zugleich als Wasserspeicher für die Hafeneisenbahn diente, zog die neu gegründete »Berliner Hafen- und Lagerhaus A. G.« ein, kurz BEHALA genannt; diese Gesellschaft, die den gesamten Berliner Hafenbetrieb verwaltet, existiert bis heute. Zu den Mietern in den Lagerhallen zählte die amerikanische Ford Motor Company. Von 1926 bis 1931 produzierte sie dort Automobile für den

^ *Westhafenstraße 1: Verwaltungsgebäude der BEHALA, die in den Zwanzigern gegründet wurde*

deutschen Markt, montiert aus Einzelteilen, die per Schiff aus dem Mutterwerk in Detroit angeliefert wurden.

Das größte und imposanteste Gebäude auf dem öffentlich zugänglichen Hafenareal ist der zehngeschossige ehemalige Getreidespeicher. Durch eine Sauganlage konnten bis zu 50 Tonnen Weizen, Roggen oder Hafer pro Stunde in das Gebäude gepumpt, dort sortiert und abgewogen werden. Die größte Speisekammer Berlins fasste bis zu 25 000 Tonnen Brotgetreide, soviel wie die Stadt in einem halben Monat verbrauchte. Heute nutzt die Staatsbibliothek den Speicher als Depot für ihre schweren Zeitungsbände. Es gibt einen kleinen Lesesaal, wo aktuelle Zeitungen aus aller Welt ausliegen und wo man in Folianten aus den Zwanziger Jahren oder auf Mikrofilmen nachlesen kann, wie es zuging im alten Berlin. In einer Zeitungsreportage über den noch im Bau befindlichen Westhafen schrieb 1921 Joseph Roth: »Es ist ein großer Hafen, dessen sich keine Stadt zu schämen brauchte, und wäre sie an einem Meer gelegen. Die schweren Kräne schweben auf und nieder mit leichter natürlicher Gelenkigkeit; sie schaufeln Kohle in ihren dunklen Leib und öffnen sich, am Ziel angelangt, wie zwei Schalen, selbständig und lebendig. Vom Dach des neungeschossigen Lagerraums ist Berlin, die Stadt mit Straßen, Menschen und Gegenständen zu sehen. Sie ist keine Kontinentalstadt mehr. Und irre ich nicht, zieht eine leichte Brise über sie hin, und von Wind kann kaum noch die Rede sein...«.

TIPPS: »Äppelkähne« und alte Dampfer findet man ganzjährig am Historischen Hafen an der Inselbrücke (Nähe U-Bahnhof Märkisches Museum).

^ *Der Westhafen, links der große Getreidespeicher, in dem heute Zeitungsbände der Staatsbibliothek lagern.*

EUROPAS GRÖSSTER FAHRSTUHL
SCHIFFSHEBEWERK NIEDERFINOW

Um den Schiffsverkehr zwischen Stettin und Berlin zu beschleunigen, begannen 1927 im Nordosten der Industriemetropole die Bauarbeiten für eine Maschine der Superlative: 72.000 Kubikmeter Beton, 14.000 Tonnen Stahl und 27,5 Millionen Reichsmark wurden verbaut, damit ganze Schubverbände in nur 20 Minuten einen Höhenunterschied von 36 Metern überwinden konnten. Bis dahin brauchten Binnenschiffer zwei Stunden, um die vier Stufen der Schleusentreppe bei Niederfinow am Oder-Havel-Kanal zu überwinden. Wie der Berliner Funkturm verkörpert das Hebewerk die verbreitete Technikbegeisterung der Zwanziger Jahre.

Ohne jede Verkleidung wurde die 94 Meter lange und 60 Meter hohe Stahlkonstruktion in die Landschaft gestellt, als sich selbst genügendes Ingenieurbauwerk von ganz eigener Schönheit, das heute noch jährlich Hunderttausende von Schaulustigen anlockt. Man kann es zu Fuß besteigen und hat von oben einen grandiosen Ausblick ins Oderbruch. Oder man fährt auf einem Ausflugsschiff in den Bauch des Hebewerks, um von vier Elektromotoren und 4290 Tonnen schweren Gegengewichten in einem ebenso schweren Wassertrog sanft hochgehoben zu werden. Seit der Eröffnung am 21. März 1934 ist das Wunderwerk fast ohne Störungen und Unterbrechungen in Betrieb. Aber ewig wird es keine Betriebsgenehmigung erhalten und für den Schiffsverkehr der

^ *Das Schiffshebewerk ist seit 1934 fast unverändert in Betrieb (Foto von 2012).*

Zukunft ist es nicht groß genug: Seit 2006 wird nebenan ein neues Hebewerk gebaut, das moderne Kähne bis zu einer Länge von 110 Metern anheben soll.

TIPP: Zwischen Berlin nach Niederfinow empfiehlt sich an Sommerwochenenden ein Abstecher zum Wasserturm Finow in Eberswalde (Architekt: Paul Mebes, 1917/18, Am Wasserturm 2). Vom Turm schaut man auf acht Messinghäuser herab, die um 1930 als Prototypen einer Messingfabrik gebaut wurden, dazu gibt es eine Ausstellung (www.wasserturm-finow.de).

^ *In der Nazizeit fertiggestellt, wurde es als deutsche Großtat gefeiert.*

BERLIN FUNKT

MESSEGELÄNDE UND
HAUS DES RUNDFUNKS

Am 29. Oktober 1923 um 20 Uhr begann für die Berliner ein neues Medienzeitalter. »Hier Sendestelle Berlin. Vox-Haus, Welle 400« – mit diesen Worten wurde der regelmäßige Rundfunkbetrieb in der Hauptstadt aufgenommen. Zunächst konnten nur wenige den Sender empfangen, aber die Zahl der Hörer vergrößerte sich rasch. Als im folgenden Jahr auf dem Messegelände am S-Bahnhof Witzleben (heute: Messe Nord) die erste Funkausstellung eröffnet wurde, zählte man über 100 000 Besucher. Die Zahl der registrierten Rundfunkteilnehmer in Deutschland überschritt wenig später die Millionengrenze. Das Interesse an dem neuen Medium Rundfunk, mit dem man erstmals Nachrichten ohne Zeitverzögerung empfangen konnte, war riesengroß.

In jährlichen Ausstellungen konnten die Berliner fortan die Fortschritte der Radiotechnik bestaunen. Als besondere Attraktion wurde 1926 der Funkturm eingeweiht: 138 Meter hoch, mit einem Restaurant in 50 Metern und einer Aussichtsplattform in 125 Metern Höhe. Bereits vor der Vollendung diente die elegante Eisenkonstruktion als Sendemast für Radioprogramme. Neben dem Verkehrsturm auf dem Potsdamer Platz war der Funkturm ein beliebtes Symbol für die Modernität der republikanischen Hauptstadt. »So wie zu den Schwingungen der Terrassen in Sanssouci (...) das Bild der wehrgeschmückten Staatsmänner, der Philosophen und Künstler gehört, so gehört zu dem schlanken Eisengerüst des Turmes in Witzleben mit seinen neuesten technischen Einrichtungen das Bild der Männer der Industrie, der Organisatoren, der rastlos tätigen Männer der Stadtverwaltung mit ihrem Oberhaupt an der Spitze, der Kaufherren und Ingenieure und des Millionen-

^ *Werbung für die Funkausstellung 1930 mit ihrem Wahrzeichen, dem Funkturm* heeres werktätiger Arbeiter«, rühmte der Architekt Heinrich Straumer sein Werk.

Das Vox-Haus, in dem der Sendebetrieb begann, stand in Sichtweite des Potsdamer Platzes, gegenüber dem einzig erhaltenen Haus an der Alten Potsdamer Straße, dem Weinhaus Huth. Ein Modell des zerstörten Funkhauses mit seinen Studios und Technikräumen findet man heute im Deutschen Technikmuseum. An der Potsdamer Straße wurde es bald zu eng, daher zogen die Redakteure, Techniker, Sprecher und Musiker im Januar 1931 in einen Neubau am Messegelände, ins von Hans Poelzig entworfene Haus des Rundfunks, aus dem heute der Rundfunk für Berlin und Brandenburg (rbb) sendet. Die 155 Meter lange, wuchtige Hauptfront ist durch Pfeiler und dunkle Klinker fein gegliedert, dahinter verbergen sich ein imposanter Lichthof in kräftigen Farben, ein Konzertsaal und Bürotrakte. Wie eine Burg schotten sie die Innenhöfe, an denen die Aufnahmestudios liegen, vom Straßenlärm ab.

Zukunftsweisend wie das Funkhaus und die Technik war das Programm des Berliner Rundfunks in den Zwanziger Jahren. Unter dem liberalen Intendanten Hans Flesch hielt Albert Einstein mehrere Rundfunkvorträge, Brechts Militärsatire »Mann ist Mann« erlebte im Rundfunk ihre Berliner Erstaufführung, Thomas Mann und Egon Erwin Kisch lasen aus ihren Werken. Den Nazis war die Offenheit des Rundfunks für die liberalen und linken Intellektuellen der Metropole verhasst, abfällig sprachen sie vom »Berliner Judenrundfunk«. Im Sommer 1932 setzte die konservative Reichsregierung Franz von Papens durch, dass erstmals nationalsozialistische Agitatoren den Rundfunk für ihre Propaganda nutzen durften. Kommunisten blieben ausgeschlossen. Unter Hitlers Kanzlerschaft wurde der Sender alsbald gleichgeschaltet, der Rundfunk zu einem Machtapparat der Diktatur ausgebaut.

^ *Masurenallee 8-14: Hans Poelzigs Haus des Rundfunks ging 1931 in Betrieb.*

ELEKTROPOLIS

Die Elektrifizierung der Stadt machte in den Zwanziger Jahren rasche Fortschritte: Verfügten 1914 lediglich fünf Prozent der Haushalte über einen Stromanschluss, so stieg diese Quote bis 1925 auf 25 Prozent und verdoppelte sich bis zum Ende des Jahrzehnts. Vor allem U-Bahn, S-Bahn, Handel und Industrie ließen den Strombedarf sprunghaft ansteigen. Um ihn zu decken, arbeitete der 1923 gegründete kommunale Stromkonzern Bewag mit Hochdruck an einem leistungsfähigen Stromnetz für die ganze Stadt. Kleinere Kraftwerke und Verteilungsanlagen gab es schon seit der Inbetriebnahme einer ersten Versuchsanlage in der Friedrichstraße im Jahr 1883, die das Café Bauer und einige Geschäfte an der Verkehrskreuzung Unter den Linden mit elektrischem Licht versorgte. Die bestehenden Werke reichten aber bei weitem nicht aus: 1923 wurde weniger als ein Drittel des benötigten Stroms in Berlin erzeugt, der Rest über Fernleitungen von auswärtigen Kraftwerken bezogen. Das änderte sich, als 1926 nach nur 15 Monaten Bauzeit das Großkraftwerk Klingenberg in Betrieb genommen wurde, eine der größten und modernsten Anlagen in Europa. Sie war der Stolz der Stadtväter und lieferte mehr Leistung als alle bis dato in Berlin vorhandenen Stromgeneratoren zusammen. Das heiße Abwasser wurde genutzt, um große Treibhäuser mit Gurken, Tomaten, Kohlrabi und Melonen für die städtischen Markthallen zu heizen. Entworfen von Walter Klingenberg und Werner Issel, benannte man den modernen Stahlskelettbau des Großkraftwerks nach dem 1925 verstorbenen Elektroingenieur Georg Klingenberg, der die Pläne für das Stromnetz der Hauptstadt entwickelt hatte. Zum Heizkraftwerk umgebaut, produziert die Anlage am Spreeufer bis zum heutigen Tag Strom und Wärme

^ *Das Kraftwerk Klingenberg lieferte seit 1926 nicht nur Strom, sondern heizte auch Gewächshäuser.*

^ *Elektrische Haushaltsgeräte galten als besonders »rationell, sauber und hygienisch«. Anzeige um 1928.*

für Berlin (Köpenicker Chaussee 42-45, Nähe S-Bahnhof Betriebshof Rummelsburg). 1930 folgte die Inbetriebnahme eines weiteren Großkraftwerks im Westen der Stadt. Nach Demontage und Wiederaufbau wurde es 1953 auf den Namen Ernst Reuters getauft, der in den Zwanziger Jahren als Verkehrsdezernent an der Berliner Stadtplanung beteiligt war und nach dem Zweiten Weltkrieg zum Regierenden Bürgermeister der westlichen Halbstadt gewählt wurde.

Für die Bewag entwarf der Architekt Hans Heinrich Müller zwischen 1924 und 1931 über 40 Verteilerstationen, die den Strom aus dem Hochspannungsnetz transformierten, damit er als Arbeitsstrom an die Industrie, die Straßenbahn, die Straßenbeleuchtung oder private Haushalte weitergeleitet werden konnte. Die roten Backsteinbauten bilden ein über die Stadt verteiltes Architekturensemble von großer Qualität. Bei aller gebotenen Schlichtheit bediente sich Müller virtuos älterer Bauformen, verlieh den Abspannwerken die Anmutung von Kathedralen, Klöstern oder Burgen, machte sie so zu geheimnisvollen Blickfängen der Stadtlandschaft. Zu seinen eindrucksvollsten Anlagen gehören das Abspannwerk Kottbusser Ufer (1924-28, Paul-Lincke-Ufer 20-22, Kreuzberg), das Abspannwerk Humboldt (1926, Sonnenburger Straße 73, Prenzlauer Berg), das Abspannwerk Wilhelmsruh (1925-27, Kopenhagener Straße 83-101 am S-Bahnhof Wilhelmsruh). Das Abspannwerk Buchhändlerhof (1928, Mauerstraße 78-80, Nähe U-Bahnhof Kochstraße) diente nach der Stillegung in den Neunziger Jahren als Technodisco (»E-Werk«). Ein schönes Beispiel für die denkmalgerech-

te Umnutzung von Müllers Bauten ist das zum Bürogebäude umgewidmete Abspannwerk Leibniz (1927-28, Leibnizstraße 65-68a, Charlottenburg).

Die Elektrizität veränderte auch das Kommunikationsverhalten der Berliner, wie ein monumentaler Gebäudekomplex in einer Schöneberger Seitenstraße zeigt: Um den wachsenden Telefonverkehr zu bewältigen, baute die Reichspost 1923-29 an der Winterfeldtstraße 19-23 das größte Fernmeldeamt Europas. 8000 Menschen arbeiteten in dem von den Architekten Otto Spalding und Kurt Kuhlow entworfenen, um vier Innenhöfe gruppierten Gebäudekomplex: Techniker, Büroangestellte und die »Fräuleins vom Amt«.

Die Elektroindustrie gehörte in den Zwanziger Jahren zu den größten Arbeitgebern in der Stadt, allein die beiden wichtigsten Unternehmen der Branche, AEG und Siemens, beschäftigten hier zusammen über 100 000 Arbeiter. Im Westen Charlottenburgs entstand seit 1898 eine Elektropolis mit Bahnanschluss, Fabrikationsstätten, Bürogebäuden und Arbeitersiedlungen: die Siemensstadt. Sie erhielt in den Zwanziger Jahren ihr heutiges Gesicht. Der Architekt Hans Hertlein, Leiter der Bauabteilung des Konzerns, plante dort das erste moderne Fabrikhochhaus in Europa, das 1926-28 errichtete Schaltwerkhochhaus mit 175 Meter langen Hallen in elf Geschossen (Nonnendamm 104-110, Nähe U-Bahnhof Rohrdamm). Vom selben Architekten stammen auch das Wernerwerk-Hochhaus (1928-30, Siemensdamm 50-55) und das ehemalige Mädchenerholungsheim des Konzerns (1928, Goebelstraße 143-45) in der Siedlung »Heimat« (1930-34 Schuckertdamm, Goebelstraße, Quellweg). Zur Werksiedlung gehören ferner zwei Gotteshäuser: die evangelische Christophorus-Kirche (1929-31, Schuckertdamm 336-40) und die katholische St. Josephs-Kirche (1934-35, Quellweg 43).

^ *Kraftwerk Klingenberg, Verwaltungsgebäude*

^ *Abspannwerk Buchhändlerhof*

TECHNIK IM MUSEUM

Am 18. August 1931 startete die Pilotin Marga von Etzdorf auf dem Flughafen Berlin-Tempelhof zu ihrem längsten Alleinflug: In einem knallgelben »Junkers«-Flugzeug schaffte sie es in zwölf Tagen bis nach Tokio. Auf dem Rückflug stürzte sie bei Bangkok ab und überlebte wie durch ein Wunder. Mit Vorträgen über ihren Japanflug verdiente die leidenschaftliche Fliegerin genug Geld, um 1933 mit einer neuen Maschine in Richtung Australien zu starten. Doch in Syrien erlitt sie erneut eine Bruchlandung und nahm sich kurz danach das Leben. Da war sie gerade 25 Jahre alt.

Im Deutschen Technik-Museum schwebt ein Doppeldecker über der Büste der Fliegerin, wie ihn die Raab-Katzenstein-Flugzeugwerke 1928 auf den Markt brachten. Die sogenannte »Grasmücke« sollte das »Volksflugzeug« der Deutschen werden, mit einem Preis von etwa 6000 Reichsmark erschwinglich »für jedermann«. Das Fliegen war in den Zwanziger Jahren längst kein tollkühnes Abenteuer mehr wie in der Pionierzeit vor dem Ersten Weltkrieg. Damals war der erste deutsche Motorflugplatz in Johannisthal bei Berlin, dem heutigen Adlershof, das Zentrum der deutschen Luftfahrt. Doch lag er weitab von der Berliner Mitte. Für den einsetzenden Waren-, Post- und Passagierverkehr durch die Luft entstand 1923 ein stadtnaher neuer Flughafen auf einem vormaligen Truppenübungsgelände: Berlin-Tempelhof. Drei Jahre später fusionierten kleinere Fluggesellschaften zur Lufthansa, die von Tempelhof aus ein europäisches Streckennetz aufbaute. Berlin wurde zum Luftkreuz Europas. 1934 verzeichnete der Flughafen Tempelhof 59 000 Starts und Landungen und fertigte über 100 000 Passagiere ab. Tempelhof stand damit an der Spitze der europäischen Flughäfen vor London, Paris und Amsterdam.

In Tempelhof erinnert nichts mehr an den Flughafen der Zwanziger Jahre, der schon bald einem Monumentalbau der Nazis weichen musste. Im Technikmuseum ist die Frühgeschichte der Berliner Luftfahrt seit Otto Lilienthals Flugversuchen dokumentiert. Der größte dort ausgestellte Flugzeugtyp mit einer Spannweite von über 30 Metern kam 1930 auf den Markt: Die legendäre »Tante Ju« war zunächst als einmotoriges Frachtflugzeug konstruiert und als dreimotorige Passagiermaschine weltweit ein Verkaufsschlager. Fast die gesamte Lufthansa-Flotte der Dreißiger Jahre bestand aus solchen Flugzeugen mit einer geräumigen Wellblechkabine für 15 bis 17 Passagiere.

Verkehr, Technik und Industrie der Zwanziger Jahre sind in allen Museumsabteilungen auf dem ehemaligen Gelände des Anhalter Güterbahnhofs mit großartigen Exponaten vertreten. In den historischen Lokschuppen kann man Waggons und Dampfrösser der 1920 gegründeten Deutschen Reichsbahn besichtigen, die Schifffahrtsabteilung erinnert an die große Bedeutung der Binnenschifferei für die Versorgung und Entwicklung der Großstadt. Das riesige Oldtimer-Depot des Museums bekam 2011 großzügige Ausstellungsflächen. Die Abteilung über Filmtechnik zeigt historische Apparate der Berliner Kinopioniere und ein Modell der Filmstadt Babelsberg. Im Bereich Kommunikationstechnik sind die ersten Radioempfänger zu sehen, ferner Modelle der 1920 eingeweihten Großfunkstation in Nauen und des ersten Berliner Rundfunkhauses an der Potsdamer Straße.

Schon in den Zwanziger Jahren gab es in Berlin ein großes Verkehrs- und Baumuseum im stillgelegten Hamburger Bahnhof an der Invalidenstraße (heute Museum für Gegenwart der Nationalgalerie), außerdem mehrere Firmenmuseen: Seit 1922 existierte ein Siemens-Museum im Gebäude der Hauptverwaltung des Elektrokonzerns an der Nonnendammallee, und die AEG zeigte ihre Sammlung ab 1929 im »Haus der Technik« an der Friedrichstraße (bis 2012 Kulturzentrum »Tacheles«). 1932 eröffnete der Glühlampenhersteller Osram ein Museum an der Ehrenbergstraße in Friedrichshain. Ein Straßenbahnmuseum gab es seit 1927 im BVG-Betriebshof an der Müllerstraße (siehe S. 79). Das Deutsche Technikmuseum ist nicht nur ideeller Nachfolger dieser Einrichtungen, etliche Exponate sind Erbstücke aus dem ehemaligen Verkehrs- und Baumuseum.

Das Technikmuseum liegt auf dem ehemaligen Bahngelände am U-Bahnhof Gleisdreieck. In den Zwanziger Jahren war die Gegend erfüllt vom Lärm und Rauch der Eisenbahnen. Deren Rangierbewegungen auf den schier endlosen Gleisfeldern hinter dem Anhalter und Potsdamer Bahnhof konnte man von der Hochbahn gut beobachten. Diese »eiserne Landschaft« (Joseph Roth) galt als Sehenswürdigkeit und symbolisierte den modernen, technischen Wesenszug Groß-Berlins wie kaum ein zweiter Ort der Stadt. Der russische Emigrant Viktor Schklowski nannte das Gleisdreieck gar »das eiserne Herz Deutschlands«. In den Jahren der Teilung Berlins verödete das weitläufige Bahngelände. Nach der Wiedervereinigung diente es als Lagerplatz für die Bauarbeiten am Potsdamer Platz und am neuen Nord-Süd-Tunnel unter dem Tiergarten. Ein bedeutender Knotenpunkt des Großstadtverkehrs ist das Gleisdreieck heute nicht mehr, aber dank des Technikmuseums das Zentrum der Erinnerung an die einstige Verkehrs- und Technikmetropole Berlin.

TIPP: Das in der Kaiserzeit gegründete Reichspostmuseum an der Leipziger Straße 16 in Mitte wurde im Jahr 2000 als Museum für Kommunikation wiedereröffnet. Seine historischen Sammlungssäle dokumentieren die Entwicklung des Post- und Telefonverkehrs, der Telegrafie und Funktechnik in einem Gebäude, das auch schon in den Zwanziger Jahren als Museum moderner Kommunikationstechnik diente (Nähe U-Bahnhof Mohrenstraße).

^ *Büste der Fliegerin Marga von Etzdorf unter einer »Grasmücke«, Baujahr 1928, im Deutschen Technikmuseum*

ALLES RELATIV?
EINSTEIN IN BERLIN

Dass man durch das Stromnetz die Möglichkeit hatte, in jeden Winkel der Stadt geräusch- und geruchlos große Mengen von Energie zu übertragen, um damit Maschinen, Verkehrsmittel, Lampen oder Haushaltsgeräte zu betreiben, war in den Zwanziger Jahren noch eine aufregende Erfahrung, wenigstens alles andere als selbstverständlich. Das Tempo des elektrischen Nahverkehrs, die immer neuen Rekorde bei Autorennen oder in der Luftfahrt, die Informationsübertragung in Lichtgeschwindigkeit durch den Rundfunk oder das Telefon veränderten das Empfinden von Raum und Zeit. Vor diesem Hintergrund ist die enorme Popularität zu verstehen, die Einstein und seine Relativitätstheorie gewannen, obwohl nur wenige Zeitgenossen seine Gedanken wirklich nachvollziehen konnten. Raum und Zeit, lehrte Einstein, seien keine fixen Größen, sondern relativ. In einem Flugzeug oder einer Rakete mit hoher Geschwindigkeit ticken die Uhren langsamer. Relativ ist auch die Masse eines Gegenstandes: Sie nimmt zu, wenn man ihn beschleunigt. Auf den Alltag der Berliner hatten diese Theorien zunächst keine Auswirkungen, aber sie stimmten zum Lebensgefühl der Epoche.

Berlin sei der Ort gewesen, mit dem er am stärksten verwachsen gewesen sei, hat Albert Einstein einmal geschrieben, nachdem er vor den Nationalsozialisten ins Exil flüchten musste. 1914 wurde der Erfinder der Relativitätstheorie aus Zürich nach Berlin berufen. Dort boten sich ihm ideale Arbeitsmöglichkeiten als Mitglied der Preußischen Akademie der Wissenschaften und als Direktor eines noch zu errichtenden Forschungsinstituts für Physik. Damit verbunden war eine Professur

^ *Albert Einstein in Berlin, um 1930*

an der Universität, allerdings ohne Lehrverpflichtungen, sodass sich Einstein ganz seinen Forschungen widmen konnte. »Die Herren Berliner spekulieren mit mir wie mit einem prämierten Leghuhn, dabei weiß ich nicht, ob ich überhaupt noch Eier legen kann«, witzelte der Umworbene während der Berufungsverhandlungen. Die Sorge war unbegründet. 1915 gelang Einstein der Sprung von der speziellen zur allgemeinen Relativitätstheorie, der Formel eines neuen Weltbildes. Unter anderem sagte er die Lichtablenkung in starken Gravitationsfeldern voraus, die vier Jahre später während einer Sonnenfinsternis von britischen Forschern nachgewiesen werden konnte. Über Nacht war der Mann weltberühmt und Berlin um eine Sensation reicher.

Da die deutschen Wissenschaftler es nicht den ausländischen Kollegen überlassen wollten, Einsteins Theorien zu bestätigen, wurde Geld für ein Sonnenobservatorium in der Nähe der Hauptstadt gesammelt. Auf dem Telegrafenberg bei Potsdam entstand 1920-24 der Einsteinturm nach Plänen des Architekten Erich Mendelsohn. Mit seinen dynamisch fließenden Umrissen, die an Schiffsaufbauten erinnern, wurde die Sternwarte zu einer Ikone der expressionistischen Architektur. Sie wird noch heute für Analysen des Sonnenspektrums genutzt (An der Sternwarte 16, Potsdam).

1922 erhielt Einstein den Physiknobelpreis, allerdings nicht für seine revolutionären Auffassungen von Raum, Zeit und Gravitation, sondern für seine Theorie der Lichtquanten. Er nutzte seine Popularität, um nach dem Ersten Weltkrieg für eine Aussöhnung der Völker zu werben. Wegen seiner jüdischen Herkunft, seines pazifistischen und sozialen Engagements wurde er von der politischen Rechten angefeindet, die Relativitätstheorie als »Bolschewistenphysik« bekämpft.

Von 1917 bis 1932 wohnte Einstein in einem Haus in der Schöneberger Haberlandstraße 5, nicht weit vom Bayerischen Platz; an die zerstörte Wohnung erinnert nur noch ein Gedenkstein (Haberlandstraße 8). Zu seinem 50. Geburtstag am 14. März 1929 wollte der Magistrat der Stadt Berlin dem berühmten Bürger ein Haus mit Seeblick schenken, blamierte sich aber bei der Suche nach einem geeigneten Objekt: Einstein wurden Villen angeboten, deren Bewohner man hätte herauswerfen müssen oder die aus anderen Gründen nicht zur Verfügung standen. Schließlich schrumpfte das großzügige Geschenk der Stadt zu dem Angebot zusammen, Einstein ein Grundstück für ein selbst finanziertes Haus zu überlassen. Die Affäre sorgte für solchen Wirbel im Stadtparlament und in der Presse, dass Einstein schließlich dankend ablehnte und auf eigene Kosten ein Grundstück in Caputh bei Potsdam, unweit des Einsteinturmes auf dem Telegrafenberg, erwarb. Der Architekt Konrad Wachsmann baute ein Sommerhaus aus Holz, das Einstein bereits im Herbst 1929 beziehen konnte. Von dort waren es nur wenige Schritte bis zu dem Bootssteg, an dem Einsteins Jollenkreuzer lag. Beim Segeln auf den Havelseen fand er Muße, um ungestört vom Berliner Rummel über physikalische Probleme nachzudenken oder einfach mit sich allein zu sein. Im Sommerhaus gaben sich die Nobelpreisträger die Klinke in die Hand: Die Wissenschaftler Max Born, Fritz Haber, Otto Hahn und Max Planck gehörten ebenso zu den Gästen wie die Schriftsteller Gerhart Hauptmann, Arnold Zweig und Heinrich Mann, wie die Künstler Max Liebermann und Käthe Kollwitz. Heute nutzt das Potsdamer Einstein-Forum das einzige erhaltene Wohnhaus Einsteins in Deutschland (Am Waldrand 15-17) für wissenschaftliche Tagungen; im Sommerhalbjahr ist es am Wochenende für Touristen zugänglich.

In Berlin tragen drei Straßen und zwei Schulen Einsteins Namen. In der Archenhold-Sternwarte in Treptow erinnert eine Gedenktafel daran, dass Einstein dort am 2. Juni 1915 seinen ersten Berliner Vortrag zur Relativitätstheorie hielt. Weitere Tafeln finden sich am Eingang zum Kinosaal der Humboldt-Universität, wo er öffentliche Vorlesungen hielt (Unter den Linden 6), und nebenan an der Staatsbibliothek (Unter den Linden 8, am ehemaligen Eingang zu den Räumen der Akademie der Wissenschaften, heute Eingang zu deren Bibliothek). Im Einsteinjahr 2005 schmückten Zitate des Genies viele Gebäude und den Boulevard Unter den Linden. Am Kanzleramt war zu lesen: »Der Staat ist für die Menschen und nicht die Menschen für den Staat«.

Einstein-Gedenktafel an der Staatsbibliothek Unter den Linden, ehemals Sitz der Akademie der Wissenschaften

^ *Nicht weit vom Einsteinturm (oben) zog sich der Nobelpreisträger in sein Sommerhaus zurück (unten).*

NEUES BAUEN

66

In seiner baulichen Gestalt war das Berlin der Zwanziger Jahre eine Stadt des 19. Jahrhunderts. Endlos lange Straßen mit gleichförmigen Mietshausfassaden, die großen Bahnhöfe und Industriebetriebe spiegelten den rasanten Aufstieg zur Millionenstadt. Die historische Stadtmitte hatte sich nach der Reichsgründung immer deutlicher zur City mit prächtigen Geschäfts- und Bürohäusern, Waren- und Vergnügungspalästen entwickelt. Immer weniger Menschen wohnten dort, dafür nahm das Verkehrsaufkommen zu und vertrieb alle Beschaulichkeit aus der Altstadt. Schon in der Kaiserzeit wurden neue Magistralen durch das Zentrum geschlagen wie die Kaiser-Wilhelm-Straße als östliche Verlängerung der Linden. Es wurde die Stadtbahn auf Viadukten durch die Stadtmitte geführt und mit dem U-Bahn-Bau begonnen. Während die ärmere Bevölkerung in den Massenquartieren des Ostens und Nordens eingeschlossen blieb, zogen wohlhabendere Schichten in neue bürgerliche Viertel und Villenkolonien an der Peripherie, vorzugsweise im Westen.

Die Dynamik der Stadtentwicklung zwang zu raschen, rationellen Lösungen, um die Versorgung der Millionenstadt sicherzustellen: zum Bau von Markthallen und eines ausgedehnten Schlachthofes an der Landsberger Allee, der Errichtung von Pumpwerken für die Kanalisation und riesigen Gaswerken. Die nüchterne Zweckarchitektur der Industrie- und Versorgungsbetriebe und der Massenverkehr verliehen Berlin in den Augen vieler Betrachter den Charakter einer riesigen Maschine. »Berlin ist ein wundervoller Elektromotor, der mit unglaublicher Präzision, Schnelligkeit und Energie eine Fülle von komplizierten mechanischen Arbeitsleistungen vollbringt«, schrieb 1912 der Wiener Kulturkritiker Egon Friedell. Doch die moderne Konstruktion

< *Am Landwehrkanal schlägt auch die Fassade des 1930-31 gebauten »Shell-Hauses« Wellen.*

der Großstadt wurde in der Kaiserzeit noch weitgehend hinter überbordenden Stuckfassaden und Anleihen bei allen möglichen Baustilen verborgen. Die Monarchie suchte die Selbstdarstellung in architektonischen Prachtstücken wie dem 1905 eingeweihten Berliner Dom, und sie feierte sich am liebsten mit Militärparaden auf der festlich dekorierten Prachtmeile Unter den Linden.

Dagegen forderten progressive Architekturkritiker schon um 1900 mehr Ehrlichkeit und »Sachlichkeit«. Die »Neue Sachlichkeit« war keine genuine Erfindung der Zwanziger Jahre, sie bereitete sich schon vor dem Ersten Weltkrieg in der Industriearchitektur vor, vereinzelt auch schon beim Bau von Geschäfts- und Wohnhäusern. Prominente Beispiele der neuen Architekturauffassung waren die AEG-Turbinenhalle von Peter Behrens an der Huttenstraße 12-19 in Moabit und das 1906 fertiggestellte, im Zweiten Weltkrieg zerstörte Warenhaus Wertheim am Leipziger Platz. Bei der Gestaltung der 150 Meter langen Fassade verzichtete der Architekt Alfred Messel fast gänzlich auf historisierendes Baudekor, strukturierte sie vor allem durch vertikale Steinpfeiler, deren Zwischenräume vollkommen verglast waren. Auch mit seinen Wohnhäusern für Baugenossenschaften, wie an der Sickingenstraße 7-8 in Moabit, wies Messel der folgenden Generation den Weg: Er verzichtete auf eine die realen Wohnverhältnisse kaschierende Fassade und entwickelte ein ansprechendes Erscheinungsbild aus der Bauaufgabe, bezahlbare Kleinwohnungen für Wenigverdiener zu schaffen.

Der Erste Weltkrieg und die folgende Phase politischer und wirtschaftlicher Instabilität brachten die Bautätigkeit in Berlin für ein Jahrzehnt fast gänzlich zum Erliegen. Die phantastischen Visionen von einer besseren und schöneren Welt, die progressive

^ *Alfred Messels Wertheim-Warenhaus am Leipziger Platz, Anzeige von 1932*

Architekten aus dem Berliner »Arbeitsrat für Kunst« und der »Novembergruppe« nach der Revolution zu Papier brachten, blieben Utopie. Es war die Blütezeit des architektonischen Expressionismus, der die klassischen Bauformen negierte und statt dessen mit wilden Zickzacklinien, kristallinen, dynamischen und organischen Formen experimentierte. Spurenelemente der expressionistischen Formensprache überlebten, als Mitte der Zwanziger Jahre die wirtschaftliche Erholung einsetzte. Nun stellte sich den Architekten eine Fülle ganz konkreter Bauaufgaben wie die Planung großer Wohnsiedlungen, der Um- und Neubau von Geschäftshäusern, die Gestaltung von Villen, Schulen oder Kirchen. Sie gingen dabei ganz unterschiedliche Wege, bauten vielfach konventionell mit Spitzdach oder in Anlehnung an historische Bauformen, doch gab es auch vereinzelt Bauherren, die eine forciert moderne Architektur wünschten. Allen voran die Wohnungsbaugenossenschaften, die Gewerkschaften und die Stadt Berlin.

Einflussreichster Manager des Neuen Bauens war der Sozialdemokrat Martin Wagner, der seit 1920 den Verband sozialer Baubetriebe, der sogenannten Bauhütten, leitete und von 1926 bis 1933 als Groß-Berliner Stadtbaurat für Hochbau und Stadtplanung zuständig war. Wagner wollte Berlin ein demokratisches Gesicht und dem »Stadtkörper« eine »weltstädtische Form« geben – mit reibungslos flutendem Massenverkehr, schnittigen Hochhäusern, großzügigen Wohnsiedlungen, freundlichen Schulanlagen, einem leistungsfähigen Messegelände und gesundheitsfördernden Freizeitanlagen wie dem Strandbad Wannsee.

^ *Modell der Brüder Luckhardt für den Alexanderplatz (1929)*

SPARSAM BAUEN
PROJEKTE VON STAAT UND VERWALTUNG

Zum schwierigen Erbe des Kaiserreichs, das die Weimarer Demokratie antreten musste, gehörte neben den Reparationszahlungen an die Siegermächte ein Berg von Staatsschulden. Die Abwicklung dieser Verbindlichkeiten lag in den Händen der Reichsschuldenverwaltung. Für diese und andere Dienststellen entstand 1919-24 in Kreuzberg der erste Behördenbau der Weimarer Republik. Sparsam und nüchtern fiel er aus, wie es seiner Zweckbestimmung entsprach. Die vertikal gegliederte Backsteinfassade fällt weich um die spitze Ecke an der Einmündung der Alten Jakobstraße in die Oranienstraße, geschmückt mit Terrakotta-Skulpturen von Hugo Lederer, die Maria und Caritas darstellen. Ein Hermeskopf symbolisiert den Handel, ein Ährenbündel den Ackerbau, ein Segelschiff die Schifffahrt und eine Eule die Wissenschaft.

Der Bau, an dessen Planung neben dem Architekten German Bestelmeyer auch andere Baubeamte beteiligt waren, wurde 1994 bis 1998 aufwendig saniert und wird heute von der Senatsverwaltung für Integration, Arbeit und Soziales genutzt (Oranienstraße 106-109, Nähe U-Bahnhof Moritzplatz).

Anders als das Kaiserreich und die Nazidiktatur hinterließ die Weimarer Republik in Berlin kaum staatliche Repräsentationsbauten. Ihr größtes Projekt, eine Erweiterung des Reichstages, verzögerte sich und wurde mit dem Untergang des Parlamentarismus begraben. Da das alte Reichstagsgebäude für einen modernen Parlamentsbetrieb viel zu eng war, sollten großzügige Bürobauten in der Nachbarschaft entstehen. 1927 und 1929 wurden große Wettbewerbe für eine Neubebauung des Spreebogens an der Nordseite des Platzes der

^ *Die ehemalige Reichsschuldenverwaltung an der Oranienstraße, erster Behördenbau der Weimarer Republik*

Republik durchgeführt, für genau jenen Ort also, wo nach der Wiedervereinigung das Paul-Löbe-Haus für die Abgeordneten des Bundestags entstand.

Die Regierung der Weimarer Republik leistete sich lediglich einen bescheidenen Anbau ans Reichskanzlerpalais an der Wilhelmstraße, 1928-30 nach Plänen von Eduard Jobst Siedler ausgeführt (Foto S. 22) und in der Nazizeit von einem gigantomanischen Repräsentationsbau übertrumpft, den Albert Speer für Hitler baute. Mit dem Nazipalast ist auch die Ruine der Reichskanzlei aus den Zwanziger Jahren nach dem Zweiten Weltkrieg dem Erdboden gleich gemacht worden. Die Askese, die sich die Weimarer Demokratie beim Bauen auferlegte, zeigt vorbildlich das ehemalige Rathaus, jetzt Bürgeramt des Bezirks Wedding am U-Bahnhof Leopoldplatz. Man hält es auf den ersten Blick für einen Industriebau. Radikal unterscheidet es sich von den pompösen Rathäusern, mit denen sich vor dem Ersten Weltkrieg die Nachbargemeinden Berlins – wie Charlottenburg, Schöneberg oder Rixdorf, das heutige Neukölln – schmückten. Statt eines Rathausturms deutet nur ein kleines Wappen an der Straßenecke auf die Bestimmung des Baus hin (errichtet 1928-30 nach Plänen von Friedrich Hellwig, Müllerstraße 146-47). Dieselbe Nüchternheit eines Fabrikbaus strahlt das 1931-32 gebaute Arbeitsamt in Neukölln aus (entworfen von Leo Lottermoser, Sonnenallee 282, Nähe S-Bahnhof Köllnische Heide). In den Jahren der Weltwirtschaftskrise eröffnet, wurde es durch die Schlangen der Arbeitsuchenden, die sich

^ *Expressionistisches Dekor mit Terrakottafiguren an der ehemaligen Reichsschuldenverwaltung*

um das Haus bildeten, zu einem bedrückenden Symbol der Massenarbeitslosigkeit.

Die Bedeutung des Sozialwesens in der Weimarer Republik schlug sich auch in anderen bemerkenswerten Bauten nieder wie dem »Gesundheitshaus« in Pankow (1926-28, Eilert Franzen, Grunowstraße 8-11 am S/U-Bahnhof Pankow), dem »Reichsknappschaftshaus« (1929-30, Max Taut und Franz Hoffmann, Breitenbachplatz 2, am U-Bahnhof Breitenbachplatz) und der Zentralverwaltung der Allgemeinen Ortskrankenkassen (1931-32, Albert Gottheiner, Rungestraße 3-6, am U-Bahnhof Märkisches Museum).

^ *Rathaus Wedding, historische Außenansicht und Innenansicht der Haupthalle aus dem Jahr 2005*

SOLIDARISCH IN DIE ZUKUNFT
BAUTEN DER GEWERKSCHAFTEN

Anders als im Kaiserreich spielten die Gewerkschaften in der Weimarer Republik eine staatstragende Rolle. Seit November 1918 wurden sie vom Staat und von den Arbeitgebern offiziell als Interessenvertretung der Arbeiter und Angestellten anerkannt. Die gewachsene Bedeutung spiegelte sich in einer Reihe von Neubauten für die Gewerkschaftsarbeit außerhalb der Betriebe. Dabei förderten die Bauherren eine Architektursprache, die den Solidaritätsgedanken auf ganz neue Weise zum Ausdruck bringen sollte.

Das im Jahr 1900 in Berlin eingeweihte erste Berliner Gewerkschaftshaus am Engelufer (heute Engeldamm 64-66, Mitte) zeichnet sich vor allem durch den Verzicht auf den zeitüblichen Ausstattungsprunk bürgerlicher Geschäftshäuser aus. Mit seiner Fassade im schlichten Stil märkischer Backsteingotik wirkt es wie eine Volksschule. Die Gewerkschaftsbauten aus der Zeit der Weimarer Republik hingegen erregten Aufsehen durch forcierte Modernität. In scharfem Kontrast zum alten Gewerkschaftshaus steht das »Haus des Deutschen Verkehrsbundes« in unmittelbarer Nachbarschaft: ein 1927-30 entstandenes Gebäude für einen Verband kleinerer Gewerkschaftsorganisationen, entworfen von Bruno Taut, Max Taut und Franz Hoffmann (Michaelkirchplatz 1-2, Nähe U-Bahnhof Heinrich-Heine-Straße). Die klare Gliederung durch ein Stahlbetonskelett tritt an der Fassade offen zutage, doch die großen Fensterflächen und die abgerundete Ecke des Baus verleihen ihm eine dynamische Eleganz und Leichtigkeit (Foto S. 74).

Bereits 1922-23 entstand über einem U-Bahn-Tunnel am Märkischen Museum im Gewerkschaftsauftrag eines der originellsten Häuser der Zeit,

^ *Fassadendetail der Gewerkschaftszentrale an der Wallstraße, erbaut 1922-23*

Max Tauts Verwaltungsgebäude für den Allgemeinen Deutschen Gewerkschaftsbund (Wallstraße 61-65, Ecke Inselstraße; 1930-32 von Walter Würzbach erweitert). Auch hier tritt die Stahlrahmenkonstruktion am quadratischen Fassadenraster offen zutage und verrät die übereinandergestapelten Büroräume, während zwei expressionistische Giebelspitzen die Lage des Sitzungssaals anzeigen. Die auffällige Farbgebung in Grau, Rot und Gelb weist voraus auf Max Tauts berühmtes »Verbandshaus der deutschen Buchdrucker« (1924-26, Dudenstraße 10, am U-Bahnhof Platz der Luftbrücke, Foto S. 75).

Selbstbewusst stellt es seine glatte gelbe Klinkerfassade mit den breit gelagerten Loggien und Fenstern zur Schau, schmückt sich allein mit roten Farbakzenten an den Rahmen und guten Proportionen. Ein Musterbau der Neuen Sachlichkeit, über den der Architekturkritiker Adolf Behne in der »Weltbühne« schwärmte: »Im ausgeführten Bau ist ein unmittelbares, spannungsreiches Leben zwischen Flächen und Öffnungen, Hell und Dunkel, Horizontalen und Vertikalen, Konstruktionsteil und Füllung, Glatt und Stumpf, Vor und Zurück, Farbe und Nicht-Farbe, Backstein, Eisen, Holz und Beton. Wirklich: diese Hauswand, die nichts mehr von »Fassade« hat, sollte in dieser Gegend, wo es noch so viel zu bauen gibt, Schule machen. Wie muffig, träge, wie entsetzlich melancholisch stehen rundum die öden Klunker-Fassaden!« Das Vorderhaus diente als Wohnhaus mit Läden im Erdgeschoss. Dahinter erstreckte sich ein großer Hof mit einem Druckerei- und Verwaltungsgebäude. Finanziert wurde der Bau an der

^ *Gewerkschaftshaus am Michaelkirchplatz, Ecke Engeldamm, erbaut 1927-30*

Dudenstraße aus Mitgliedsbeiträgen der Buchdruckerinnung, die eigens dafür angehoben wurden. Neben den Verbandsorganisationen war Platz für eine Lehrwerkstatt, einen Ausstellungssaal und die »Büchergilde Gutenberg«, die vorbildlich gestaltete Bücher zu einem besonders günstigen Preis produzierte. In der Nazizeit wurde das Haus besetzt und enteignet, nach dem Zweiten Weltkrieg an die IG Druck und Papier rückübertragen; heute gehört es der Nachfolgegewerkschaft »ver.di« und zeigt regelmäßig Ausstellungen in der »Mediengalerie« im Erdgeschoss.

Ein weiteres Gewerkschaftsprojekt, das sich durch seine radikal moderne Architektur auszeichnet, ist Erich Mendelsohns »Haus des Deutschen Metallarbeiterverbandes«, heute Sitz der IG Metall. Im spitzen Winkel zwischen der heutigen Lindenstraße und Alten Jakobstraße entstand durch die konkave Krümmung des Kopfbaus ein Vorplatz, beherrscht von der Kommandobrücke der Gewerkschaftsbosse im obersten Stock. Man erkennt den großen Sitzungssaal an den vertikalen Fenstern und dem Fahnenmast. Innen führt eine grandiose, halbseitig verglaste Wendeltreppe nach oben. Die langen Horizontalen der flankierenden Bürotrakte scheinen den Kopfbau mit Energie aufzuladen. Statik und Dynamik, Expressivität und sachlich-klare Linienführung gelangen bei Mendelsohn zu einer einzigartigen Synthese (1929-30, Alte Jakobstraße 149, Nähe U-Bahnhof Hallesches Tor). Gleichzeitig realisierte das Dessauer Bauhaus bei Berlin das größte Bauprojekt der Gewerkschaften in der Weimarer Republik: die Schule des Allgemeinen Deutschen Gewerkschaftsbundes in Bernau (siehe S. 136ff.).

^ *Verbandshaus der deutschen Buchdrucker*

^ *Zentrale der Metallarbeitergewerkschaft*

BESSER LERNEN
SCHULEN DER DEMOKRATIE

Demokratie beginnt in der Schule – davon waren linke Politiker und Reformpädagogen der Weimarer Republik überzeugt. Groß-Berlin besaß damals über tausend Schulen mit rund 500 000 Schülern. Seit 1920 galt ein Reichsgrundschulgesetz, das den gemeinsamen Unterricht von Kindern aller sozialen Klassen in den ersten vier Jahren vorschrieb. 1929 verbot die Berliner Stadtverordnetenversammlung die Prügelstrafe an den Volksschulen, ein Relikt der autoritären Pädagogik der Kaiserzeit. Vielerorts experimentierten Lehrer mit neuen Unterrichtsformen wie Gruppenarbeit und Fachunterricht in eigens dafür ausgestatteten Räumen für Werken, Hauswirtschaft, Erdkunde oder Naturwissenschaften. An manchen Schulen setzten sich progressive Lehrer für die Mitbestimmung der Schüler über die Lehrinhalte ein.

Berühmt als Modellschule wurde damals ein Institut in Neukölln, an dem der Pädagoge Fritz Karsen seine Idee einer Einheitsschule für alle Bevölkerungsschichten erprobte, und an der Schüler sogar kommunistische Lehrstücke von Brecht aufführten: die »Karl-Marx-Schule« an der Sonnenallee 79, Vorläufer der späteren Gesamtschulen. Mit Billigung des preußischen Kulturministeriums durfte das vormalige Kaiser-Friedrich-Realgymnasium seit 1929 den Namen von Marx führen, den die Nazis wieder auslöschten; heute heißt die Schule in dem neugotischen Backsteinbau aus der Kaiserzeit Ernst-Abbe-Oberschule.

Die oftmals einschüchternde Architektur der wilhelminischen Schulkasernen schien den Schulreformern kaum geeignet, die körperliche und geistige Entwicklung der Schüler zu fördern. Fritz Karsen und der Architekt Bruno Taut entwickelten 1927 Pläne für ein Schulgelände mit Kindergarten, Sportplatz

^ *Diese typische »Schulkaserne« der Kaiserzeit hieß 1929-33 »Karl-Marx-Schule«.*

und Schwimmhalle für 2500 Kinder, angelehnt an die Ästhetik von Tauts Wohnsiedlungen mit Flachbauten in einer Parklandschaft. Nur ein Pavillon für eine Versuchsklasse wurde gebaut (Dammweg 216-18 in Neukölln, unweit des S-Bahnhofs Köllnische Heide und des Arbeitsamtes an der Sonnenallee).

Einen 1927 ausgeschriebenen Wettbewerb für eine Versuchsschule im Osten der Stadt gewann Bruno Tauts jüngerer Bruder Max. Sie sollte eine Berufsschule für Metallarbeiter an der Schlichtallee, eine Volks- und Mittelschule und ein Mädchen-Oberlyzeum an der Fischerstraße aufnehmen. Ein etwa 500 Meter langes Band aus unterschiedlich hohen, vor- und zurückspringenden gelben Backsteinbauten mit gerundeter Ecke schließt das weitläufige Schulgelände von zwei Seiten ein. Die bunt gerahmten Fenster sind groß und breit, die Foyers, Gänge und Treppenhäuser wirken hell und weit durch den Einsatz von Glaswänden in schlanken Metallrahmen.

Die Schule war von Anfang an großzügig ausgestattet mit Werkräumen und Fachklassen für Chemie, Physik, Zeichnen, Musik und Geografie, mit einer Bibliothek und einem Kinosaal. Das Herzstück der 1929-32 gebauten Anlage wurde im Zweiten Weltkrieg zerstört: eine mit allen technischen Finessen ausgestattete Aula für 1100 Personen, die zugleich als kulturelles Zentrum des Stadtviertels dienen sollte. Sie ist angelehnt an Tauts Architektur als moderner Veranstaltungssaal von 2002 bis 2007 wiederaufgebaut worden. Die Schultrakte sind schon län-

^ *Blick auf den Schulhof der 1929-32 gebauten »Max-Taut-Schule« in Lichtenberg*

ger denkmalgerecht saniert; in ihnen ist seit 1994 das Oberstufenzentrum untergebracht. Seit 1997 heißt der wegweisende Bau nach seinem Architekten »Max-Taut-Schule«. Die Schule liegt verkehrsgünstig am S-Bahnhof Nöldnerplatz, von dessen Bahnsteig aus die scharf gestaffelte Front einer Wohnanlage ins Auge springt, die der Architekt Bruno Ahrends entworfen hat (1925-30, zwischen Archibaldweg, Rupprechtstraße, Giselastraße und Münsterlandstraße).

Weitere Schulbauten der Weimarer Republik: Ebenfalls von Max Taut stammt die Alexander-von-Humboldt-Schule in Köpenick (1928-29, Oberspreestraße 173-178, Nähe S-Bahnhof Spindlersfeld). Wie diese im Stil eines Fabrikbaus ist das Schulgebäude an der Amalienstraße 6 in Weissensee gehalten (1930-31, Reinhold Mettmann). Zu monumentaler Wirkung übersteigert ist die Sachlichkeit bei der Kleist-Schule in Tiergarten (1927-28, Kolwes & Freyberg, mit einer Penthesilea-Skulptur des Bildhauers Josef Thorak, Levetzowstraße 1-6, Nähe U-Bahnhof Hansaplatz). Dagegen fügt sich die ehemalige Jüdische Mädchenschule hinter der Neuen Synagoge in Mitte zurückhaltend in die dichte Altstadtbebauung ein (1927-28, Alexander Beer, Auguststraße 14-15, am S-Bahnhof Oranienburger Straße, Foto S. 268).

Tauts Vision von einer modernen Schule nahe kommt die Volksschule Wittenau von Jean Krämer, ein ebenfalls bogenförmiger Backsteinbau mit abgerundeten Ecken, in dem neben großzügigen Fachunterrichtsräumen auch eine Lehrküche untergebracht war (1931, Alt-Wittenau 8-12, Nähe S-/U-Bahnhof Wittenau).

^ *Treppenhaus im Schulkomplex der heutigen »Max-Taut-Schule« von Max Taut, 2005*

SCHÖNER BADEN
STRANDBAD WANNSEE, MÜGGELSEEBAD UND STADTBAD MITTE

»Unsere Jugend weiß sehr gut, dass die Zeit des rein geistigen Drills und des Exerzierplatz-Turnens vorüber ist. Was der Weltstädter braucht, das ist eine Stählung des Körpers und der Nerven in größtem Ausmaß. Der Berliner ist bereits bekannt dafür, dass er hart und ergiebig arbeitet, und er wird als Weltstädter in Zukunft noch ergiebigere Arbeit leisten müssen. Aber diese Arbeit, die Berlin reich macht, braucht ihren Gegenpol, wenn sie Berlin auch glücklich machen will. Die mechanisierte Weltstadtarbeit will ihre Befreiung finden in einer großzügigen und durchgebildeten Körperpflege«, schrieb Stadtbaurat Martin Wagner 1929 in einem Aufsatz über die kommunale Freiflächenpolitik. Licht, Luft und Sonne sollten nicht nur reichlich in die moderne Arbeiterwohnung strömen, es sollten zum Vorteil der Gesundheit der Stadtbevölkerung auch genügend Spiel- und Sportplätze, Grünanlagen und Kleingartenkolonien vorhanden sein.

Am Wannsee entstand ab 1929 nach Plänen Wagners und des Architekten Richard Ermisch das größte Binnenbad Europas. Der vorhandene Sandstrand wurde künstlich verbreitert, am Abhang der Grunewaldhöhen eine Terrassenanlage mit Garderoben, Duschen, Toiletten und Kiosken gebaut. Flachdächer boten zusätzlichen Platz für Sonnenbäder. Eine 500 Meter lange Pergola verband die Hallen zu einem imposanten Ensemble und bot den Badegästen Schutz bei plötzlich hereinbrechenden Unwettern. Nur die Hälfte der Anlage wurde realisiert, im Generalplan vorgesehen waren außerdem ein Haus für medizinische Bäder, ein Wochenendhotel, ein Kinderhort, mehrere Restaurants sowie ein »Freilichttheater für rhythmische Spiele«.

Das Strandbad Wannsee wurde bis 2007 unter Denkmal-

^ *Vom Wasser aus ist die Gesamtanlage des Strandbades Wannsee am besten zu überblicken.*

schutzauflagen saniert; stilecht erreicht man es vom expressionistischen S-Bahnhof Wannsee (1927-28, Richard Brademann, Foto S. 46) über den Kronprinzessinnen- und Badeweg, schneller vom S-Bahnhof Nikolassee über den Wannseebadweg. Weniger bekannt ist sein Gegenstück im Osten der Stadt, das nach Plänen Wagners gebaute Strandbad Müggelsee am Fürstenwalder Damm (Nähe S-Bahnhof Rahnsdorf). Und auch bei Winterwetter ist Baden im Ambiente der Zwanziger Jahre möglich: Schwimmer können in einer lichtdurchfluteten Glashalle ihre Bahnen ziehen – im zentral gelegenen Stadtbad Mitte, 1929-30 erbaut nach Plänen von Carlo Jelkmann und Heinrich Tessenow (Gartenstraße 5-6, am S-Bahnhof Nordbahnhof).

^ *Strandbad Wannsee (oben) und Stadtbad Mitte (unten), um 1930*

HOCH HINAUS
WEGMARKEN DER BÜRO- UND GESCHÄFTSHAUSARCHITEKTUR

Die Bilder von amerikanischen Großstädten mit ihren Wolkenkratzern beflügelten nach dem Ersten Weltkrieg die Phantasie von Stadtplanern und Architekten in Berlin. Zwar gab es in der weitläufigen Stadt keinen ökonomischen Zwang, steil in die Höhe zu bauen wie auf der Insel Manhattan. Aber die deutsche Hauptstadt sah sich in einem Konkurrenzverhältnis zu anderen Metropolen, daher wurde in den Zwanziger Jahren forciert daran gearbeitet, der Stadt wenigstens punktuell ein modernes Gesicht zu geben, und das hieß: Schneisen für den erwarteten Massenverkehr mit Automobilen zu schlagen und Verkehrsknotenpunkte wie den Potsdamer Platz oder den Alexanderplatz mit Hochhausbauten auszustatten.

Der erste Berliner Hochhauswettbewerb wurde 1921/22 durchgeführt und verlief im Sande. 144 Architekten reichten Entwürfe für ein Turmhaus auf dem Straßendreieck zwischen Bahnhof Friedrichstraße und Weidendammer Brücke ein, dort wo heute der »Tränenpalast« steht. In die Architekturgeschichte eingegangen ist dieser Wettbewerb durch das kühne Projekt eines kristallinen Glaswolkenkratzers von Mies van der Rohe. Niemand in der Jury nahm den Entwurf, der heute im Bauhaus-Archiv ausgestellt ist, ernst, statt dessen ging der 1. Preis an ein heute vergessenes Architektenkollektiv, das einen massigen Baukörper mit einer expressionistisch gefalteten Backsteinfassade vorsah. Die Realisierung scheiterte, weil Baubehörde und Bauherr sich nicht einigen konnten. Auch eine Wiederholung des Wettbewerbs durch die Berliner Verkehrsbetriebe im Jahr 1929 brachte kein greifbares Ergebnis. Erst 1976-78 entstand mit japanischer Unterstützung im Auftrag der SED das weithin sichtbare »Internationale

Handelszentrum« auf der anderen Seite des Bahnhofs (Friedrichstraße 95); ein Büroturm auf dem Wettbewerbsgelände der Zwanziger Jahre ist erst im Jahr 2009 fertiggestellt worden.

Als erstes Hochhaus in Berlin gilt der elfgeschossige Borsigturm in Tegel, ein 65 Meter hohes Verwaltungsgebäude, das 1922-24 auf dem Industriegelände der Maschinenbaufirma Borsig entstand (Berliner Straße 35). Mit seinem Dachgeschoss auf gezacktem Grundriss und den neugotischen Fenstergewänden erinnert er an die Türme gotischer Kathedralen. Nach Tegel hinauszufahren lohnt sich, da das Industriegelände am U-Bahnhof Borsigwerke inzwischen weitgehend öffentlich zugänglich ist – es wurde zum Dienstleistungsstandort umgewidmet. Im Borsigturm stehen seit 2009 drei Etagen für Veranstaltungen zur Verfügung.

Entworfen hat den Borsigturm der Architekt Eugen Schmohl, der auch das Druckhaus für den größten deutschen Medienkonzern der Zwanziger Jahre, die Firma Ullstein, in Tempelhof plante. Das Zeitungsviertel an der Kochstraße (s. S. 184ff.), wo der Betrieb seit der Gründerzeit ununterbrochen expandierte, bot nicht länger ausreichend Platz für die Herstellung einer Vielzahl von Zeitungen, Zeitschriften und Büchern. Am heutigen U-Bahnhof Ullsteinstraße erwarb der Konzern ein großes Grundstück für eine sich malerisch im Teltowkanal spiegelnde Industriekathedrale, weithin sichtbar durch einen nachts illuminierten, 77 Meter hohen Uhrturm.

^ *Borsigturm in Tegel und Ullstein-Druckhaus in Tempelhof, beide von Eugen Schmohl entworfen*

Die modernen Betriebsabläufe im Innern blieben den Blicken ebenso entzogen wie die Stahlbetonbauweise der ganzen Anlage. Zehn Prozent der Bausumme wurden für Steinmetzarbeiten ausgegeben, um die 1925-26 errichtete Fabrik in ein gotisierendes Gewand zu kleiden und den Angestellten das Gefühl zu geben, sie arbeiteten in einer Burganlage (Mariendorfer Damm 1-3). Andere Bauten der Druck- und Verlagsbranche gaben sich zu dieser Zeit allerdings schon moderner, wie Erich Mendelsohns Mosse-Haus im alten Zeitungsviertel (Foto S. 180) und Max Tauts Verbandshaus der deutschen Buchdrucker (Foto S. 75).

»Nun haben wir also richtig so etwas wie einen Wolkenkratzer in Berlin. Das ›Kathreinerhaus‹ steht fertig, aus der Schale seiner Gerüste gepellt, in der Potsdamer Straße. Man kann es nicht lassen und rechnet die Stockwerke nach: es ist ein rundes Dutzend, das Erdgeschoss mitgezählt. Aber nicht dies Quantitative, die Höhe des Bauwerks ist das Wichtigste daran, sondern die imposante Klarheit, mit der die ungewöhnliche Aufgabe gelöst wurde, die kunstreiche Einheit und Harmonie des geformten Riesenbaukörpers«, meldete die »Vossische Zeitung« im Juli 1930. Das Gebäude des Architekten Bruno Paul an der Potsdamer Straße 186, errichtet als Bürohaus für einen Malzkaffeehersteller, hält sich an die gründerzeitliche Traufhöhe. Durch eine horizontal gegliederte Fassade und die dahinter aufragende Hochhausscheibe weckt es die Neugier auf die übrigen Seiten des Gebäudes. Zusammen mit den barocken Königskolonnaden, die 1910 vom Alexanderplatz hierher versetzt wurden, weil sie dort dem Verkehr im Wege waren, bildet das Gebäude den Eingang zum Kleistpark. Erst von dort aus nimmt man es als Hochhaus wahr. Geplant war ein zweites, spiegelbildliches Gebäude auf der Südseite der Kolonnaden, das barocke Stadttor wäre so von einem betont modernen Ensemble eingerahmt worden. In der Nazizeit wurde stattdessen an der Stelle des nie realisierten zweiten Hochhauses ein architektonisch wesentlich kon-

»Kathreinerhaus« an der Potsdamer Straße vom Kleistpark gesehen, rechts eine der Königskolonnaden

servativeres Gebäude errichtet, bis 2008 Hauptverwaltung der Berliner Verkehrsbetriebe (BVG) am U-Bahnhof Kleistpark.

Im Zuge der ober- und unterirdischen Umgestaltung des Alexanderplatzes zu einer modernen Verkehrsdrehscheibe (vgl. S. 68) interpretierte der Architekt Peter Behrens die historische Torsituation am ehemaligen Standort der Königskolonnaden neu. Am östlichen Einfallstor zur Altstadt plante er zwei Büro- und Geschäftshäuser, das Haus »Alexander« (1930-32, saniert, heute Sitz der Bankgesellschaft Berlin) und das Haus »Berolina« (so genannt nach dem ehemaligen Standort einer Stadtgöttin aus Bronze). Das strenge Quadratraster der Fassaden unterbrach Behrens an der Einmündung der Rathausstraße durch zwei gläserne, nachts illuminierte »Lichtkeile« mit Fahrstühlen. Hatte man zur Zeit der preußischen Könige und Kaiser am Alexanderplatz die Stadt, respektive die Innenstadt, durch das steinerne Tor der Königskolonnaden betreten, so wurde man seit den Dreißiger Jahren durch das gläserne Lichtportal der modernen Bürogebäude in die City geleitet.

Wie diese City nach einem radikalen Umbau hätte aussehen sollen, davon künden neben

^ *Haus »Berolina« (oben) und »Alexanderhaus« (unten) von Peter Behrens am Alexanderplatz*

der unterirdischen Bahnhofsanlage noch andere Architekturfragmente in der Umgebung des Alexanderplatzes: das BVG-Verwaltungsgebäude von Alfred Grenander (1929-30, Dircksenstraße, Ecke Rosa-Luxemburg-Straße 2), und das ehemalige Kaufhaus Jonass, Sitz des Zentralkomitees der SED und Institut für Marxismus-Leninismus in den DDR-Jahren, seit 2010 exklusives »Soho Club«-Haus (1928, Gustav Bauer und S. Friedländer, Torstraße 1). Als Polizeipräsidium von Ost-Berlin diente das gigantische Verwaltungsgebäude, das der Kaufhauskonzern Karstadt 1930-31 in die Nachbarschaft des Alexanderplatzes klotzte (jetzt Senatsverwaltung für Bildung, Jugend und Sport, Keibelstraße 31, Ecke Wadzeckstraße).

Das Haus war auf imponierende Wirkung durch die schiere Steinmasse seiner Fassade berechnet, ähnlich wie das gleichfalls vom Architekten Philipp Schaefer kurz zuvor entworfene Karstadt-Warenhaus am Hermannplatz. Der Bau protzte zudem mit nachts beleuchteten Türmen, die stark an amerikanische Wolkenkratzerarchitektur erinnerten – ein Stück New York mitten im proletarischen Armeleutebezirk Neukölln. Das Warenhaus gibt es noch immer, aber von seiner Fassadenherrlichkeit ist nach Bombenkrieg und Wiederaufbau nur noch eine Flanke an der Hasenheide übrig (Hermannplatz 10, U-Bahnhof Hermannplatz).

Gut erhalten, aber schon lange nicht mehr in Funktion ist ein anderer Kaufhausbau der Zeit: das »Warenhaus der Konsumgenossenschaft« von Max Taut und Franz Hoffmann, etwas versteckt am Kreuzberger Oranienplatz gelegen. Es passt

^ *Karstadt-Warenhaus am Hermannplatz, um 1930, von der Hermannstraße gesehen*

sich in die bestehende Straßenfront an der Oranienstraße ein und wächst zum Platz hin zu einem siebengeschossigen Turm empor. Keine Spur von dem Imponiergehabe, mit dem Karstadts Warenpalast am Hermannplatz seine Umgebung beherrschte: Die breiten Glasfronten verleihen dem Gebäude am Oranienplatz eine große Leichtigkeit und belichteten die Verkaufsräume in den unteren fünf Geschossen, darüber befanden sich ein Technikgeschoss und Lagerräume. Die letzte Etage springt etwas zurück, um Platz für eine Leuchtreklame zu lassen. Die gibt es längst nicht mehr, denn das Warenhaus dient schon seit Jahrzehnten als Bürogebäude; im Erdgeschoss befindet sich jetzt ein Supermarkt. Sehenswert ist auch die interessant gestaffelte Rückseite des Komplexes an der Prinzessinnenstraße mit ihren vollverglasten Treppenhäusern (1930-32, Oranienplatz 4-10, Nähe U-Bahnhof Moritzplatz).

Ein Wahrzeichen des neuen, modernen Berlin waren in den Zwanziger Jahren das »Deutschlandhaus« und das »Europahaus« an der heutigen Stresemannstraße 90-92, günstig zwischen Anhalter und Potsdamer Bahnhof gelegen, mit Läden, Büros, Hotel und Kino. Beide Bauten besaßen nicht nur eine Tag-, sondern auch eine Nachtfassade mit haushohen Lichtreklamen für das Mundwasser »Odol« und die Allianz-Versicherung – dies war damals eine aufregende Novität, die Schule machte. Heute stehen beide Häuser trüb, unerleuchtet und unbeachtet an der Straße, wenn es dunkel wird. Das »Europahaus« ist seit 1996 Dienstsitz des Entwicklungshilfeministeriums; im »Deutschlandhaus« entsteht bis

^ *Bruno Tauts Warenhaus am Oranienplatz ist heute Bürogebäude.*

2019 ein großes Dokumentationszentrum des »Zentrums gegen Vertreibungen« (1926-35, Richard und Otto Bielenberg, Josef Moser, am S-Bahnhof Anhalter Bahnhof).

Einen Höhepunkt der Berliner Büro- und Geschäftshausarchitektur stellt das »Shell-Haus« von Emil Fahrenkamp am Landwehrkanal dar, das trotz der Weltwirtschaftskrise in den Jahren 1930-31 gebaut wurde. Die wellenförmig gefaltete Fassade nimmt das Motiv des vorbeifließenden Wassers auf. Treppenartig wächst das Gebäude bis zur Straßenecke zum Hochhaus empor. Seit der denkmalgerechten Sanierung in den letzten Jahren informiert eine Schaufensterausstellung über die Architektur und Geschichte des Hauses. 2010 zog die Verwaltung des Berliner Energieversorgers Gasag aus (1930-31, Reichpietschufer 60, Foto S. 66).

TIPP: Eine architektonische Stadterkundung entlang der U-Bahn-Linie 6 bietet sich an, denn Bahnhof Friedrichstraße, Borsigturm, Ullsteinhaus, Haus der Buchdrucker und das IG-Metall-Gebäude liegen alle an der Linie. Die Bahnhöfe der U6 zeigen auf Höhe des in den Zwanziger Jahren angelegten, in der Nazizeit jedoch völlig neugestalteten Flughafens Tempelhof noch ihr ursprüngliches Erscheinungsbild.

Außerdem erreicht man mit der U6 bequem das Rathaus Wedding (S. 72), den ehemaligen Straßenbahnbetriebshof Müllerstraße (S. 124), die Friedrich-Ebert-Siedlung (S. 109) und die Gartenstadt auf dem Tempelhofer Feld (S. 124). In wenigen Minuten zu Fuß kommt man von der U-Bahn-Station Kochstraße außerdem zur Reichsschuldenverwaltung (S. 70), dem Mosse-Haus (S. 180), zur Berlinischen Galerie (S. 155) und zum Jüdischen Museum (S. 270f.).

So ermöglicht die Linie 6 zwischen Tegel und Tempelhof eine Tagestour zur Zwanziger-Jahre-Architektur.

^ *Europa- und Deutschlandhaus schmückten in den Zwanzigern haushohe Lichtreklamen.*

MODERNER BETEN
KRAFTWERKE GOTTES

Die Metropole Berlin galt vielen braven Provinzlern als Sündenbabel. Sie war in der Kulturkritik des Kaiserreiches und der Weimarer Zeit als gottlose und heidnische Menschenansammlung verschrien. Mit Unterstützung des Kaisers waren vor dem Ersten Weltkrieg überall große Kirchen gebaut worden, um die Arbeitermassen der Industriestadt zu missionieren und die Monarchie zu verherrlichen. Bollwerke gegen die Sozialdemokratie sollten die Häuser Gottes sein. Zu ihrer Ausschmückung bedienten sich die Architekten aller möglichen Stile. Die Entwicklung gipfelte im Bau der 1895 geweihten Kaiser-Wilhelm-Gedächtniskirche, einer hybriden Verbindung von Nationaldenkmal, Hohenzollerngedenkstätte und neoromanischem Gotteshaus. Zehn Jahre später wurde der protzige Dom am Lustgarten vollendet, gedacht als Hauskirche der Hohenzollern und zugleich als eine Art Petersdom für die protestantische Christenheit.

Mit der Abdankung des Kaisers verlor die evangelische Kirche in Berlin ihre wichtigste Schutzmacht und ihren staatstragenden Charakter. Die Weimarer Verfassung schrieb die Trennung von Kirche und Staat vor, verpflichtete den Staat zu strikter Neutralität in weltanschaulicher Hinsicht und garantierte allen Bürgern Glaubens- und Gewissensfreiheit sowie ungehinderte Religionsausübung. In den protestantischen Gemeinden durften nun auch die Frauen mitwählen, die Stellung der Laien wurde gestärkt, das religiöse Leben insgesamt vielfältiger und offener für neue Strömungen in der Gesellschaft. In vielen Gemeinden herrschte in den Zwanziger Jahren chronische Finanznot, daher wurden in der Hauptstadt der Weimarer Republik nur wenige neue Kirchen eingeweiht. Ihre bauliche Gestalt

^ *Kirche am Hohenzollernplatz von Fritz Höger, auch »Klinker-Kirche« genannt*

spiegelt die Suche der Gläubigen und der Kirchenbaumeister nach neuen Ausdrucksformen für das religiöse Leben.

»Kraftwerk Gottes« nannten die Gemeindemitglieder Fritz Högers »Kirche am Hohenzollernplatz« (1931-33, Hohenzollerndamm 202-203, am U-Bhf. Hohenzollernplatz). Wie ein Industrieschornstein ragt der schlanke Kirchturm neben dem wuchtigen Bethaus aus Stahlbeton und Backstein auf – den Umspannwerken für die Elektrizitätsversorgung nicht unähnlich, die damals der Bewag-Architekt Hans Heinrich Müller überall in der Stadt errichtete (S. 57f.).

Die einzige Kirche in der Stadtmitte aus jener Zeit könnte man für eine kleine, zwischen Mietshäuser gezwängte Trafostation halten, wäre nicht das Kreuz über der runden Apsis:

Nach Plänen des Wiener Architekten Clemens Holzmeister entstand die St-Adalbert-Kirche 1932-33 an der proletarischen Linienstraße (Nr. 101, Zugang über eine Durchfahrt im Nachbarhaus Linienhaus 100 oder über den Haupteingang, der nur durch ein Mietshaus an der Torstraße 168 zu erreichen ist).

Alle Register expressionistischer Baukunst zogen die Architekten Ernst und Günther Paulus bei der Kreuzkirche am Hohenzollerndamm 130 (Nähe S-Bahnhof Hohenzollerndamm). Ernst Paulus hatte bereits 1916 den Auftrag für eine neue Kirche von der Gemeinde Schmargendorf erhalten, nach dem Krieg passte er den Entwurf zusammen mit seinem Sohn radikal dem Zeitgeschmack an. Das mächtige Backsteinmassiv des Glo-

^ *Kreuzkirche am Hohenzollerndamm mit gemauerten Zickzackbändern und gedrehten Säulen*

^ *Pagodendach mit blauen Keramikfliesen vor der Kreuzkirche am Hohenzollerndamm*

ckenturms schirmt den Kirchenraum von der Straße ab. Blickfänge sind die gedreht gemauerten Säulen an den Ecken, das Zickzackornament am auskragenden oberen Turmabschluss und das orientalisch anmutende Pagodendach aus blauer Keramik vor dem Eingang, das sich den Besuchern einladend entgegenneigt.

Ein ungewöhnlich langer Gewölbegang führt in den achteckigen Hauptsaal mit seinen hohen, spitz in die Deckenschale einschneidenden Fenstern. Die Wände sind mit Zackenbändern, Dreiecken und Rauten in allen Farben des Regenbogens überzogen. Von Anfang an war das 1929 geweihte Gotteshaus mit raffinierten Beleuchtungseffekten ausgestattet, wie man sie sonst nur von Lichtspieltheatern kannte, es gab eine Lautsprecheranlage und beheizbares, auf Knopfdruck hervorsprudelndes Taufwasser. Die spektakuläre Kirche wurde im Zweiten Weltkrieg stark zerstört, zunächst nüchtern wiederaufgebaut und in den letzten Jahren auch im Inneren schrittweise der ursprünglichen Konzeption wieder angenähert.

Auf wesentlich kleinerem Grundstück und mit beschränkteren Mitteln plante Otto Bartning, der berühmteste und engagierteste Kirchenbaumeister jener Zeit, die Gustav-Adolf-Kirche am S-Bahnhof Jungfernheide. Sie liegt mitten in einem Wohngebiet der Zwanziger Jahre an einer unspektakulären Straßenkreuzung. Aus dieser Situation entwickelte Bartning den ganzen Bau: Der schlanke Turm steht von allen vier Einmündungen sichtbar direkt an der Straßenecke, er scheint schwungvoll aus der übrigen Bebauung emporzuwachsen. Dahinter erstreckt sich der Kirchenraum auf fächerförmigen Grundriss. Der Eingang liegt etwas versteckt in der Mitte des dreieckigen Grundstücks, um feierliche Ein- und Auszüge in das Gotteshaus bei Trauungen oder Konfirmationen nicht direkt an der Straße stattfinden lassen zu müssen.

Blaue und orange Glasfenster tauchen den hohen Innenraum in ein magisches Licht. Die Konstruktion liegt offen zutage: Der Turm aus Stahlbeton dient als Träger für ein leichtes, fächerförmiges Holzdach. Am spitzen Ende des Fächers befindet sich der Altar. Die Raumgliederung fokussiert die Aufmerksamkeit auf dieses Zentrum der Liturgie, oder wie es der Architekt selbst formulierte: »Die architektonische Spannung des Raumes und die liturgische Spannung des Gottesdienstes stimmen überein; die eine geht aus der anderen hervor; das aber ist, wie ich glaube und oft betont habe, die Grundforderung des Kirchenbaues (...) Bei der Konstruktion haben wir Schönheit und Schmuck nicht durch Zutaten gesucht, sondern durch offene handwerkliche Form und das natürliche Leben der Baustoffe.« Unbedingt sollte man beim Besuch auf die Empore gehen, um die großartige Raumwirkung zu erleben. Die Kirche wurde im Zweiten Weltkrieg so schwer zerstört, dass ihr Totalabriss drohte. Der Architekt setzte sich dafür ein, dass sie unter seiner Leitung 1949-51 zunächst notdürftig wiederhergerichtet wurde; nach Bartnings Tod erfolgte zehn Jahre später eine weitgehend originalgetreue Rekonstruktion dieses wegweisenden Kirchenbaus (Herschelstraße 14-15, am S-Bahnhof Jungfernheide).

TIPP: Ein Modell von Otto Bartnings berühmter »Sternkirche« befindet sich in der Berlinischen Galerie, außerdem stammt von ihm die kleine Himmelfahrt-Kirche im Wedding (1954-56, Gustav Meyer-Allee 2, Nähe S-Bahnhof Gesundbrunnen), und er entwarf einen Wohnkomplex in der bedeutenden Siedlung Siemensstadt (S. 115).

Die Gustav-Adolf-Kirche von Otto Bartning, geweiht 1934 und nach dem Krieg wiederaufgebaut

Weitere bemerkenswerte Sakralbauten der Zwanziger Jahre sind:

- St. Michael (1926-27, Wilhelm Fahlbusch, Königstraße 43 in Wannsee), erste expressionistische Kirche in Berlin, im Aufbau der Kreuzkirche am Hohenzollerndamm ähnlich, aber konsequenter in gotischen Formen gehalten und weniger verspielt.

- St. Maria Magdalena (1929-30, Felix Sturm, Platanenstraße 20-21 in Niederschönhausen), freistehende Kirche mir breiter, schmuckvoll gemauerter Backsteinfront, innen original erhalten.

- St. Augustinus (Josef Bachem und Heinrich Horvatin, 1927-28, Dänenstraße 17/18, Nähe U-/S-Bahnhof Schönhauser Allee), in die Straßenfront eingefügte katholische Kirche mit Gemeindehaus. Quadratischer Kirchensaal mit Oberlicht, Altar aus blauglasierter Keramik im Stil des Art Deco.

– St. Martin (1929-30, Josef Bachem, Giesestraße, Ecke Nentwigstraße 1, Nähe S-Bahnhof Mahlsdorf): Die freistehende Kirche desselben Architekten zeigt sehr viel deutlicher den Einfluss der Neuen Sachlichkeit. Eindrucksvolle Turmkomposition aus strengen Rund- und Rechteckformen, dazu passend Pfarrhaus, Schwesternheim, Kindergarten und Altenheim.

- »Buddhistisches Haus« (1924, Max Meyer, Edelhofdamm 54, Nähe S-Bahnhof Frohnau): Der Arzt und Schriftsteller Paul Dahlke ließ Wohnhaus, Tempel, Meditationsklause und Garten nach der Philosophie des Buddhismus gestalten. Die Anlage dient heute als buddhistisches Kloster und Meditationszentrum.

- Moschee Brienner Straße (1924-28, K. A. Hermann, Brienner Straße 7-8, Nähe S-Bahnhof Hohenzollerndamm): älteste Moschee Deutschlands, gestaltet in Anlehnung an arabische Vorbilder, typischer Kuppelbau mit zwei Minaretten.

Neben neuen Kirchen entstanden in den Zwanzigern ^ auch eine Moschee und das »Buddhistische Haus«.

KÜHL UND ELEGANT

ERICH MENDELSOHNS VILLEN

Große Villensiedlungen wie in der Kaiserzeit wurden in den Zwanziger Jahren nicht mehr angelegt, aber an bereits bestehenden wie im Grunewald oder Westend weiter gebaut. Wer das Geld hatte, sich ein Landhaus zu errichten, entschied sich meist lieber für konservative Formen, statt sich von einem Architekten der Neuen Sachlichkeit ein modernes Objekt entwerfen zu lassen. Die Gründe dafür liegen auf der Hand: Klassische Repräsentationsgesten und üppiger Zierrat waren von Vertretern des Neuen Bauens nicht zu erwarten. Im übrigen dachten die meisten führenden Architekten der Moderne politisch links und sahen ihre Hauptaufgabe im Wohnungsbau für die Massen, nicht in der Luxusvilla für den gehobenen Bedarf. So stehen die wenigen bedeutenden Beispiele für private Wohnhäuser der Zwanziger Jahre als kühle, stolze Solitäre in den traditionell geprägten Villensiedlungen Berlins.

Vier Villen hat Erich Mendelsohn in Berlin ausgeführt. Jede davon ist ein Individuum, mit eigenem Anspruch und Ausdruck. Das Doppelhaus, das er 1921-22 für sich selbst und für Dr. Kurt Heymann errichtete (Karolinger Platz 5-5a, Nähe U-Bahnhof Theodor-Heuss-Platz), war Mendelsohns erster realisierter Entwurf nach seinem Potsdamer Einsteinturm. Statt mit elastisch-schwingenden Rundungen überrascht der Architekt hier mit kantiger Rechtwinkligkeit: Im Zick-Zack besetzt der symmetrische Baukörper ein Eckgrundstück. Horizontal durchlaufende Backsteinbänder und über Eck angeordnete Fenster lassen die Kanten des Gebäudes optisch hervortreten.

Das erinnert noch an die spitzen Winkel und Ziegelornamente des Expressionismus, wirkt aber kühler, strenger. Al-

^ *Erich Mendelsohn entwarf dieses Doppelhaus im Westend 1921-22 für sich und seine Familie, zog aber nie ein.*

les ist klare, scharf artikulierte Form, wie mit der Rasierklinge gezeichnet. Dass es sich um einen Zwillingsbau mit spiegelbildlichen Grundrissen im Inneren handelt, ist von außen nur an den separaten Eingängen zu erkennen. Eingezogen ist Mendelsohn in seine Doppelhaushälfte (Nr. 5) nicht: Er blieb mit Frau und Tochter vorerst lieber in der gehobenen »Pension Westend« wohnen, ohne sich häuslich niederzulassen. Sein Architekturbüro hatte er ebenfalls im Westend, in einer Gründerzeitvilla in der Nußbaumallee 2-4.

Nur ein paar Busstationen weiter stadtauswärts liegt an der Heerstraße die Villa Dr. Sternefeld (1923-24, Heerstraße 107, Ecke Ragniter Allee). Breit und massig lagert der beige verputzte Bau auf einem großen Grundstück: ein Bauwerk von strengen Formen, das aber alles andere als Bescheidenheit ausstrahlt. In seinen Dimensionen entspricht es großbürgerlichen Wohnvorstellungen mit Dienstboten und großzügigen Räumlichkeiten. Allein schon der Eingangsbereich mit seinen terrassenartig aufsteigenden Treppen und rechtwinklig gesetzten Mauern wirkt ehrfurchtgebietend. Wie eine große, abstrakte Skulptur hat der Architekt die Volumen asymmetrisch in den Raum gestellt und durch dunkle Eisenklinkerzonen akzentuiert. Ein breiter, fensterloser Aufbau schließt den horizontal geschichteten Bau nach oben ab: Dahinter verbergen sich Funktionsräume, etwa ein Trockenboden. Edle Proportionen ersetzen hier jeden dekorativen Zierrat. Selbst die Gartenmauer nimmt Formelemente und Materialien des Hauses auf und verbindet alles zu einer Einheit.

^ *Die Villa Dr. Sternefeld entwarf Mendelsohn 1923-24. Der Wohnbereich liegt im ersten Stock, das Erdgeschoss enthält Funktionsräume.*

Ähnlich beim extravaganten Landhaus Dr. Bejach in Steinstücken: Garten und Haus sind als Gesamtentwurf durchgestaltet, von den Umfassungsmauern über eine Pergola, die den Besucher vom Gartentor zum Villeneingang geleitet, bis hin zu einer dekorativ aufragenden Pergola, die die rückwärtige Terrasse abschließt. Ein rasantes horizontales Streifenmuster aus dunklen Backsteinlagen und hellen Putzstreifen überzieht das gesamte Gebäude. Funktional und sachlich ist das nicht, im Gegenteil: Hier herrscht Mut zur Eleganz. Das rekonstruierte Haus ist seit 2009 Sitz der Erich-Mendelsohn-Stiftung (auf Anfrage zu besichtigen, 1926-27, Bernhard Beyer-Str. 12, Nähe S-Bahnhof Griebnitzsee).

Eine enge Verbindung von Draußen und Drinnen, von Garten, Terrassen und Haus kennzeichnet auch die Villa Am Rupenhorn 6 in Westend, die Mendelsohn schließlich für sich und seine Familie 1929-30 erbaut hat. Das weitläufige, parkartige Grundstück schottet sich gegen die Straße mit einer übermannshohen Natursteinmauer und Stahlgittertoren ab. In die Privatsphäre des Architekten dringt kein Blick von außen. Die Aussicht der Bewohner ist dafür umso herrlicher. Von den Terrassen, die das breitgelagerte Haus umgeben, und aus den Fenstern blickt man vom höchsten Punkt des Grundstücks über die Havelseenlandschaft. Das eigene Haus plante Mendelsohn, der zu dem Zeitpunkt zu den erfolgreichsten Architekten Deutschlands gehörte, als Gesamtkunstwerk. Auf T-förmigem Grundriss angelegt strahlt das ganz in mattweiß gehaltene Bauwerk großzügige Ruhe und Klarheit aus. Seine Frau Loui-

^ *Haus und Garten bilden bei dem 1926-27 von Erich Mendelsohn errichteten Landhaus Dr. Bejach in Steinstücken eine Einheit.*

se, eine Cellistin, schrieb: »Wir wollten beweisen, dass unsere Zeit stark genug war, zeitlose Schönheit zu produzieren (...) Das war unsere Idee (...) Wir glaubten an unsere Zeit und an eine zukünftige Zivilisation, die aus dem Chaos unserer Zeit entstehen müsse. Deshalb sollte unser Haus als ein Versprechen gestaltet sein, als ein Zeichen konstruktiver Haltung einer zukünftigen Welt gegenüber.«

Alles sollte perfekt sein, technisch auf dem neuesten Stand mit zentral regelbarer Ölheizung, versenkbaren Fenstern, Telefonanlage, Gymnastikraum. Natürlich entwarf Mendelsohn auch die gesamte Einrichtung (bis auf einen Teewagen von Marcel Breuer): gediegene, klare Möbel aus edlen Materialen. Alles Störende verschwand in Einbauschränken. Sogar seine expressionistische Kunstsammlung verkaufte das Ehepaar, weil sie nicht ins Konzept passte. Stattdessen wurde Oskar Schlemmer mit Wandbildentwürfen beauftragt, die sich heute in der Sammlung Daimler Chrysler befinden und zeitweise im Weinhaus Huth am Potsdamer Platz ausgestellt werden. Selbstbewusst publizierte Mendelsohn sein Haus in einer aufwendig bebilderten Schrift. Aber ganz wohl war ihm bei all dem Luxus nicht. Noch während der Bauphase schrieb er an seine Frau: »Und wir? (...) Bauen ein Haus, dessen Bescheidenheit gering genug ist, um nicht mitschuldig zu werden? Wir verschleudern unser bestes Gut, die stille Besinnung, die produktive Einfachheit – für wen? Wir laden uns Lasten auf, die nicht die unseren sind, (...) sind im Geist gegen die kapitalistische Ordnung, um uns am Kapital zu mästen.« Mendelsohns ungute Vorahnungen sollten sich alsbald bestätigen: Die

^ *Seine eigene Villa errichtete Mendelsohn weit außerhalb der City am Rupenhorn. Der Bau besticht durch Perfektion und Klarheit (1929/30).*

Machtübernahme durch die Nazis beendete seine Karriere in Deutschland, im März 1933 ging er ins Exil.

TIPP: Mendelsohns Villa ist nicht das einzige bedeutende Beispiel der Zwanziger-Jahre-Architektur am Rupenhorn. Die Villa daneben ist ein interessantes Spätwerk des bedeutenden Werkbundgründers Bruno Paul (1929-31, Am Rupenhorn 5), mit Nebengebäuden aus den späteren Dreißiger Jahren. Heute residiert dort ein amerikanisches Wirtschaftscollege. Am Rupenhorn 24 und 25 stehen zwei weitere herausragende Beispiele moderner Villenarchitektur der Architekten Luckhardt und Anker (siehe den folgenden Abschnitt).

Gut verbinden läßt sich ein Besuch am Rupenhorn auch mit der Besichtigung des Museums im Atelierhaus des Bildhauers Georg Kolbe (S. 172ff.). Nicht weit davon liegt in einer Nebenstraße das luxuriös ausgestattete Wohnhaus der Familie des Architekten Hans Poelzig, dessen Entwurf von seiner Frau Marlene Poelzig stammt (1930, Tannenbergallee 28).

Vom Architekten des Funkturms, Heinrich Straumer, sind in der Nähe auch das Deutschland- und das Amerikahaus erhalten (1927-30, Theodor-Heuss-Platz 7-11 und Heerstraße 1-3).

^ *Innenansicht aus der Villa Mendelsohns am Rupenhorn (oben); Im Amerikahaus (u.) entstand ab 1931 die »Funkstunde« (S. 264).*

AVANTGARDISTISCH UND MUSTERGÜLTIG

WOHNBAUTEN DER BRÜDER LUCKHARDT UND VON ALFONS ANKER

Die beiden Häuser Am Rupenhorn 24 und 25 gehören zu den berühmtesten Bauten der Zwanziger Jahre in Berlin und sind Meilensteine der neusachlichen Architektur. Sie entstanden 1928-29 nach Plänen der Brüder Wassili und Hans Luckhardt und ihres Büropartners Alfred Anker, damals viel beschäftigte Architekten – sie gewannen unter anderem den Wettbewerb für die Neugestaltung des Alexanderplatzes (Modellfoto S. 69 oben) und projektierten ein zylindrisches Hochhaus als Blickfang für den Potsdamer Platz. Die zwei Villen liegen in derselben Villensiedlung, wo auch Erich Mendelsohn sein Privathaus errichtete (S. 95ff.) Sorgfältig restauriert erheben sie sich auf einer Hügelkuppe am Rande der breiten Heerstraße und bilden in ihrem strahlenden Weiß einen wunderbaren Kontrast zur waldigen Umgebung.

Es sind zwei Varianten einer Idee, eines neuentwickelten Typs von Landhaus. Die Architekten führen hier die gestalterischen Möglichkeiten des Stahlskelettbaus für den Wohnungsbau vor. Bislang war diese moderne Technik in Berlin vor allem bei Verwaltungs- und Industriebauten zum Einsatz gekommen. Wie ein weißer Flugzeugflügel schwingt eine große, freitragende Betonplatte beim Haus Nr. 24 als Terrasse in den Raum aus, nur von einer leichten Reling begrenzt. Elegant verschwinden unterhalb davon der Lieferantenzugang und das Sockelgeschoss, in dem Küche, Garage, Chauffeurswohnung und Wirtschaftsräume untergebracht sind. Diese Anordnung entspricht ganz der Raumdisposition einer klassischen Villa, die die Architekten hier neu interpretierten. Das Piano Nobile darüber bildet ein riesiger, ungeteilter Wohnraum, der sich durch eine wandhohe

^ *Die denkmalgerecht restaurierte Villa am Rupenhorn, 1928-29 erbaut von Wassili und Hans Luckhardt sowie Alfred Anker.*

Fensterfront mit der umliegenden Natur verbindet: Er ist das spektakuläre Herzstück des Entwurfs. Im Obergeschoss liegen Schlafräume und Bad. Von der Dachterrasse, die durch eine abstrakte weiße Pergola akzentuiert wird, geht der Blick weit über das Havelseenpanorama hinweg. Transparenz und geometrische Klarheit bestimmen den Entwurf der beiden Häuser. Beispielhaft haben die Architekten hier das luxuriöse Flair modernen Wohnens für eine wohlhabende Oberschicht inszeniert.

Aber die Brüder Luckhardt und Alfons Anker haben sich auch Gedanken über neue Wohnverhältnisse für die mittlere Einkommensschicht gemacht. Schließlich gab es ja nicht nur Existenzminimum und Luxusbedarf. An der Schorlemerallee, unweit des U-Bahnhofs Breitenbachplatz, entstand auf ihrem eigenen Grund und Boden ab 1925 in mehreren Bauabschnitten eine ganze Versuchssiedlung: eine Art privater Bauausstellung, die bis heute existiert.

Zuerst bauten die Architekten 1924-25 auf eigene Kosten eine Reihenhausanlage aus weiß verputzten Backsteinbauten, die sich in kubischen Blöcken vor- und zurückstaffelt (Nr. 13 bis 23a). Im Zentrum der Anlage bezogen die Architekten selbst Wohnungen (Nr. 17a und 19). Die Häusergruppe erinnert mit ihren um die Ecke geführten Fensterbändern und den kontrastierenden roten Ziegellagen an Erich Mendelsohns frühes Doppelhaus am Karolingerplatz (s. S. 93). Auch bei dem Baubüro Luck-

hardt und Anker markiert dieser Entwurf den Übergang vom Expressionismus zu neusachlichen Formen. Eine Gruppe konsequenter weißer Kuben mit großen Fensterfronten entstand ab 1927 direkt daneben, darunter die Villa für den Filmregisseur Fritz Lang und seine Frau Thea von Harbou (Nr. 7a).

Der nächste Bauabschnitt, die Reihenhauszeile gegenüber (Nr. 12 bis 12c, erbaut 1929-30), markiert auch bautechnisch einen weiteren Schritt: Hier konstruierten die Architekten erstmals ein Wohngebäude aus Stahlbeton. In seiner Form ist der Bau absolut schnörkellos und radikal reduziert: ein schlichter, länglicher Quader mit regelmäßig eingeschnittenen Fensterbändern. Der Clou sind die haushohen, vorgesetzten Glasbausteinwände an der Fassade. Sie dienen als Sichtschutz zwischen den einzelnen Wohnungen. Vor allem aber signalisieren sie – in leuchtend rote Stahlrahmen gefasst – technischen Fortschritt und führen die ästhetischen Möglichkeiten neuer Baumaterialien vor Augen. Mit seinen blauen und roten Farbakzenten erinnert der Entwurf an die abstrakten Kompositionen der holländischen »De Stijl«-Bewegung. Solche kompromisslos modernen Konzepte hatten in der NS-Zeit keine Chancen im Wohnungsbau mehr. Gebaut haben die Brüder Luckhardt auch weiterhin, wenn auch an-

^ *Die Reihenhausanlage Schorlemerallee (1924-25, Foto 2012) und ein Blick in die eigene Wohnung der Architekten dort.*

gepasst an den Zeitgeschmack. Auf dem Nachbargrundstück steht ihr Haus Ritzerfeld von 1936-38: eine eingeschossige breit hingelagerte Villa, die mit ihrer symmetrischen Travertinfassade beinahe klassizistisch wirkt (Schorlemerallee 14).

TIPP: Das Viertel um den U-Bahnhof Breitenbachplatz ist fast vollständig in den Zwanziger Jahren bebaut worden. Charakteristisch für den nüchternen Stil von Verwaltungsbauten ist das asymmetrische, gut proportionierte »Reichsknappschaftshaus« (1929-30, Max Taut und Franz Hoffmann) am Breitenbachplatz 2. Die um große Innenhöfe errichteten Wohnblocks am Südwestkorso geben einen guten Eindruck vom städtebaulichen Ideal jener Zeit.

Besondere Berühmtheit erlangte der »Rote Block« am Laubenheimer Platz, heute Ludwig-Barnay-Platz (1928-29, von Ernst und Günther Paulus, den Architekten der Kreuzkirche am Hohenzollerndamm, s. S. 89f.).

Um den Platz errichteten die Berufsgenossenschaft deutscher Bühnenangehöriger und der Schutzverband deutscher Schriftsteller gemeinsam mit einer gemeinnützigen Wohnungsbaugesellschaft drei Wohnblocks, die für Künstler und sozial Schwache vorgesehen waren. Zu den prominenten Bewohnern gehörten der Philosoph Ernst Bloch und der Schriftsteller Peter Huchel (Kreuznacher Straße 52, Gedenktafel), Walter Hasenclever (Ludwig-Barnay-Platz 3, Gedenktafel), sowie der Sänger und Schauspieler Ernst Busch (Bonner Straße 11, Gedenktafel).

Anfang der Dreißiger Jahre wurde die »rote« Künstlerkolonie wiederholt von nationalsozialistischen Schlägertrupps überfallen, gegen die sich die Anwohner zu Selbstschutzgruppen zusammenschlossen.

Am 15. März 1933 wurde die ganze Siedlung von SA und Polizei abgeriegelt, alle politisch missliebigen Personen zum Verhör abtransportiert (Foto s. S. 277). An die Opfer erinnert ein Findling auf dem Ludwig-Barnay-Platz.

^ *Die Villa von Fritz Lang und seiner Frau Thea von Harbou an der Schorlemerallee ist durch spätere Umbauten stark verändert.*

PERFEKT UND BESCHEIDEN

MIES VAN DER ROHES LANDHAUS LEMKE

Neben dem Atelierhaus des Bildhauers Kolbe in Westend (S. 172ff.) ist das Landhaus Lemke das einzige bedeutende Privathaus der Zwanziger Jahre in Berlin, das öffentlich zugänglich ist. In Form eines Bastelbogens kann man es sogar mit nach Hause tragen. Den Charakter eines privaten Wohnhauses hat das Baudenkmal allerdings verloren: Seit 2002 zeigt das Kunstamt Hohenschönhausen dort aktuelle Kunstausstellungen.

Von der Oberseestraße aus bemerkt man das Haus Nr. 60 kaum, so unscheinbar wirkt der flache Bau. Diese Bescheidenheit ist Absicht. Der Berliner Verleger Karl Lemke, ein aktiver Kunstförderer und Kommunist, und seine Frau Martha wünschten sich ein preiswertes, eingeschossiges Haus. Einziger Schmuck der glatten Mauern sind die unregelmäßig gebrannten, rotbraunen Ziegel. Der bescheiden dimensionierte Baukörper umschließt auf L-förmigem Grundriss einen gepflasterten Hof. Zur Straße hin wirkt das Haus abweisend, zum weitläufigen Garten und zum Obersee hin öffnet es sich jedoch in großflächigen Fensterfronten. »Ich habe die Vorstellung, dass man an schönen Tagen den an sich beschränkten Wohnraum nach dem Garten hin erweitern müsste«, erklärte der Bauherr dem Architekten. Zwei große, winkelförmig angeordnete Wohnräume bilden

^ *Der extrem schlichte Eingang des Landhauses (Bildmitte) liegt gleich neben dem Garagentor (links).*

das Zentrum des Hauses, Funktions- und Schlafräume sind an die Enden der beiden Gebäudeflügel gerückt. Die ganze Anlage ist perfekt proportioniert und auf einen Blick überschaubar: Einfacher und klarer kann man ein Wohnhaus nicht konzipieren.

Auch Mies van der Rohes Mitarbeiterin und Lebenspartnerin Lilly Reich war an dem Projekt beteiligt. Die Designerin und Innenarchitektin, die schon 1931 für die Berliner Bauausstellung ein ähnliches Erdgeschosshaus entworfen hatte und seit 1932 die Weberei am Bauhaus leitete, entwarf einen Teil der Möbel: wandhohe Regale, einen klarlinig-noblen Schreibtisch und Polstermöbel aus edlen Materialien wie Ebenholzfurnier, Pergament und hellem Schweinsleder. Auf der Terrasse standen Stahlrohrsessel von Mies. Das ganze Ensemble – Haus, Einrichtung und Garten – war den Bedürfnissen des kinderlosen Ehepaares perfekt angepasst.

Heute ist das Gebäude denkmalgerecht saniert, der Garten – den der bedeutende Potsdamer Gartengestalter Karl Foerster mit Herta Hammerbacher entwarf – rekonstruiert. Das einzige, was fehlt, sind die Möbel. Sie befinden sich im Kunstgewerbemuseum am Tiergarten und sind aus restauratorischen Gründen nur zeitweise ausgestellt. Errichtet wurde das Haus Lemke 1932-33, also genau zu der Zeit, als das Bauhaus unter Leitung von Ludwig Mies van der Rohe von Dessau nach Berlin umzog. Es war sein letztes Bauwerk in Berlin, bevor er 1938 in die USA emigrierte. Mehr über das Bauhaus, seine über das Bauen hinausgehenden Aktivitäten und sein Nachleben in Berlin erfahren Sie im übernächsten Kapitel.

^ *Das Landhaus Lemke in Weissensee (1932-33) von Ludwig Mies van der Rohe dient als kommunale Kunstgalerie.*

WOHNEN IM WELTKULTURERBE

Zu den dringlichsten öffentlichen Aufgaben im Berlin der Weimarer Republik gehörte die Linderung der Wohnungsnot. Krieg und Inflation hatten den Wohnungsbau praktisch zum Erliegen gebracht. Hunderttausende Berliner lebten unter - nach heutigen Maßstäben - menschenunwürdigen Umständen in überfüllten, dunklen und feuchten Hinterhofwohnungen, in abbruchreifen Altbauten, Lauben oder Notbaracken. Nach einer Schätzung des Stadtbaurats Martin Wagner fehlten Ende 1928 mindestens 200 000 Wohnungen in Berlin, während die Bevölkerungszahl durch Zuzug weiter anstieg: von knapp 3,9 auf über 4,3 Millionen in den Jahren der Republik.

In der Kaiserzeit waren neue Wohnungen für die ärmere Bevölkerung fast ausschließlich mit privatem Kapital gebaut worden, das sich üppig verzinsen sollte – so entstanden die berüchtigten Mietskasernenstädte rund um das alte Zentrum Berlins. Große Straßenblocks wurden mit Wohnungen, Läden und Fabriken eng bebaut, erschlossen durch enge, dunkle Höfe. 1925 erließ der Berliner Magistrat eine Bauordnung, die derart gedrängte Wohnverhältnisse verbot. Die Kommune kaufte im großen Stil Bauland auf und plante nun selbst Siedlungen, die trotz gebotener Sparsamkeit eine ganz neue Wohnqualität besaßen. Insgesamt wurden zwischen 1919 und 1933 in Berlin etwa 230 000 Wohnungen gebaut, davon weit über die Hälfte mit öffentlichen Mitteln. Angesichts der wirtschaftlichen Probleme der Weimarer Republik war das eine enorme Leistung, die aber nicht ausreichte, die Wohnungsnot zu beseitigen.

Sechs Siedlungen der Moderne gehören seit 2008 zum Weltkulturerbe – eine Auszeichnung, die ihre Vorbildwirkung für Stadtplaner in aller Welt würdigt. Sie sind auf den folgenden Seiten farblich hervorgehoben. 2017 wurde zudem eine vom Bauhaus geplante Gewerkschaftsschule in Bernau ins Weltkulturerbe aufgenommen (S. 136ff.).

< *Treppenhaus in originaler Farbgebung in der Weißen Stadt, 2012*

TUSCHKASTEN-SIEDLUNG

GARTENSTADT FALKENBERG

Im Jahr 2006 stellte der Berliner Senat bei der UNESCO – der Kulturorganisation der Vereinten Nationen – den Antrag, sechs Siedlungen der Berliner Moderne in die Welterbeliste aufzunehmen. Zwei Jahre später folgte das Weltererbekomitee dem Vorschlag. Die Gartenstadt Falkenberg in Treptow, die Schillerpark-Siedlung im Wedding, die Hufeisensiedlung in Britz, die Wohnstadt »Carl Legien« in Prenzlauer Berg, die Weiße Stadt in Reinickendorf und die Ringsiedlung Siemensstadt zählen seitdem zu den besonders schützenswerten Kulturgütern wie die Pyramiden von Gizeh, die Chinesische Mauer, der Kölner Dom oder die Berliner Museumsinsel. Dort gehört das in der Kaiserzeit von Alfred Messel geplante, aber erst 1930 fertiggestellte Pergamonmuseum schon seit 1999 zu den Welterbestätten. Ihr Zustand wird von internationalen Experten überwacht. Um das historische Erscheinungsbild zu pflegen und – soweit noch nicht geschehen – wiederherzustellen, investierten die Eigentümer, die Stadt und die Bundesregierung seit 2008 zweistellige Millionenbeträge in die sechs Siedlungen.

Neben der städtebaulichen und architektonischen Qualität spielte beim UNESCO-Aufnahmeverfahren auch der Erhaltungszustand der Anlagen eine Rolle, wohl deshalb fehlten auf der Vorschlagsliste des Senats wichtige Siedlungsprojekte wie Onkel Toms Hütte in Zehlendorf oder die Reichsforschungssiedlung in Haselhorst. Inzwischen ist die Sanierung auch in anderen Wohnquartieren so weit fortgeschritten, dass wir sie in diesem Kapitel mit berücksichtigen – selbst wenn sie nicht das prestigeträchtige Etikett »Weltkulturerbe« tragen. Der innovative Geist der Weimarer Republik bei der Lösung des Wohnproblems ist in viel mehr Bauten zu spüren.

Bereits in der Kaiserzeit gründeten sich in Berlin zahl-

^ *Ein Haus in Blau, nicht weit vom »Akazienhof«, 2006*

reiche Bauvereine, um ihren Mitgliedern preiswerten Wohnraum zur Verfügung zu stellen. Bis heute gehört die älteste Weltkulturerbesiedlung einer 1892 gegründeten Baugenossenschaft. Sie erwarb 1912 das Gut Falkenberg in Altglienicke bei Grünau, um dort eine Gartenstadt zu errichten. Der junge Architekt Bruno Taut, der kurz zuvor mit der »Deutschen Gartenstadt-Gesellschaft« England bereist hatte, entwickelte den Siedlungsplan. Er passte seine geschwungenen Straßenzüge geschickt dem Geländeniveau an. Als erstes wurde der »Akazienhof« erbaut, eine geschlossene Mehrfamilienhausanlage um einen langgestreckten Platz in eher traditionellen Bauformen mit rückwärtigen Gärten (Akazienhof 1-26). Der zweite Bauabschnitt entlang des Gartenstadtweges 16-99 fiel avantgardistischer aus. Hier stechen kräftige Farben ins Auge, kornblumenblau oder schwarz getünchte Fassaden mit markant abgesetzten Fensterrahmen, Häuser mit fröhlichem Rautenmuster oder orange-weiß gewürfelt. Die bunten Farben lassen fast vergessen, dass die bescheiden dimensionierten Reihenhäuser auf wenigen, streng rational konzipierten Bautypen beruhen. Plastischer Zierrat wie Gauben, Türmchen und Erker wurde eingespart. Der beherzte Griff in den Tuschkasten wies einen Ausweg aus dem Einheitsgrau der Mietskasernen – und voraus auf die Farbspiele in den Siedlungen der Weimarer Republik. Wegen des Ersten Weltkrieges konnten von den geplanten 1500 Wohnungen in Falkenberg nur sechs Mietshäuser und 80 Einfamilienhäuser verwirklicht werden. Die »Baugenossenschaft von 1892« hat der »Tuschkastensiedlung« nach der Wiedervereinigung ihr buntes Farbkleid zurückgegeben und auch die von Ludwig Lesser entworfenen Gartenanlagen wiederhergestellt. Eine 1971 enthüllte Gedenktafel (Akazienhof/Ecke Am Falkenberg) erinnert an politische Kämpfe: »In Aktionseinheit nahmen Ende 1920 bewaffnete Arbeiter der Gartenstadt Altglienicke an der Niederschlagung des Kapp-Putschs teil.«

^ *Reihenhäuser von Bruno Taut am Gartenstadtweg, 2006*

MODERNER WEDDING
SIEDLUNG SCHILLERPARK

»Die Menschen, die in der Gegend des Schillerparks leben, müssen an jedem Vormittag arbeiten. Deshalb ist der Schillerpark genauso menschenleer, wie wenn es verboten wäre, ihn zu betreten. Nur selten stapft ein Arbeitsloser durchs Gehege«, beobachtete der Stadtspaziergänger Joseph Roth 1923 im Norden der Stadt. »Die Kinder kommen um drei Uhr nachmittags mit Schaufeln, Spaten und Müttern. Sie legen die Mütter auf den breiten, weißen Bänken ab und trippeln zum Sandplatz ... Auch im Schillerpark fällt das Laub herbstgemäß von den Bäumen, aber es bleibt nicht liegen. Im Tiergarten zum Beispiel darf ein wehmütiger Wanderer im Laub geradezu waten. Das verursacht ein poetisches Rascheln und macht die Seele schwer. Im Schillerpark aber sammeln die Weddingmenschen jeden Abend das Laub und trocknen es und heizen es im Winter.« Der 1909 bis 1913 angelegte große Volkspark im ehemaligen Armeleutebezirk Wedding zählt heute zur städtebaulichen Pufferzone um die angrenzende Welterbesiedlung – und profitiert davon: Der nordwestliche Parkrand wurde erst kürzlich denkmalpflegerisch wiederhergestellt, um die Einbettung der Wohnbauten in das historische Umfeld wieder erfahrbar zu machen.

Überraschenderweise verzichtete der Architekt Bruno Taut in der Siedlung Schillerpark (erbaut 1924 bis 1930), anders als in der Gartenstadt Falkenberg (S. 106f.), fast völlig auf leuchtende Farbspiele. Roter Backstein beherrscht das Erscheinungsbild, aufgelockert durch Sichtbetonpfeiler, Loggien und Balkone mit weißem Putz. Inspirieren ließ sich Taut von moderner holländischer Architektur, insbesondere von Jacobus Johannes Pieter Oud. Alle Wohnungen richtete er nach Südwesten und Südosten, also zur Sonne hin aus. Das bewegte Fassadenrelief bei den

frühesten Wohnblöcken an der Bristolstraße (Foto) ergab sich daraus, dass Taut drei Wohnungen an einem Treppenhaus plante und die mittlere Wohnung herausschob, um dort Querlüftung zu ermöglichen. Unter dem Flachdach liegt ein durchgehendes Drempelgeschoss, in dem die Wohngemeinschaft ihre Wäsche reinigen und trocknen konnte. Ab 1925 änderten sich die Förderrichtlinien für den Wohnungsbau, ab 1929 zwang die Weltwirtschaftskrise zum Sparen, auf beides reagierte Taut mit einer Vereinfachung der Architektur bei den in Richtung Corker Straße gelegenen hinteren Blöcken. Er ordnete sie so an, dass dazwischen große halb offene Höfe entstanden, die als Erholungsraum und Kinderspielplätze dienten. Komplettiert wurde die Siedlung erst in den Fünfziger Jahren durch den Architekten Hans Hoffmann und den Gartenarchitekten Walter Rossow (zwischen Holländer- und Corker Straße sowie zwischen Oxforder und Barfusstraße).

Als erste Welterbesiedlung wurde dieses Areal 2011 mit einem touristischen Leitsystem ausgestattet, das auch die Aufgabe hat, die Neugier der Besucher behutsam zu steuern, damit die Bewohner sich von ihren Blicken möglichst wenig belästigt fühlen. An der Oxforder, Ecke Bristolstraße und Dubliner Straße stehen Infostelen, ein ehemaliges Toilettenhäuschen dient dort als Infozentrum. Am Kiosk kann man sich den Schlüssel für eine Ausstellung im hinteren Teil des Bauwerks ausleihen.

TIPP: Bruno Taut war auch an der Planung der nahen Friedrich-Ebert-Siedlung an der Afrikanischen Straße, Müller- und Togostraße (1929-31, mit Paul Mebes und Paul Emmerich) beteiligt. Im Bereich Afrikanische, Ecke Swapkomunderstraße steht eine Gedenktafel für den ersten Reichspräsidenten und Namensgeber Friedrich Ebert (am U-Bhf. Afrikanische Straße). In der Nähe befindet sich zudem ein Wohnblock, den Mies van der Rohe für Geringverdiener entworfen hat (Afrikanische Straße 14-41, Foto S. 125).

^ *Backstein und weißer Putz bestimmen den Farbeindruck der Siedlung Schillerpark.*

HUFEISEN, HÜSUNG, ROTE FRONT
GROSSSIEDLUNG BRITZ

Auch die berühmteste Siedlung der Weimarer Republik, eine Ikone der modernen Architektur, hat Bruno Taut entworfen. Der Name der 1925 bis 1931 errichteten Hufeisensiedlung geht auf einen 350 Meter langen Wohnblock zurück, den der Architekt um einen eiszeitlichen Pfuhl herum plante, sodass in der Mitte ein großer, nach einer Seite offener Gemeinschaftshof entstand. In einem Kopfbau des Hufeisens eröffnete 2012 ein Infozentrum mit einem Café und einer Ausstellung über die Siedlung (Fritz-Reuter-Allee 44).

Die von Taut geplante »Großsiedlung Britz« erstreckt sich weit über das charakteristische Hufeisen hinaus: Westlich schließt sich das »Hüsung« an, ein angerförmiger rhombischer Wohnhof, inspiriert durch ältere dörfliche Siedlungsstrukturen in dieser Gegend. Nördlich und südlich von Hufeisen und Hüsung stehen Einfamilienhäuser in Reihen, die an die Gartenstadt Falkenberg erinnern. Aus Kostengründen wurden nur zwei Haustypen ausgeführt, durch raffiniert abknickende Straßenführungen und Farbvarianten vermied Taut den Eindruck von Monotonie. Eingefasst wird die Gartenstadt um das Hufeisen durch höhere Wohnblocks an den umgebenden Hauptverkehrsstraßen (Parchimer und Fritz-Reuter-Allee). Den Block an der Stavenhagener Straße 4-32 entwarf Martin Wagner, der als Stadtbaurat die treibende Kraft hinter dem Britzer Projekt und auch am städtebaulichen Entwurf beteiligt war. Wagner initiierte 1924 die Gründung des Bauträgers der Hufeisensiedlung, der »Gemeinnützigen Heimstätten-, Bau- und Spar -AG« (GEHAG).

«Rote Front« und »Chinesische Mauer« nannten Zeitgenossen die wehrhaft anmutende rote Fassadenfront, mit der Taut seine Siedlung nicht nur

^ *Ein Reihenhaus der Hufeisensiedlung wurde 2012 als »Tautes Heim« innen liebevoll möbliert.*

vom Straßenverkehr auf der Fritz-Reuter-Allee abschirmte, sondern auch gegen die Bebauung auf der östlichen Straßenseite absetzte. Dort errichtete die Baugesellschaft DEGEWO etwa zur selben Zeit ebenfalls eine Siedlung mit konventionellen Häusern im Heimatstil. Hinter dieser konservativen Kampfansage an Tauts Flachdächer wird ein weiterer Bauabschnitt seiner Siedlung leicht übersehen: An der Parchimer Allee 7-32, der Buschkrugallee 177-247 und am Grünen Weg 2-42 entstanden von 1927 bis 1929 langgestreckte Etagenwohnhäuser. Im letzten Bauabschnitt erweiterte Taut die Siedlung südlich des Hufeisens (zwischen Talberger Straße, Parchimer und Fritz-Reuter-Allee und Paster-Behrens-Straße). Die Zeilen der Reihenhäuser sind hier deutlich enger gestellt, um Kosten zu sparen. Das Ziel, billige Wohnungen für Arbeiter zu bauen, wurde verfehlt: Besser situierte Angestellte, Beamte und Handwerker zogen in die Siedlung ein.

Insgesamt umfasst das Areal 679 Reihenhäuser und weitere 1285 Wohnungen auf einer Fläche von 37 Hektar. Nach der Privatisierung der Wohnungsbaugesellschaft GEHAG durch den Senat im Jahr 1998 wechselte die Siedlung mehrfach die Eigentümer, ein großer Teil der Reihenhäuser wurde an die Bewohner verkauft. Das macht es für die Denkmalbehörden nicht leichter, ein einheitliches Erscheinungsbild zu bewahren. Engagierte Eigentümer gründeten 2007 einen Förderverein, der sich für die Pflege der Denkmalsubstanz und das Zusammengehörigkeitsgefühl innerhalb der Siedlung einsetzt.

TIPP: Wer probeweise im Weltkulturerbe wohnen will, muss nicht gleich ein Reihenhaus in Britz kaufen: Seit 2012 können Architektur-Touristen eine Ferienwohnung in der weltberühmten Hufeisensiedlung mieten. Zwei Liebhaber stellten ein Reihenhaus mit Garten innen denkmalgerecht im Stil der Erbauungszeit wieder her, die Vermietung dient der Refinanzierung des Projekts (www.tautes-heim.de).

^ *Über 3100 Menschen leben heute in der weltberühmten Siedlung.*

LOGGIEN FÜR ARBEITER

WOHNSTADT CARL LEGIEN

Besonders gut kann man sich die Revolution im Wohnungsbau der Zwanziger Jahre im Stadtteil Prenzlauer Berg vergegenwärtigen. Zwischen den S-Bahnhöfen Schönhauser und Prenzlauer Allee durchschneidet die Ringbahn die fast vollständig erhaltene Mietskasernenbebauung und erlaubt einen Blick auf ihre düstere Kehrseite. Die Prenzlauer Allee bildet südlich des gleichnamigen S-Bahnhofs die Grenze zu einem weitläufigen Gelände, auf dem seit der Kaiserzeit ein riesiges Gaswerk stand. Auch kommunale Versorgungseinrichtungen, darunter das städtischen Obdachlosenasyl in der Fröbelstraße 16 (heute Krankenhaus) fanden dort ihren Platz.

Nördlich des S-Bahn-Grabens aber, entlang der Erich-Weinert-Straße (zwischen Sült-, Gubitz-, Küsel- und Georg-Blank-Straße), strahlen lang gestreckte Wohnblocks aus den Zwanziger Jahren in kräftig bunten Farben. Die großen begrünten Innenhöfe sind an einer Seite zur Straße offen, um viel Licht, Luft und Sonne einzulassen. Jede Wohnung besitzt einen breiten Balkon zum Gemeinschaftshof. Der Grundriss der ganzen Anlage stellt das Ordnungsprinzip der gründerzeitlichen Mietskasernen auf dem Kopf: Dort lagen die besten Wohnräume immer hinter der architektonisch ausgeschmückten Straßenfassade, die schlechtesten und billigsten an den kargen, engen Innenhöfen. Hier konzentriert sich alles auf die Innenhöfe mit den bunten Loggien, während die Stra-

^ *Wohnanlage in der Grellstraße (oben), Farbrekonstruktion an einem Balkon (unten).*

ßenseite ganz sparsam ausgeführt ist und sich lediglich mit ein paar Farbtupfern schmückt.

Wie die Hufeisensiedlung plante Bruno Taut die »Wohnstadt Carl Legien« im Auftrag der GEHAG. Anders als in Britz konnten sich hier auch Arbeiterfamilien die Wohnungen leisten. 1930 wurde die Anlage auf den Namen des Gründers der freien Gewerkschaften getauft: Der Sozialdemokrat Carl Legien war seit 1919 Vorsitzender des Allgemeinen Deutschen Gewerkschaftbundes. 1920 stand er an der Spitze des Generalstreiks gegen den Kapp-Putsch, einige Monate später starb er. Die politische Symbolik wurde von den Nationalsozialisten als Provokation begriffen: Sie machten nach 1933 die »Flandernsiedlung« aus dem Quartier und benannten die Straßen nach Schlachtfeldern des Ersten Weltkrieges um. Die farbigen Fassaden Tauts wurden überstrichen und erst vor wenigen Jahren wiederhergestellt. Zur Konzeption der Wohnstadt

mit 1149 Mieteinheiten gehörten eine Ladenpassage sowie zwei Waschhäuser als Gemeinschaftseinrichtungen. Eines konnte 2010 vor dem drohenden Abriss gerettet und saniert werden (Sodtkestraße 10).

In unmittelbarer Nachbarschaft, zwischen Grellstraße und Rietzestraße, findet sich eine weitere Wohnanlage, die bereits 1927-28 nach Tauts Plänen entstand; auch ihre Innenhöfe sind frisch restauriert und von der Grellstraße zugänglich. Zum nahen S-Bahnhof Greifswalder Straße macht sich diese Siedlung durch einen auffälligen Kopfbau bemerkbar (Grell-, Ecke Naugarder Straße).

^ *Die historische Beschriftung am Kopfbau wurde 2015 wiederhergestellt. Postkarte um 1930.*

PANZERKREUZER UND LANGER JAMMER

RINGSIEDLUNG SIEMENSSTADT

Die Vielfalt architektonischer Handschriften macht dieses Viertel so spannend: An keiner Welterbesiedlung waren so viele berühmte Baumeister beteiligt wie an der Ringsiedlung Siemensstadt. Der Name geht auf die 1926 gegründete Architektenvereinigung »Der Ring« zurück, zu der sich 27 Vertreter des Neuen Bauens zusammenschlossen, darunter die Taut-Brüder, der Bauhaus-Gründer Walter Gropius, Mies van der Rohe, Erich Mendelsohn und Martin Wagner. Sie formulierten zwar kein gemeinsames Architekturprogramm, bildeten aber ein starkes Netzwerk zwecks gegenseitiger Unterstützung. So waren 1927 gleich zehn »Ring«-Mitglieder bei der Werkbundausstellung »Die Wohnung« in Stuttgart-Weißenhof vertreten. Sechs teilten sich die Entwurfsarbeit für die 1929 bis 1934 gebaute Großsiedlung Siemensstadt mit 1379 Wohnungen in Zeilenbauten. Unterstützt wurden sie von dem Landschaftsarchitekten Leberecht Migge, der auch die Freiräume der Hufeisensiedlung plante. Die Gesamtleitung der Ringsiedlung lag bei Hans Scharoun und Stadtbaurat Martin Wagner. Die Gelder für das Projekt stammten aus einem von Wagner initiierten kommunalen Sonderbauprogramm.

Am U-Bahnhof Siemensdamm bildet Scharouns »Panzerkreuzer«, eine von Schiffsmotiven inspirierte Wohnanlage, ein spektakuläres Entree. Der Architekt hat hier selbst 30 Jahre gewohnt (Jungfernheideweg 4) und war in der Nachkriegszeit wenig begeistert davon, dass der stark zerstörte Kopfbau der Anlage nur vereinfacht wiederaufgebaut wurde. Der grüne Vorplatz der Siedlung verengt sich trichterförmig in Richtung einer Bahnunterführung, dahinter liegen die meisten ihrer Wohnblöcke, fast alle in Nord-Süd-Richtung

^ *Balkone an Hans Scharouns »Panzerkreuzer«, 2012*

ausgerichtet, um sie optimal zu belichten und zu belüften. Die strengen weißen Zeilenbauten am Jungfernheideweg 18-45 stammen von Walter Gropius (Foto S. 135), dahinter durfte Hugo Häring seine Vision vom »organischen Bauen« verwirklichen (neun Blocks an der Nordseite des Goebelstraße): mit warmen Farben, Klinkerverkleidungen und originell ausschwingenden nierenförmigen Balkonen. Absolut ungewöhnlich sind die dunkel abgesetzten Dachgeschosse für die gemeinschaftliche Nutzung durch die Mieter.

Ein 340 Meter langer Ost-West-Riegel auf der Südseite der Goebelstraße, der »Lange Jammer«, schirmt diese menschenfreundlichen Häuser gegen die Bahnlinie ab (von Otto Bartning, Goebelstraße 11-113). Ungefähr in der Mitte des Riegels befindet sich ein einziger Durchlass, dahinter entstand eine moderne Heizzentrale mit Waschhaus (heute Geschäftsstelle einer Wohnungsbaugesellschaft, Goebelstraße 55A). Am östlichen Ende des »Langen Jammers« baute Hans Scharoun nach dem Zweiten Weltkrieg ein elegantes Laubenganghaus an, das mit seinen Bullaugen und Relings die Schiffsmotivik des Eingangs wieder aufnimmt (Goebelstraße 1-9).

Vis-à-vis hat eine Infostation mit Fotogalerie geöffnet, in dem eleganten halbrunden Pavillon von Fred Forbat starten auch Führungen durch die Ringsiedlung (Goebelstraße 2). Der die Ringsiedlung östlich abschließende Riegel (Geißlerpfad 1-29) stammt vom selben Architekten. Die Häuser am Heckerdamm 283-293 von Paul Rudolf Henning konnten als letzte 1933/34 realisiert werden. Hier öffnen sich die Grünräume zwischen den Wohnzeilen zum Volkspark Jungfernheide. Der Parkrand auf der Nordseite des Heckerdamms gehört heute zur Pufferzone des Weltkulturerbes.

^ *Wohnblock von Hugo Häring am Jungfernheideweg, 2012*

NIE WIEDER KOHLE SCHLEPPEN

DIE WEISSE STADT

Die Weiße Stadt macht ihrem Namen alle Ehre. Die meisten Wohnblocks strahlen frisch geputzt wie in ihrer Erbauungszeit. Um den vorherrschenden weißen Putz noch stärker hervorzuheben, sparten die Architekten indes nicht an Kontrastfarben: Grüne Türen, blaue Fensterumrandungen oder Dachtraufen in kräftigem Rot setzen fröhliche Akzente. Besonders überraschend ist das Farbspiel beim Wahrzeichen der Siedlung, einem auf Stützen quer über die Aroser Allee gebauten Wohnblock. Kommt man von Süden, reflektiert die weiße Fassade mit ihren zu vertikalen Bändern zusammengefassten Balkonen das Sonnenlicht und wirkt dadurch leicht, auf der schattigen Nordseite hingegen sind die breiten Laubengänge in kräftigem Gelb ausgemalt. Ein knallblauer Streifen schließt das Bauwerk zum Dach hin ab (Foto oben). Der Farbrausch setzt sich in den Treppenhäusern fort (Foto S. 104). Ganz oben angekommen, öffnet sich eine Tür zu einer Dachterrasse quer über der Straße, die ursprünglich zum Sonnenbaden einlud.

Belästigung und Verschmutzung durch den Qualm von tausend Kohleöfen in der Siedlung waren auf dem Sonnendeck nicht zu befürchten. Denn der Architekt Wilhelm Büning hatte genau nachgerechnet: Jede Wohnung konnte um 2,5 Quadratmeter kleiner gebaut werden, wenn die Öfen und Schornsteine wegfielen. Bei über 1000 Wohnungen war die Ersparnis

^ *Farbige Details am Laubenganghaus über der Aroser Allee, 2012*

bei den Baukosten so groß, dass eine zentrale Fernwärmeversorgung sich rechnete. 2012 wurde in der Siedlung ein modernes Blockheizkraftwerk in Betrieb genommen, das 2500 Wohnungen mit Wärme und Warmwasser versorgen kann. Nebenbei erzeugt es auch noch Strom für 2000 Haushalte: Damit gehört diese Welterbesiedlung in puncto Energieffizenz und Ökobilanz wieder zu den modernsten in Berlin.

Von Wilhelm Büning stammen die fächerförmig angeordneten Wohnblocks zwischen Schillerring und Genfer Straße, von Bruno Ahrends die Bauten südlich davon (zwischen Schillerring, Emmentaler und Gotthardstraße – also auch die markanten Kopfbauten an der Kreuzung zur Aroser Allee). Der dritte beteiligte Architekt war Otto Rudolf Salvisberg, der viel im Berlin der Weimarer Republik gebaut hat. Er entwarf das markante Laubenganghaus quer über der Aroser Allee und die nördlich gelegenen Reihenhäuser am Romanshöher Weg. Mehr als in anderen Siedlungen experimentierten die Architekten mit verschiedenen Grundrissen für Klein- und Kleinstwohnungen. Ungewöhnlich ist die Erschließung der Dreifamilienhäuser am Romanshöher Weg: Die Erdgeschosswohnungen haben dort die Haustür und einen Vorgarten, darüber liegen zwei Maisonettewohnungen mit Zugängen von der Hofseite. Zu ihnen gehörte ursprünglich je ein kleiner Gemüsegarten im Hof.

Federführend bei der Planung der 1929 bis 1931 errichteten Weißen Stadt waren Salvisberg und Martin Wagner, als Bauherr trat – wie bei der Wohnstadt »Carl Legien« – die »Gemeinnützige Heimstättengesellschaft Primus mbH der Stadt Berlin« auf. 25 Ladengeschäfte für den täglichen Bedarf waren über die ganze Siedlung verteilt. Von den Außenanlagen des Gartenarchitekten Ludwig Lesser wurde die Mittelpromenade an der Aroser Allee bereits wiederhergestellt, um die Bauten der Weißen Stadt optimal zur Wirkung zu bringen (Nähe U-Bhf. Residenzstraße).

^ *Der Mittelstreifen der Aroser Allee wurde 2011 von Wildwuchs befreit.*

DÄCHERKRIEG IN ZEHLENDORF

ONKEL-TOM-SIEDLUNG

Das Zehlendorfer Bürgertum lief Sturm, als die Wohnungsbaugesellschaft GEHAG im Jahr 1926 ein großes Areal in der noblen Villengegend erwarb, um dort eine Großsiedlung mit preiswerten Wohnungen und U-Bahn-Anschluss zu bauen. Die wohlhabenden Nachbarn fürchteten eine Proletarisierung ihrer Nachbarschaft und einen Wertverlust ihrer Häuser. Tatsächlich konnten sich arme Familien die von hohen Kiefern beschatteten bunten Reihenhäuser mit Flachdach nicht leisten. Vor allem mittlere Beamte zogen in die von Bruno Taut, Hugo Häring und Otto Rudolf Salvisberg entworfene Siedlung ein (sie erstreckt sich um den 1929 eröffneten U-Bahnhof Onkel Toms Hütte zwischen Onkel-Tom-Straße, Am Hegewinkel, Holzungsweg und Am Fischtal). Besonderes Aufsehen erregte der »Peitschenknall« von Bruno Taut, ein 450 Meter langer Wohnblock entlang der Argentinischen Allee (Nr. 157-219), der den nördlichen Bereich der Onkel-Tom-Siedlung gegen die U-Bahn-Trasse abschirmte.

Wegen seiner modernistischen Ästhetik wurde das nach einem Ausflugslokal benannte Quartier als »Papageiensiedlung« verspottet. Als Gegenentwurf entstand fast zeitgleich in der Nachbarschaft die Versuchssiedlung »Am Fischtal« der »Gemeinnützigen AG für Angestellen-Heimstätten« (GAGFAH). Dort dominieren traditionelle Hausformen mit Satteldach, Klappläden und symmetrischer Fassade. Im Herbst 1928 waren die Häuser am Fischtal 1-29 als »Ausstellung Bauen und Wohnen« zu besichtigen. Damit stellte die GAGFAH das von Heinrich Tessenow geleitete Projekt in eine Reihe mit der vom Werkbund veranstalteten Ausstellung »Die Wohnung« in Stuttgart-Weißenhof im Jahr

^ *Schon in der Erbauungszeit beschatteten Kiefern die Wohnblocks, um 1930.*

zuvor. Obwohl auch Vertreter des Neuen Bauens wie Alexander Klein (Nr. 1-3), Mebes & Emmerich (Nr. 6, 15, 16), Hans Poelzig (Nr. 8-9) und Walter Gropius (Ausstellungspavillon) sich an der Fischtalsiedlung beteiligten, wurde sie als Kampfansage konservativer Architekten wie Paul Schmitthenner (Nr. 12, 26) an die Moderne verstanden. Sie lehnten Flachdächer als Fremdkörper in der nordischen Landschaft rigoros ab. Der Zehlendorfer Dächerkrieg löste eine Grundsatzdebatte zwischen konservativen und modernistischen Architekten aus, die 1933 politisch entschieden wurde: Die einen durften weiterbauen, die anderen wurden aus dem Beruf gedrängt oder mussten Deutschland verlassen.

Die Onkel-Tom-Siedlung fehlt auf der Liste der Weltkulturerbesiedlungen, weil sich zum Zeitpunkt der Antragstellung (2006) viele Häuser in einem problematischen Zustand befanden. Wegen umgebauter Fenster, wenig denkmalgerechter Anbauten und fragwürdiger Farbanstriche rechnete sich der Senat wenig Chancen aus, mit diesem Denkmal vor der UNESCO-Welterbekommission zu punkten. Von heute aus gesehen ist diese Entscheidung nur noch schwer nachvollziehbar. Wie in der Hufeisensiedlung in Britz hat sich eine Anwohnerinitiative gegründet, die sich dafür einsetzt, dass die Onkel-Tom-Siedlung wieder ein Modellkiez wird. In der 1931 eingeweihten Ladenpassage des U-Bahnhofs eröffnete 2010 eine nach Bruno Taut benannte Galerie mit Kieztreffpunkt, dort sind neben aktueller Kunst auch Bilder und Dokumente zur Geschichte der Siedlung ausgestellt.

^ *Nach und nach wird die ursprüngliche Farbigkeit wiederhergestellt, 2012.*

BILLIG BAUEN, OHNE DASS ES DANACH AUSSIEHT
REICHSFORSCHUNGSSIEDLUNG HASELHORST

» Erst die Küche – dann die Fassade!«, forderte die Reichstagsabgeordnete Marie-Elisabeth Lüders 1928 in der Schriftenreihe der »Reichsforschungsgesellschaft für Wirtschaftlichkeit im Bau- und Wohnungswesen e. V.«. Sie untersuchte im Auftrag der Regierung, wie die Wohnungsnot durch den Bau von Kleinwohnungen gelöst werden konnte. Die von 1927 bis 1931 aktive Reichsforschungsgesellschaft beschäftigte sich systematisch mit optimierten Wohnungsgrundrissen, der Ausstattung von Küchen und kostensparenden Bautechniken. Ihr größtes Projekt war 1928 die Durchführung eines Wettbewerbs für die Bebauung eines 45 Hektar großen Geländes westlich der Siemensstadt. Der erste Preis ging an Walter Gropius, der eine Bebauung ausschließlich mit Wohnzeilen in Nord-Süd-Richtung vorschlug und dabei auch schon die Möglichkeit prüfte, Wohnhochhäuser zu errichten – wie in der nach dem Zweiten Weltkrieg von ihm geplanten und nach ihm benannten Gropiusstadt.

Vor der städtebaulichen Monotonie einer solchen Radikallösung schreckte die Reichsforschungsgesellschaft zurück. Ohne weitere Beteiligung von Gropius errichtete die gemeinnützige Baugesellschaft GEWOBAG die Forschungssiedlung zwischen 1930 und 1934 nach den Plänen von acht Architekten. In diese Zeit fällt die Machtübernahme der Nationalsozialisten: Sie lehnten das »Neue Bauen« zwar ab, führten das Projekt aber zu Ende und schlachteten es propagandistisch für sich aus. »Für rund 13 000 Volksgenossen wurden dadurch gesunde Lebens- und Wohnungsbedingungen in günstiger Lage ... geschaffen«, liest man auf einem verwitterten Gedenkstein von 1934 am Haselhorster Damm (Ecke Lüdenscheider Weg).

Walter Gropius setzte seine Karriere im Exil fort, genau wie drei an der Siedlung beteiligte Architekten aus jüdischen Familien: Fred Forbát (Wohnblocks zwischen Daumstraße, Haselhorster Damm, Burscheider Weg und Gartenfelder Straße), Alfred Gellhorn (Burscheider Weg 7-11) und Alexander Klein (ob seine Planungen für den Bereich nördlich des Lüdenscheider Wegs noch eine Rolle spielten, ist fraglich). Paul Mebes, in dessen Händen die Gesamtleitung lag, trat 1933 aus Protest gegen die ideologische Gleichschaltung aus der Akademie der Künste aus (Laubenganghaus am Haselhorster Damm 42-48, sowie die Wohnblocks auf der Ostseite des Damms, mit Paul Emmerich).

Mit sparsamen Mitteln entstand ein abwechslungsreiches Wohnquartier für Geringverdiener, dessen Qualitäten durch die denkmalgerechte Sanierung in den letzten Jahren wieder erfahrbar geworden sind. In diesem Zustand müsste eigentlich auch die Reichsforschungssiedlung in den Kreis der Welterbesiedlungen aufgenommen werden: Als letztes großes Wohnungsbauprojekt der Weimarer Republik bildet sie einen Schlusspunkt der Entwicklung, die vor dem Ersten Weltkrieg mit den Planungen für die Gartenstadt Falkenberg begann.

TIPP: Seit 2014 ist eine im Stil der 1930er Jahre eingerichtete Museumswohnung in Haselhorst zu besichtigen. Sie gibt einen Einblick in die Lebenswelt der ersten Mieter. Infos und Öffnungszeiten unter www.text-der-stadt.de/Haselhorst.html

^ *Haustür in Haselhorst, 2012*

^ *Küchennische der Museumswohnung, 2014*

UNTER DER LICHTBURG
GARTENSTADT ATLANTIC

Das Wohnhaus an der Heidebrinker Straße 15 springt nicht gleich auf den ersten Blick ins Auge. Zwischen frisch renovierten Straßenzügen aus den Zwanziger Jahren wirkt es beinahe, als hätte man dieses Haus bei der Sanierung vergessen. Aber wenn die Sonne auf die Hausfront scheint, beginnt der unscheinbare Fassadenputz plötzlich zu schillern und zu blinkern. Bei näherem Hinsehen bemerkt man weitere feine Details, die an den Nachbarhäusern verloren gegangen sind: Die Kasten-Doppelfenster und ihre Einfassungen lassen die Außenwand viel plastischer wirken. Die Rollläden sind aus Holz, nicht aus Kunststoff. Mit finanzieller Unterstützung der Deutschen Stiftung Denkmalschutz ist hier bei der Sanierung der Gartenstadt Atlantic wenigstens eine Fassade exakt so wiederhergestellt worden, wie sie der Architekt Rudolf Fränkel entwarf.

So an allen Häusern vorzugehen, hätte die Sanierungskosten und in der Folge auch die Mieten explodieren lassen. Das Erscheinungsbild der zuvor stark heruntergekommenen Siedlung wurde daher nur annähernd wiederhergestellt, mit Abstrichen an besonders kostspieligen Details. Auch so ist ihre besondere Qualität wieder sichtbar und das Wohnquartier enorm aufgewertet worden.

Der Architekt Rudolf Fränkel übertrug die Idee der Gartenstadt auf ein tortenförmiges Stück Innenstadt am S-Bahn-Ring: Hinter der Blockrandbebauung liegen große grüne Innenhöfe, an der Heidebrinker Straße weitet sie sich zu einem öffentlichen Platz mit hohen Bäumen.

Zu dem 1925 bis 1928 gebauten Quartier gehörte auch das Großkino »Lichtburg« mit 2000 Plätzen, Restaurants, Tanzsälen und Cafés, das erst 1970 abgerissen wurde (Heidebrin-

^ *Eingang zu einem Wohnhaus an der Heidebrinker Straße, 2012*

Berlin. Lichtburg am Bahnhof Gesundbrunnen.

ker, Ecke Behmstraße, vis-à-vis erinnert die nachts beleuchtete Skulptur »Phantom der Lichtburg« an das Kino). Kino und Wohnsiedlung waren ein Projekt des jüdischen Filmpioniers und Geschäftsmanns Karl Wolffsohn, der in der Nazizeit in die Emigration gezwungen wurde und bis zu seinem Tod 1957 um die Rückgabe seines Eigentums kämpfte.

Als die Gartenstadt 1962 wieder in den Besitz der Familie Wolffsohn kam, war im Norden, Süden und Osten der Anlage gerade die Berliner Mauer gebaut worden. Die Gartenstadt verkam zu einem unattraktiven, nur notdürftig gepflegten Wohnquartier.

Im Jahr 2000 erbte der Enkel Michael Wolffsohn, ein prominenter Historiker, den maroden Familienbesitz. Statt ihn mit Gewinn an Immobilienspekulanten zu verscherbeln, entschloss er sich zur behutsamen Sanierung. In einige leer stehende Ladengeschäfte zogen Künstler und Kultureinrichtungen ein, im »Lichtburgforum« (Behmstraße 13) finden Konzerte und Lesungen statt: Damit wurde die charakteristische Verbindung von Kultur- und Wohnnutzung in der Gartenstadt Atlantic wiederbelebt.

Den hohen Anteil von Migrantenfamilien sieht der neue Eigentümer nicht als Problem, sondern als Chance: »Deutsch – Türkisch – Jüdisch, Interkulturell« ist das Leitmotiv der Veranstaltungen im Lichtburgforum und der gemeinnützigen Lichtburg-Stiftung. Wie in den Zwanziger Jahren hat die Gartenstadt Atlantic wieder Vorbildcharakter für gelungenes Zusammenwohnen und Zusammenleben in der Innenstadt (am S- und U-Bahnhof Gesundbrunnen).

^ *Das Kino »Lichtburg« wurde erst 1970 abgerissen.*

WEITERE SIEDLUNGEN UND WOHNHÄUSER

- Die rot lackierten Stahlträger an den Balkonen der »Wohnanlage Flußpferdhof« erinnern an die Reichsforschungssiedlung Haselhorst, in beiden Fällen bauten die versierten Siedlungsarchitekten Mebes & Emmerich (1932-34, Große-Leege-Straße 60-82). Die Brunnenanlage mit Pferdeskulpturen ist ein Gartendenkmal und wurde um 1995 rekonstruiert (Bezirk Lichtenberg).

- Wohnbebauung an der Buschallee 8-104 in Weissensee von Bruno Taut (1925-29). Die Farbigkeit der einen Kilometer langen Wohnzeilen wurde Mitte der Neunziger Jahre wiederhergestellt.

- Die Wohnsiedlung an der Zeppelinstraße in Spandau von Richard Ermisch (1926-27) erinnert mit ihren spitzen Erkern, Ornamenten und Türmen stark an expressionistische Filmarchitektur.

- Straßenbahnersiedlung mit Betriebshof an der Müllerstraße 80 von Jean Krämer (1926-27), heute noch als Omnibushof genutzt (am U-Bahnhof Afrikanische Straße in Wedding). Ähnlich imposant ist der ebenfalls für Straßenbahnangestellte und ihre Fahrzeuge errichtete Häuserblock an der Charlottenburger Königin-Elisabeth-Straße 9-29 (1927-30 nach Plänen von Otto Rudolf Salvisberg und Jean Krämer, am U-Bahnhof Kaiserdamm). In der ehemaligen Wagenhalle kann man heute Fahrräder kaufen und probefahren.

- »Siedlung Tempelhofer Feld«, riesige Gartenstadt in traditionellen Bauformen am Flughafen Tempelhof, errichtet 1920-34 nach Plänen von Fritz Bräuning u. a. (zwischen Tempelhofer Damm, Hoeppner- und Gontermannstraße; ins Zentrum der Siedlung gelangt man am schnellsten vom U-Bahnhof Paradestraße).

^ *Laubenganghaus von Mebes & Emmerich unweit des Botanischen Gartens in Steglitz*

- »Ceciliengärten«, von den Ideen des Neuen Bauens kaum berührte, aber schöne Wohnanlage am S-Bhf. Friedenau (1922-27, Heinrich Lassen). Im Atelierturm bewohnte der sozial engagierte Maler Hans Baluschek (s. S. 141) bis 1933 eine Ehrenwohnung (Gedenktafel, Semperstraße 1).

- »Großplatten-Versuchssiedlung«, der erste Versuch, billig mit Betonplatten zu bauen, die vor Ort gegossen wurden. Bauherr war der »Reichsverband der Kriegsbeschädigten, Kriegsteilnehmer und Kriegshinterbliebenen«, daher auch »Kriegerheimsiedlung« genannt. Die Wohnhäuser sind Vorläufer der großten Trabantenstädte, die zu DDR-Zeiten in Marzahn und Hellersdorf errichtet wurden. Für eine kleine Häusergruppe erwies sich das aus Holland importierte Verfahren des Plattengießens jedoch als unwirtschaftlich. Der Planer Martin Wagner hoffte es bei größeren Bauvorhaben einzusetzen, hat den Versuch jedoch nicht wiederholt (1925-30, Sewanstraße, Splanemannstraße, Friedenshorster Straße, Nähe U-Bahnhof Tierpark).

- Laubenganghaus an der Neuchateller Straße 19-20 in Steglitz (1929-30 nach Plänen von Anton Brenner, Paul Mebes, Paul Emmerich). Beispielhaft für den neuen Typus des Laubenganghauses, mit dem in den Zwanziger Jahren viel experimentiert wurde. In unmittelbarer Nachbarschaft, am S-Bahnhof Botanischer Garten, plante Otto Rudolf Salvisberg eine Wohnhausgruppe (1924-26, Hortensienplatz 1-3).

- Appartementhaus am Kaiserdamm 25, mit einer Fassade von Hans Scharoun (1928-29, am U-Bahnhof Kaiserdamm). Scharouns erstes Wohnhaus in Berlin. Wenig später entwarf er gemeinsam mit dem Architekten Georg Jacobowitz ein weiteres Appartementhaus am Hohenzollerndamm 35-36 (1929-30, Nähe U-Bahnhof Fehrbelliner Platz).

- Wohnblock von Mies van der Rohe für Geringverdiener (1926-27, Afrikanische Straße 14-41) nicht weit von der Friedrich-Ebert-Siedlung (S. 109) und der Siedlung Schillerpark (S. 108)

^ *Mietshausblock von Mies van der Rohe in der Afrikanischen Straße*

DIE KLARE LINIE – BAUHAUS, DESIGN & MODE

Die Architektur der Zwanziger Jahre mit ihren schnittigen und funktionalen Bauten ist in Berlin trotz mancher Kriegszerstörungen noch vielerorts zu sehen, sie prägt das Stadtbild und den Alltag der Bewohner bis heute. Doch die Möbel, Einrichtungs- und Gebrauchsgegenstände der Zeit, Geschirr, Besteck und Stühle, Tapeten oder Teppiche sind nur noch selten in Gebrauch – auch wenn manche Designklassiker bis heute hergestellt werden, wie der berühmte erste Stahlrohrsessel Marcel Breuers, die Bauhaus-Lampe von Wilhelm Wagenfeld oder das schlichte, weiße Tafelgeschirr von Trude Petri bei der Königlichen Porzellanmanufaktur, kurz KPM. Die erhaltenen Originale sind hochbezahlte Liebhaberstücke, werden in speziellen Läden gehandelt, in Museen gesammelt und von Privatleuten in ihren eigenen vier Wänden gehütet. Zu besichtigen sind sie in Berliner Sammlungen wie dem Bauhaus-Archiv, dem Kunstgewerbemuseum oder dem Bröhan-Museum.

Viele der Architekten des Neuen Bauens wie Ludwig Mies van der Rohe und seine Mitarbeiterin Lilly Reich oder Walter Gropius haben nicht nur Gebäude entworfen, sondern auch das dazugehörige Mobiliar. Denn alles sollte aus einem Guss sein und den Anforderungen der Gegenwart genügen. Die Prinzipien, die die Architektur bestimmten, sollten ebenso für die Einrichtungsgegenstände gelten, für die Stühle und Sessel, auf denen man Platz nahm, für die Gläser und Tassen, aus denen man trank, für die technischen Geräte, die den Haushalt erleichterten, wie elektrische Teekessel, Staubsauger, Lampen, Toaster und Radios. Verpönt war der historische Schmuck und Formenreichtum, der im 19. Jahrhundert Möbel und Geschirr überwucherte. Damit räumte schon die Kunstgewerbe-Bewegung der Jahrhundertwende

< *Werbeanzeige für modernes Mobiliar aus der Zeitschrift »Die Dame«, 1928*

auf: Zuerst verdrängte der Jugendstil mit seinen floralen Formen die imitierten Neo-Renaissance- und Barockstile der Gründerzeit, dann trat 1907 der Deutsche Werkbund auf den Plan. Seine Gründer – wie Peter Behrens, Hermann Muthesius, Bruno Paul – forderten Zweckmäßigkeit und gute, erschwingliche Produkte »für jedermann«. In Zusammenarbeit mit Firmen wie der AEG in Berlin, den Möbelwerkstätten Hellerau oder der KPM prägte der Werkbund, der seine Geschäftsstelle in Berlin hatte, bis in die Dreißiger Jahre die Möbel- und Produktgestaltung in Deutschland maßgeblich mit. Nicht das kostspielige, kunsthandwerklich gefertigte Einzelstück war nun das Ziel, sondern der serienmäßig produzierbare Prototyp, der einfach, klar und in sich schön sein sollte. Schönheit war gleichbedeutend mit Zweckmäßigkeit, Leichtigkeit, Transparenz. Man bevorzugte strahlendes Weiß und klare leuchtende Farben, moderne Materialien wie Industrieglas, Stahlrohr und Aluminium, geometrische Formen ohne Schnörkel. Den Beruf des Kunstgewerblers, der seine Ideen eigenhändig ausführte, löste der Designer ab, der nur Entwürfe für die Industrieproduktion lieferte.

Zum Inbegriff des puristischen modernen Designs wurde das Bauhaus, das viele der führenden Künstler, Gestalter und Architekten anzog. Zwar wirkte die 1919 in Weimar gegründete »Schule für Gestaltung« die längste Zeit in der Provinz, aber die Beziehungen zu Berlin waren eng. Aus der Hauptstadt kamen bereits die Anregungen zu seiner Gründung, hier hatten die Bauhaus-Direktoren Walter Gropius und Ludwig Mies van der Rohe schon vor dem Ersten Weltkrieg ihre Architekturbüros.

Der Bereich der Mode war nicht so eng mit Design und Architektur vernetzt. Zwar wurde am Bauhaus gewebt und Stoffdesign entworfen, doch das Ziel der Schule war – wie schon der Name sagt – »der Bau«, die Ausstattung der Architektur. In der Textilwerkstatt entstanden also vor allem Wandteppiche, Bezugsstoffe, Tischdecken. Die Berliner Modehäuser schauten weniger aufs Bauhaus, sondern nach Paris, wo die stilprägenden Entwerfer der Haute Couture saßen. Aber die modische Entwicklung folgte durchaus dem Stil der Neuen Sachlichkeit, die sich ab der Mitte der Zwanziger Jahre überall durchsetzte: Auch hier war die klare Linie Trumpf. Und natürlich schnitten sich die jungen Mädchen, die sich am Bauhaus zum Studium einschrieben, als erstes ihre langen Zöpfe ab: Der Bubikopf war das Bekenntnis zur modernen Zeit.

DAS BAUHAUS-ARCHIV

Das strahlend weiße Museumsgebäude des Bauhaus-Archivs am Landwehrkanal ist ein Spätwerk des Bauhaus-Gründers Walter Gropius. Ursprünglich sollte das Museum in Darmstadt stehen, wo das Archiv 1960 begründet wurde. Da die Stadtväter dort aber den Entwurf von Gropius ablehnten, zog die Sammlung nach Berlin. Erst nach seinem Tod wurde das Museum 1979 eröffnet. Das ehemalige Bauhaus-Gebäude in Dessau, das Walter Gropius 1926 als Sitz der Schule entworfen hatte, befand sich auf dem Gebiet der DDR, wo dieses Kulturerbe lange vernachlässigt wurde. Aber in den Siebziger Jahren wurde die Schule gründlich restauriert und beherbergt heute das Bauhaus Kolleg, ein Institut für Stadtentwicklung und Urbanistik. Außerdem werden Ausstellungen zur Geschichte des Bauhauses gezeigt. Ein großes Modell des Dessauer Stammhauses ist im Berliner Bauhaus-Archiv zu sehen.

Das Museum beherbergt den Nachlass des Bauhauses, oder jedenfalls einen guten Teil davon: Skizzen, Fotos und Unterrichtsmaterialien, Möbel, Keramik und Webarbeiten aus den Werkstätten, Grafiken und Gemälde von Bauhaus-Meistern wie Klee, Kandinsky oder Schlemmer. Voraussichtlich bis 2021 sind diese Bestände allerdings nur eingeschränkt zu sehen, da der in die Jahre gekommene Museumsbau denkmalgerecht saniert und erweitert werden muss. 2015 gewann das Berliner Büro Staab Architekten den Wettbewerb mit einem Entwurf, der dem Ensemble einen schlanken fünfgeschossigen Glasturm als neuen Blickfang und Entrée ins Bauhaus-Archiv hinzufügt. Darunter entstehen vom Tageslicht abgeschirmte neue Ausstellungsflächen, während das Bestandsgebäude von Walter Gropius künftig vor allem als Archiv, Bib-

^ *Das Gebäude des 1979 eröffneten Bauhaus-Archivs am Landwehrkanal entwarf der Bauhaus-Gründer Walter Gropius.*

liothek, Depot und für Veranstaltungen genutzt werden soll.

Obwohl man heute manchmal vom »Bauhaus-Stil« spricht, hat es einen einheitlichen Stil eigentlich nie gegeben. In den Weimarer Anfangsjahren war das Lehrinstitut handwerklich ausgerichtet und stand expressionistischen Ideen nahe, wie sie im Berliner »Arbeitsrat für Kunst« ausgetauscht wurden. Gründungsdirektor Gropius setzte mit dem Bauhaus eine Kunstschulreform um, die der Arbeitsrat gefordert hatte. »Kunst und Handwerk eine neue Einheit« – so lautete das Ziel: eine sozialromantische Utopie nach dem Vorbild der mittelalterlichen Bauhütten. In den verschiedenen Werkstätten – für Metall, Holz, Weberei oder Wandmalerei – wurde praxisbezogen gearbeitet, außerdem gab es eine künstlerische Grundlehre, die für alle verbindlich war.

Doch schon 1922 gab Gropius eine neue Parole aus: »Kunst und Technik eine neue Einheit«. Die Schule richtete sich nun stärker auf die Bedürfnisse der industriellen Serienproduktion aus. In der Möbelwerkstatt etwa arbeitete man an der Entwicklung von Typenmöbeln, man analysierte funktionale Aspekte als Grundlage der Formgestaltung und zielte auf eine Reform der Wohnkultur für breite Bevölkerungsschichten. Wichtige Impulse gaben internationale Strömungen wie der russische Konstruktivismus oder die holländische De Stijl-Bewegung. Geometrisch-klare Formen und die Grundfarben Rot, Gelb, Blau spielten eine zentrale Rolle in der Gestaltung, auf ihnen basierte bereits die Grundlehre am Bauhaus.

Mit der Berufung des überzeugten Kommunisten Hannes Meyer zum neuen Direktor orientierte sich die Entwurfspraxis ab 1928 gezielt an sozialen Erfordernissen. Ludwig Mies van der Rohe, der 1930 die Leitung übernahm, versuchte die Schule vor den wachsenden politischen Anfeindungen von Konservativen und Völkischen zu retten und verlegte das Bauhaus 1932 nach Berlin, in eine ehemalige Telefonfabrik in der Steglitzer Birkbuschstraße. Aber im folgenden Jahr musste sich die Schule auf Druck der Nationalsozialisten selbst auflösen. Viele Gestalter aus dem Bauhaus-Umkreis gingen in den folgenden Jahren ins Exil, aber eine Reihe von ihnen fand in Berlin auch im Dritten Reich ein Auskommen.

Mit Berlin war das Bauhaus von Anfang an eng vernetzt. Auf die Metropole hin orientierten sich die Gedanken und Arbeiten der Bauhäusler. Am Dessauer Bauhaus kursierte der Spruch: »Das schönste an Dessau ist der Zug nach Berlin ...« Als Marcel Breuer 1928 das Bauhaus verließ, ging er in die Hauptstadt: Hier saßen die Kunden, wie

etwa der Arzt Dr. Paul Vogler, dessen funktionale Praxiseinrichtung im Bauhaus-Archiv ebenso zu sehen ist wie sein konstruktivistischer Holzstuhl von 1924 aus der renommierten Berliner Galerie Nierendorf. Auch der Regisseur Erwin Piscator ließ seine Berliner Wohnung von Breuer mit Möbeln aus den Bauhaus-Werkstätten einrichten. Mit dabei: die Aufsehen erregenden Stahlrohrmöbel, die Breuer – angeregt von einem Fahrradlenker – seit 1925 am Bauhaus entwickelt hatte. Produziert wurden die Stahlrohrmöbel anfangs vor allem in Berlin, so in der von Breuer mitbegründeten Firma Standard Möbel. Das Werk »Berliner Metallgewerbe Josef Müller« produzierte Mies van der Rohes erste Stahlrohrsessel. Wie es in einigen der »neusachlichen« Wohnungen des progressiven Berliner Bürgertums aussah, ist in den einzigartigen Interieurfotografien von Martha Huth dokumentiert, die sich ebenfalls im Bauhaus-Archiv befinden.

TIPP: Einen Überblick über die internationale Design-Entwicklung im zwanzigsten Jahrhundert gibt das Berliner Kunstgewerbemuseum am Kulturforum, das vom Bauhaus-Archiv in wenigen Minuten zu Fuß oder mit dem Bus zu erreichen ist. Dort kann man die Genese des modernen Möbeldesigns von den Bugholzstühlen der Firma Thonet über die Stahlrohrmöbel der Zwanziger bis in die Gegenwart verfolgen.

In der Sammlung sind auch Design-Klassiker aus den Bereichen Porzellan, Glas, Metall und Kunststoff vertreten, sowie elektrische Geräte wie Radios oder Fotoapparate der Zwanziger Jahre; außerdem Möbel aus dem Landhaus Lemke von Mies van der Rohe (S. 102ff.).

^ *Praktisch und modern: Marcel Breuers Stahlrohr-Satztische (1927) aus dem Bauhaus-Archiv*

EXKURS: BAUHÄUSLER BAUEN IN BERLIN

Nicht nur in Dessau, auch in Berlin haben die Architekten des Bauhauses ihre Spuren hinterlassen, allen voran Walter Gropius und Ludwig Mies van der Rohe. Sie beteiligten sich an den Bauprojekten und Architekturwettbewerben (vgl. S. 114f. und 120f.) und gaben der Architekturdiskussion mit Texten und Vorträgen neue Impulse. Auch die Bauhaus-Studenten zeichneten zu Studienzwecken Entwürfe für die Hauptstadt. Der Begriff »Bauhaus-Architektur« ist allerdings problematisch, denn nicht alles, was die Bauhaus-Meister entwarfen, entstand im Rahmen des Schulbetriebs. Und nicht alles, was am Bauhaus entworfen wurde, entsprach dem Stil, der es weltberühmt machte.

Sein erstes größeres Gemeinschaftsprojekt überhaupt realisierte das Bauhaus 1920-22 in Berlin: das Haus Sommerfeld. Es war eigentlich ein privater Auftrag von Gropius, doch dieser machte daraus eine Gemeinschaftsarbeit der Bauhaus-Werkstätten, was der Schule auch finanziell zugute kam. Vor allem war es ein Vorzeigeprojekt. Das großbürgerliche, im expressionistischen Stil errichtete Landhaus ist leider nicht erhalten. Doch das zugehörige Chauffeurshaus steht noch (Limonenstraße 30 a, Nähe S-Bahnhof Botanischer Garten) und vermittelt mit seiner massiven Blockhauskonstruktion und dem Natursteinsockel einen Eindruck von dem Konzept des frühen Bauhauses, eine Einheit von Kunst und Handwerk zu schaffen. In derselben Weise, als Blockhaus, war das Haus Sommerfeld ausgeführt, allerdings wesentlich aufwendiger aus Teakholz, mit geschnitzten Vertäfelungen und farbigen Glasfenstern. Ebenfalls erhalten ist eine malerische Reihenhausgruppe, die der Bauunternehmer auf angrenzendem Grundstück für

∧ *Walter Gropius, Karikatur in der Zeitschrift »Das neue Berlin«, 1929.*

seine Angestellten errichten ließ (Kamillenstraße 10-16).

Einen Zwischenschritt auf dem Weg vom Expressionismus zu den weißen Kuben des Neuen Bauens ist das Haus Otte von Gropius mit seiner geschlossenen, hellverputzten Fassade (1921-22, Wolzogenstraße 17, Nähe S-Bahnhof Mexikoplatz). Den Durchbruch zum charakteristischen »Bauhaus-Stil« markiert das Haus Lewin, das an Gropius' Dessauer Meisterhäuser erinnert (1928-29, Fischerhüttenstrasse 106, Nähe S-Bahnhof Zehlendorf, Foto S. 134). Der asymmetrische Flachdachbau ist äußerlich unverändert erhalten und wurde vom Medienboard Berlin-Brandenburg als Location für Dreharbeiten empfohlen. Das Haus demonstriert nach außen hin einen Purismus, der im krassen Gegensatz zu den üppig verzierten, hochaufragenden Kaiserzeitvillen in dem großbürgerlichen Wohnviertel rundum steht. Zur Straße hin zeigt das weiß gestrichene Haus nur wenig Fensterfläche. Hier liegen Garage, Bäder und Mädchenzimmer, zum Garten hin öffnen sich dagegen lichte Wohn- und Schlafräume mit großzügigem Balkon und Terrasse. Das Innere des Hauses richtete Gropius mit Stahlrohrmöbeln und Einbauschränken ein. Ganz in der Nähe liegen zwei frühe Bauten von Ludwig Mies van der Rohe, Haus Perls (1911, Hermannstraße 14) und Haus Werner (1913, Quermatenweg 2-4). Wohlproportioniert und klassizistisch zeigen sie, wie der spätere Bauhaus-Meister zu Beginn seiner Laufbahn mit traditionellem Formenvokabular arbeitete und sich am Vorbild Schinkels orientierte.

Gropius hat vor dem Ersten Weltkrieg keinen Bau in Berlin realisiert. In den Zwan-

^ *Ein Blockhaus vom Bauhaus: Chauffeurshaus für den Unternehmer Sommerfeld in der Limonenstraße, 2005.*

^ *Haus Lewin von Walter Gropius in der Fischerhüttenstraße, erbaut 1928-29*

ziger Jahren entwarf er neben den erwähnten Einzelbauten das Grabmal Mendel (1923), das zu den bedeutendsten modernen Gräbern auf dem Jüdischen Friedhof Weissensee (s. S. 272f.) gehört, und er baute 1929-30 für die Ringsiedlung Siemensstadt einen Wohnblock mit Wäscherei (Jungfernheideweg 18-45, s. S. 114f.). 1933 konnte er noch zwei kleinere Häuser in neusachlichem Stil für private Auftraggeber ausführen, das Haus Dr. Maurer (Am Erlenbusch 14a, Nähe S-Bhf. Breitenbachplatz) und das Haus Johannes Bahner in Kleinmachnow (Tucholskyhöhe 11). Im darauf folgenden Jahr 1934 emigrierte Gropius nach England.

Mies van der Rohe, der 1930 die Leitung des Bauhauses übernahm, realisierte in den Zwanziger Jahren nur ein größeres Gebäude in Berlin, eine Wohnanlage im Wedding, die aus nüchternen, dreigeschossigen Putzbauten besteht und vor allem durch die Anordnung der Fenster gegliedert wird (Afrikanische Straße 14-41, 1926-27, Nähe S-Bahnhof Rehberge, Foto S. 125).

Sein Haus Eichstaedt von 1922 wirkt dagegen noch recht konservativ (Dreilindenstraße 30, Nähe S-Bahnhof Wannsee). Am Waldrand in einer Gründerzeit-Villensiedlung gelegen hebt es sich von der umliegenden Bebauung durch seine feine, zurückhaltene Gestaltung ab. Mit Mies van der Rohes visionären Ideen wie dem schon 1921 entworfenen, nie realisierten Glashochhaus an der Friedrichstraße hat das kleine Landhaus aber wenig gemein. Auch seine kompromisslos modernen Ideen für eine Villa mit Flachdach, Glas- und Backsteinwänden blieben vorerst in der Schublade. Die Visionen des Architek-

ten, die Wünsche der Bauherren und die Auflagen der Bauaufsicht klafften eben häufig auseinander. Auch eine 1929 von Mies van der Rohe entworfene Berliner Flachdachvilla für den Maler Emil Nolde kam nie zur Ausführung. Rekonstruiert und zu besichtigen ist sein Landhaus Lemke (Fotos S. 102f.).

Ludwig Hilberseimer wurde 1928 als Dozent für Städtebau ans Dessauer Bauhaus berufen. Er entwarf auf dem Reißbrett radikale Umbaupläne für die Berliner Innenstadt mit gigantischen Hochhauszeilen, für die man ganze Stadtviertel neben dem Gendarmenmarkt oder am Alexanderplatz hätte abreißen müssen. Gebaut hat er eher im bescheidenen Maßstab, zum Beispiel das kleine, äußerst kompakte und fast asketisch wirkende Haus Blumenthal (1932, Wilskistraße 66, Nähe U-Bahnhof Onkel Toms Hütte).

Nach dem Zweiten Weltkrieg haben Bauhaus-Architekten in Ost- und West-Berlin gearbeitet. So war Richard Paulick, der Architekt der Kant-Garagen (s. S. 44), am Aufbau der Stalinallee und der Rekonstruktion der Staatsoper beteiligt, Walter Gropius plante einen Wohnblock im Hansaviertel und die nach ihm benannte Großsiedlung Gropiusstadt in Neukölln. Mies van der Rohes 1968 fertiggestellter Glaskubus der Neuen Nationalgalerie an der Potsdamer Straße zählt zu den Wahrzeichen der Stadt (Foto S. 159).

^ *Wohnblock von Gropius in der »Ringsiedlung Siemensstadt« (s. S. 114f.) und das »Haus Blumenthal« von Hilberseimer*

WELTKULTURERBE IN BERNAU

DIE GEWERKSCHAFTSSCHULE VON HANNES MEYER UND HANS WITTWER

Das größte Bauhaus-Gebäude außerhalb von Dessau steht in Bernau. Das ehemalige Schulungszentrum des Allgemeinen Deutschen Gewerkschaftsbundes (ADGB), der 1919 als Dachorganisation der Industriegewerkschaften und Handwerksverbände gegründet worden war, liegt inmitten der idyllischen Barnimer Landschaft, einige Kilometer vor den mittelalterlichen Toren Bernaus. Arbeiter aus der ganzen Republik sollten dort in mehrwöchigen Kursen zu schlagkräftigen Gewerkschaftsfunktionären ausgebildet werden. Die Wahl des Architekten fiel programmatisch auf Hannes Meyer und seinen Mitarbeiter Hans Wittwer: Meyer war ein konsequenter Vertreter des Neuen Bauens und überzeugter Kommunist. 1928 übernahm er die Leitung des Dessauer Bauhauses. Mit ihm zogen, stärker als unter seinem Vorgänger Walter Gropius, soziale und politische Fragestellungen in den Bauhaus-Unterricht ein. Meyer dachte streng funktional und lehnte rein ästhetische Lösungen in Architektur und Design ab: »Bauen ist die Gestaltung von Lebensvorgängen«.

Die weitläufige Anlage schmiegt sich zurückhaltend in die hügelige Landschaft und gruppiert sich um einen kleinen See. Noch vor dem Eingang zum eigentlichen Schulkomplex liegen die Wohnhäuser der Lehrer. Es sind keine spektakulären weißen Kuben wie die Dessauer Meisterhäuser von Gropius, sondern kleine, im Zickzack nebeneinandergesetzte Flachdachbauten aus gelben Ziegeln, die sich auf einer offenen Betonständerkonstruktion dem abfallenden Bodenniveau anpassen. Alles ist durchdacht: Drahtglasscheiben im Treppenhaus, Fensterstürze aus Eisenbeton, Glasbausteine, praktische Einbauküchen, große Veranden. Der erste Strahl der

aufgehenden Sonne trifft durch ein exakt plaziertes Eckfenster genau ins Schlafzimmer.

Der gesamte Schulkomplex entsprach modernstem technischen Standard, mit Ölheizung, Elektroinstallation, Dia- und Filmprojektoren. Der Trakt für die 120 Schulungsgäste staffelt sich in vier Baublöcken, verbunden durch einen vorgelagerten, verglasten Gang, durch den die Schüler trockenen Fußes zu den Gemeinschaftsräumen gelangten.

Die 1928-30 errichtete Anlage ist den Tagesabläufen und den sozialen Beziehungen der Nutzer angepasst. Die angereisten Arbeiter sollten keine uniforme Masse bilden, sondern wurden durch Doppelzimmer in Zweiergruppen und Etagen in Zehnergruppen zusammengefasst: Sie sollten sich als Glieder eines Kollektivs erleben. Gewerkschaftliche Fortbildung wurde nicht nur als Kopfstudium absolviert, mit Kursen zu Arbeitsrecht und Tariffragen, sondern ganzheitlich verstanden. Daher der große Sportplatz, Schwimmbad, Turnhalle und Tennisanlagen, Film- und Musikabende sowie der Kontakt zur Natur, erlebbar selbst bei Regenwetter durch die großen Glasfenster.

Die auf den ersten Blick nüchterne Architektur erweist sich als ein Stück gebaute Utopie: Hier sollte der »Neue Mensch« körperlich und geistig zum Dienste der Gemeinschaft herangebildet werden. Die Arbeiter erlebten ein Gegenmodell zu ihren üblichen, beengten Wohnungsverhältnissen, so »dass sie von dem Beispiele für immer Nutzen und inneren Gewinn hätten«, wie der Architektur-Kritiker Adolf Behne damals schrieb: Ein vorbildlicher neuer Schultyp sollte entstehen.

^ *Wohntrakt der Gewerkschaftsschule mit verglastem Verbindungsgang während der Rekonstruktion, 2005*

In seinem programmatischen Anspruch steht der Entwurf keineswegs hinter dem Dessauer Bauhaus-Gebäude zurück, ja er greift in seiner gesamtgesellschaftlichen Zielrichtung sogar darüber hinaus. Zugleich ist er eine gebaute Kritik an den schicken weißen Kuben und Stahlrohrmöbeln, mit denen das Bauhaus Furore gemacht hatte.

Meyer machte den Auftrag zu einem Studienprojekt des gesamten Bauhauses. Studenten beteiligten sich an der Durcharbeitung der Entwürfe, leisteten ihre Praktika auf der Baustelle, die Weberei entwickelte lichtreflektierende, schallschluckende Stoffe für das Auditorium und Bettwäsche für die Zimmer, die Tischlerei entwarf die Schreibtische, die Metallwerkstatt die Lampen.

Nur drei Jahre lang konnte die ADGB-Schule ihren Zweck erfüllen. Ab 1933 wehten die Hakenkreuzfahnen über dem Gebäude: Hitler widmete den Bau zur Reichsführerschule um, wo Führungskader der NSDAP und SS gedrillt wurden. Zu DDR-Zeiten zog wieder die Gewerkschaft ein. Anfang der Fünfziger Jahre entwarf der Architekt Georg Waterstradt Erweiterungsbauten, die sich bewusst am Konzept Hannes Meyers orientierten und es in einer gemäßigt modernen Formensprache und rotem Backstein fortführten: eines der wenigen Beispiele direkter Bauhaus-Nachfolge in der DDR-Architektur.

Nach dem Mauerfall und dem Auszug der DDR-Gewerkschaften entwickelte sich das Areal durch weitere Anbauten zu einem Schulzentrum, mit Oberstufenzentrum und Gymnasium sowie einem Lehrrestaurant des Gaststättengewerbes, wo man gut und preiswert speisen kann.

Die Bauten von Hannes Meyer wurden restauriert. Dass dies denkmalgerecht geschah, verdankt sich vor allem dem Engagement des Vereins »baudenkmal bundesschule bernau«, der sich seit 1990 für die Erhaltung des Bauwerks einsetzt und eine Ausstellung auf dem Gelände zeigt. Seit die Instandsetzung abgeschlossen ist, nutzt die Berliner Handwerkskammer die Meyer-Bauten als Schulungszentrum: Nun wohnen wieder Leute im Gästehaus, gehen durch den gläsernen Gang zum Speisesaal und studieren in den Seminarräumen. 2017 wurde die Anlage in die Liste der Weltkulturerbestätten des Bauhauses aufgenommen.

^ *Rekonstruierter Speisesaal der ADGB-Schule, 2005*

DAS BRÖHAN-MUSEUM

VOM JUGENDSTIL ZUM FUNKTIONALISMUS

Das Bröhan-Museum gegenüber vom Schloss Charlottenburg ist vor allem für seine hochkarätige Jugendstil- und Art Deco-Sammlung bekannt. Doch es besitzt auch umfangreiche Bestände der Zwanziger Jahre, denn Karl H. Bröhan, der Begründer, strebte eine nahezu vollständige Dokumentation des Kunsthandwerks zwischen 1889 und 1939 an. Allein der Bestandskatalog der Zwanziger und Dreißiger Jahre umfasst mehr als 600 Nummern, überwiegend Keramik, Glas, Porzellan, nicht gerechnet die herausragende Sammlung an Metall- und Silberarbeiten. Im Mittelpunkt steht das exquisite, kunsthandwerklich gestaltete Einzelstück, sei es ein Möbel-Ensemble, eine Glasvase, ein Porzellanservice oder eine Besteckgarnitur. Die Sammlung dokumentiert aber auch die Hinwendung führender Designer zum Funktionalismus und zur Industrieproduktion, insbesondere im Bereich Porzellan. Schwerpunkt ist das französische Kunstgewerbe, aber es gibt zahlreiche Bezüge zu Berlin.

Eine Inkunabel des modernen Kunsthandwerks ist etwa die Speisezimmereinrichtung von Peter Behrens, die 1902 im Berliner Kaufhaus Wertheim am Leipziger Platz (Abbildung S. 68) in der Ausstellung »Moderne Wohnräume« gezeigt wurde. Dort wurde die neue Schlichtheit erstmals breiteren Schichten propagiert. Auch Bruno Paul, der Werkbund-Mitbegründer, ist selbstverständlich vertreten: etwa mit einem Schreibtischensemble von 1907, dem Jahr der Werkbundgründung, entworfen für seine eigene Berliner Wohnung, oder mit einem wuchtigen Buffet von 1928, das in den Vereinigten Zoo-Werkstätten in Berlin gefertigt wurde. Bruno Paul spielte als Leiter der Vereinigten Staatsschulen für freie und angewandte Kunst in Ber-

^ *Porzellanfigur »Phantasie« von Gerhard Schliepstein für die KPM, um 1924-25*

lin – der heutigen Universität der Künste am Steinplatz – bis in die Dreißiger Jahre eine einflussreiche Rolle. Er entwarf Möbel, Villen, Ladeneinrichtungen und 1926 sogar den Berliner Straßenbahnwagen T 24, außerdem das ›Kathreinerhaus‹ an der Potsdamer Straße (Foto S. 83).

Ein bedeutendes Zentrum hochwertiger Keramik war in den Zwanziger Jahren die »Ofenstadt« Velten nördlich von Berlin, wo sich heute ein Spezialmuseum dazu befindet. Dort arbeiteten die Steingutfabrik Velten-Vordamm, seit 1925 unter Leitung des ehemaligen Bauhaus-Meisters Theodor Bogler, oder die »Heel-Werkstätten« im nahen Marwitz, geleitet von Marguerite Heymann-Marks. Später fertigte Hedwig Bollhagen dort ihre bis heute gefragten Kannen, Tassen und Vasen mit den charakteristischen Streifen- und Tupfendekoren. All dies ist in der Bröhan-Sammlung ebenso zu sehen wie die Entwicklung der Berliner Porzellanmanufaktur KPM. In ihr entstand in den Zwanziger Jahren eleganter Nippes: bunte Porzellanfiguren im Neo-Rokoko-Stil oder Art Deco-Fantasien von nackten Tänzerinnen und antikischen Reiterinnen in reinem, unbemalten Weiß. Einen Höhepunkt der figürlichen Porzellankunst der Moderne bildeten die Arbeiten von Ludwig Gies, etwa seine vielfigurig-kubistische Porzellanplastik »Jazz-Kapelle« von 1929. Leiter der KPM war damals Günter Pechmann, ein führender Werkbund-Mitstreiter, der die Entwicklung des modernen Gebrauchsporzellans entscheidend förderte. Wegweisend waren die geometrisch-klaren Entwürfe von ehemaligen Bauhaus-Schülern wie Marguerite Friedlaender und Wilhelm Wagenfeld.

Friedlaender entwickelte für die KPM ihr Geschirr »Hallesche Form«, dessen glatte, einfache Gestalt man heute als zeitlos empfindet. Es beruht auf geometrischen Grundformen wie Kugel und Zylinder und ist auf optimale Gebrauchsfähigkeit abgestimmt.

Trotz aller formalen Schlichtheit: Preiswert war solch ein Geschirr damals ebenso wenig

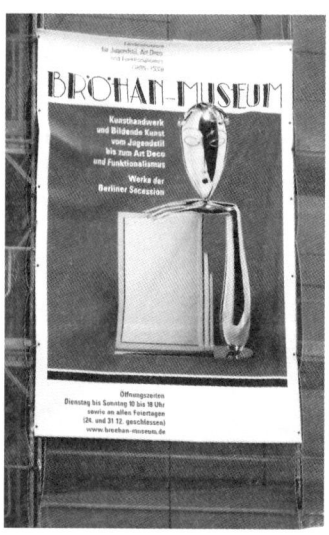

^ *Das Bröhan-Museum sammelt Kunsthandwerk vom Jugendstil und Art Deco bis zum Funktionalimus.*

wie heute. Das große Ziel des Werkbundes und vieler Gestalter am Bauhaus, eine qualitätvolle, erschwingliche Alltagskultur für breite Schichten zu schaffen, war damit nicht erreicht. Ebenso wie die Stahlrohrmöbel wanderte das moderne Tafelgeschirr nicht in die Wohnungen der Massen, sondern eher in den Besitz von progressiven und meist wohlhabenden Bürgern. Die einfachen Leute empfanden den neusachlichen Einrichtungsstil als ungemütlich, das Stahlrohr erinnerte sie an Krankenhausbetten, das weiße Porzellan an ein Chemielabor. Erst seit der zweiten Hälfte des 20. Jahrhunderts sind die puristischen Formen des modernen Designs Allgemeingut geworden.

Einen Einblick in die damalige Lebenswelt der Proletarier und Kleinbürger vermitteln übrigens die Gemälde des Berliner Malers Hans Baluschek, von dem das Bröhan-Museum eine der bedeutendsten Sammlungen besitzt. Baluschek hatte schon vor dem Ersten Weltkrieg als Mitglied der Berliner Secession seinen realistischen Stil entwickelt. Auch seine Sujets änderten sich in den Zwanziger Jahren wenig: In seinen Augen hatten sich die Arbeitswelt in den Fabriken und der Alltag der einfachen Leute in der Großstadt – trotz Autoverkehr und Bubikopf – nicht grundlegend gewandelt.

TIPP: Das »Museum der Dinge« in Kreuzberg bewahrt das Archiv des Deutschen Werkbunds. Die spannende, 2007 eröffnete Schausammlung ähnelt einem offenen Depot und zeigt das Design- und Warenspektrum des 20 Jahrhunderts zwischen Kunsthandwerk, Kitsch und Industrieproduktion.

Ein Besuch im Bröhan-Museum lässt sich gut mit einer Besichtigung der Sammlung Berggruen direkt nebenan verbinden (s. S. 164), die unter anderem hochkarätige Werke von Picasso und Klee aus den Zwanziger Jahren umfasst. In der Sammlung Scharf-Gerstenberg (s. S. 164) finden sich surrealistische Arbeiten der Epoche. Nicht weit ist es auch zum Keramik-Museum Berlin, das seit 2004 in dem ältesten Wohnhaus Charlottenburgs (erbaut 1712) in der Schustehrusstraße 13 Keramik der Zwanziger Jahre zeigt.

^ *Untergebracht ist das Museum in einer ehemaligen Infanterie-Kaserne untergebracht, erbaut 1892-93.*

BERLINER CHIC
MODE AM HAUSVOGTEIPLATZ

Mitten auf dem Hausvogteiplatz stehen drei hohe Standspiegel. Wer aus dem U-Bahnhof aufsteigt, kann also rasch noch einmal überprüfen, ob die Krawatte richtig sitzt, bevor er in einem der umliegenden Bürohäuser verschwindet.

Früher standen solche Spiegel in den zahlreichen Modesalons und Kaufhäusern um den Hausvogteiplatz. Denn hier zwischen Gendarmenmarkt, Leipziger Straße und Schloßplatz war das Berliner Konfektionsviertel. Auf den Treppenstufen am U-Bahneingang liest man die einstigen Firmenadressen: Hansen Bang, Salinger & Beda, Ludwig Lesser, Lewinsky und Meyer...

Die Bekleidungsbranche war einer der größten Berliner Industriezweige, ein Drittel der Berliner Konfektionsware ging Mitte der Zwanziger Jahre in den Export. Paris war zwar nach wie vor die Metropole der Haute Couture, Berlin jedoch galt als führender Lieferant für Konfektion, also für erschwingliche und tragbare Mode. 1925 arbeiteten an die 150 000 Leute in der Kleider- und Wäscheproduktion, meist in Kleinstbetrieben und in Heimarbeit überall in der Stadt.

Entworfen, vermarktet und verkauft wurden die Kleider, Mäntel und Blusen »von der Stange« vor allem in der Gegend am Hausvogteiplatz. Elegante Maßsalons für die gehobene Couture fand man eher im Tiergartenviertel, Unter den Linden oder rund um den Kurfürstendamm.

Geblieben ist von dem Modeviertel am Hausvogteiplatz nicht viel: Die überwiegend jüdischen Unternehmer und Angestellten der Konfektionsbetriebe wurden von den Nazis ins Exil getrieben oder ermordet, die Firmen arisiert. Von diesem Schlag hat sich die Berliner Modebranche nie erholt.

^ *Denkmal im ehemaligen Modeviertel am Hausvogteiplatz, links dahinter das Geschäftshaus »Zur Berolina«*

Ein paar erhaltene Geschäftshäuser am Hausvogteiplatz erzählen noch vom gediegenen Glanz der hier ansässigen Firmen, etwa der üppige Kaiserzeit-Bau »Zum Bullenwinkel« (Nr. 3-4), oder das Haus »Zur Berolina« (Nr. 12) mit der Uhr an der Fassade, in dem noch zu DDR-Zeiten die Großhandelsgesellschaft Textil untergebracht war.

Ums Eck an der Oberwallstraße gehen durch das repräsentative Säulenportal des Modehauses Valentin Manheimer heute Film- und Medienleute ein und aus. Manheimer war im 19. Jahrhundert einer der Gründungsväter des Berliner Konfektionsgewerbes, in den Zwanziger Jahren nahm sein Unternehmen beinahe den ganzen Block ein. Dem kühlen Chic der damaligen Mode entsprach architektonisch das 1930 errichtete Konfektionshaus Lewin mit seiner eleganten, neusachlichen Travertinfassade von Walter Growald und Wilhelm Caspari (Hausvogteiplatz 1). Fast könnte man es für eines der Bürohauser aus der Nachwendezeit halten, die überall die Baulücken des Zweiten Weltkriegs schließen.

Fotos aus den Zwanziger Jahren zeigen lebhaftes Menschengewimmel auf dem Platz. Heute kommen hier nur wenige Passanten vorbei. Der Versuch, das alte Konfektionsviertel nach der Wende wieder zu einem überregionalen Modezentrum zu machen, ließ sich nicht realisieren.

Heute werden Kleider und Mäntel anderswo gekauft. Und die junge Berliner Modeszene, die seit einigen Jahren mit frechen, unkonventionellen Ideen international von sich reden macht, ist eher in den Läden und Hinterhöfen am Hackeschen Markt, in Friedrichshain oder Prenzlauer Berg zu finden.

^ *Der Hausvogteiplatz mit dem U-Bahn-Eingang im Vordergrund, um 1925*

MODE IM MUSEUM

Ein Modemuseum wie in Paris oder London gibt es in Berlin nicht. Allerdings sammeln das Stadtmuseum und das Kunstgewerbemuseum historische Kleider und Accessoirs, und ihre Bestände können sich durchaus sehen lassen – auch wenn sie aus Platzmangel bislang kaum in den Dauerausstellungen präsent sind. Doch das ändert sich: Das Kunstgewerbemuseum konnte 2003 eine umfangreiche Modesammlung des 18. bis 20. Jahrhunderts erwerben, die seit 2014 in der neu gestalteten Dauerausstellung die Herzen der Berlinerinnen höher schlagen lässt.

Was die modebewusste Frau im Alltag der Zwanziger trug, die Angestellte im Büro oder sonntags beim Tanztee – davon ist kaum etwas erhalten. Aufgehoben und gepflegt wurden eher die eleganten, teuren Roben, die Abendkleider mit den aufwendig glitzernden Perlen- und Pailettenstickereien, die schwingenden Tanzkleider aus luftiger Seide, in denen man Charleston tanzte.

Eng verquickt waren Mode, Bühnengeschehen und Film, denn die großen Schauspielerinnen aus Kabarett und Film ließen sich von den führenden Modesalons der Hauptstadt ausstatten. Und Stars wie Pola Negri, Asta Nielsen oder die »Metropolis«-Hauptdarstellerin Brigitte Helm sah man auf den Fotos der eleganten Modezeitschriften in den neuesten Modellen. Modenschauen waren ein gesellschaftliches Ereignis ersten Ranges, insbesondere während der Modewochen, die seit 1918 zweimal jährlich stattfanden. Die Branche wusste Synergie-Effekte geschickt zu nutzen: So veranstaltete die Akademie der Künste 1921 zur Frühjahrsmodewoche eine Ausstellung namhafter Künstler, die aktuelle Kreationen der Berliner Modehäuser in

^ *Anzeige eines Berliner Modehauses, 1928*

ihren Bildern darstellten. Und der Bildhauer Rudolf Belling entwarf eine schwungvoll-halbabstrakte Modeplastik als avantgardistische Schaufensterpuppe, die bald in den eleganten Schaufenstern des KaDeWe oder des Berliner Modehauses Hermann Gerson zu sehen war. Gerson, einer der Marktführer für elegante Konfektion, veranstaltete Mitte der Zwanziger parallel zu den Rennen auf der Avus kombinierte Mode- und Autosalons. Auch die Zeitschriften waren voll von eleganten Damen am Steuer eines Automobils. Auf den Straßen war solch ein Anblick noch die große Ausnahme. Doch ist Mode immer auch Utopie und Scheinwelt. Für die Modeschöpfer gehörten Sport und Autofahren wie der Bubikopf zum modernen Lifestyle dazu.

Die großstädtischen Lebensgewohnheiten drückten der Mode ihren Stempel auf. Nie zuvor waren soviele Frauen berufstätig wie in den Zwanziger Jahren, noch nie hatten so viele eigenes Geld verdient. Die komplizierten Schnitte, die unpraktischen Schnürmieder und breitkrempigen Hüte, die bodenlangen und stoffreichen Röcke der Vorkriegsjahre waren nun endgültig passé. Schon um die Jahrhundertwende hatte die Reformkleid-Bewegung dem Korsett den Kampf angesagt. Jetzt setzte sich – von Paris kommend – die neue schlanke, knabenhafte Linie »à la Garçonne« durch, benannt nach einem französischen Roman. Die Rocksäume rutschten bereits unmittelbar nach Kriegsende – schon aus Stoffmangel – bis unters Knie herauf. Schmale, gerade Schnitte waren Trumpf, mit hüfttief sitzendem Gürtel und kleinen, frechen Hüten. Blasierte Kühle spricht aus den stilisierten Gesichtern der Modezeichnungen. Oft betonen die Illustrationen die Schlankheit der »Neuen Frau« noch, lassen sie geradezu übernatürlich biegsam, kühl und schlank erscheinen. Auf Fotos sehen die »wirklichen« Frauen dann meist weniger vorteilhaft aus – denn für viele waren die hüftbetonten Schnitte keineswegs ideal. So kamen dann doch wieder Korsetts auf: um allzu üppige Busen flachzudrücken und den Hüften die gewünschte knabenhafte Schlankheit zu geben.

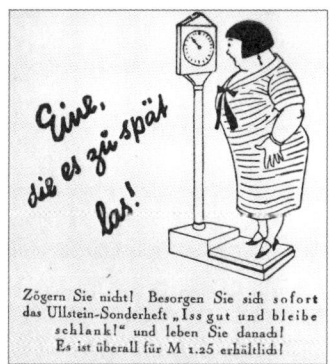

^ Annonce, um 1928

MODE IN DER BIBLIOTHEK

Weitgehend im Verborgenen ruhen die Schätze der Lipperheideschen Kostümbibliothek, die zur Kunstbibliothek am Kulturforum gehört und wohl weltweit die größte Spezialsammlung zum Thema Tracht und Mode darstellt. Jeder kann sich im Lesesaal die Zeitschriften, Bücher und Fotos vorlegen lassen und in den Modewelten von einst schwelgen. Etwa in den tonangebenden Magazinen der Zwanziger Jahre wie »Der Modenspiegel«, »Die Dame«, »Elegante Welt«, »die neue linie« oder der Luxus-Illustrierten »Styl« mit ihren handkolorierten Modezeichnungen aus der Hand von Künstlern wie Jeanne Mammen oder Paul Scheurich. Gründer der Bibliothek war der Verleger Franz von Lipperheide, der ab 1865 die Zeitschrift »Modenwelt« herausgab, aus der später »Die Dame« hervorging. Dass sich seine Sammlung in Berlin befindet, ist kein Zufall. Denn Berlin war nicht nur die führende Modestadt Deutschlands, sondern auch das Zentrum der Modepublizistik: Hier wurde die Mode nicht nur gefertigt und verkauft, sondern auch propagiert und breiteren Kreisen bekannt gemacht. Heute sind die Bilder in den illustrierten Zeitschriften oft das einzige, was von den atemberaubenden Kleidern der Goldenen Zwanziger geblieben ist.

^ *Reklame für das Berliner Modehaus Rudolph Hertzog, um 1927*

^ *Modemagazin von 1927 mit einem Titelbild von Tamara de Lempicka*

DER BUBIKOPF

148

»Als Neuestes kam vom Ausland her der Bubenkopf zu uns... Man schneidet ringsum die Haare ab, wie sie früher kleine Knaben trugen«. So informierte die Berliner Lifestyle-Zeitschrift »Elegante Welt« 1920 ihre Leserinnen über den frechen Haarschnitt, der geradezu zum Synonym für die »Neue Frau« der Zwanziger Jahre wurde. Die englische Tänzerin Irene Castle war 1915 die erste, die es wagte, sich einen Bubikopf schneiden zu lassen und damit über europäische und amerikanische Kabarettbühnen zu tingeln. In Paris griff die Modeschöpferin Coco Chanel den neuen Look auf, der so frech mit allem zuvor Dagewesenen in der weiblichen Frisurenmode brach. Auch die Tänzerin Isadora Duncan machte ihn populär, und Asta Nielsen trat 1921 in dem Film »Hamlet« mit jungenhafter Ponyfrisur auf. War der Bubikopf anfangs eine Sensation, ja ein Skandal, so war sein Siegeszug schon bald nicht mehr aufzuhalten. »Schneid' dir ab den alten Zopf – schneid' dir einen Bubikopf« lautete der fröhliche Slogan. Kleine Ladenmädchen und Sekretärinnen trugen ihn ebenso wie neureiche Gattinnen oder umjubelte Filmstars. Glatt oder gewellt, von kleinen Hüten bekrönt, passte der weibliche Kurzhaarschnitt optimal zur schmalen Silhouette der Kleidermode, er symbolisierte Jugendlichkeit, Beweglichkeit, Modernität und Emanzipation, und nicht zuletzt war er unschlagbar praktisch. Das erkannte auch der Schriftsteller Heinrich Mann: »Kurze Haare durften nicht ausbleiben, nachdem die Figur der Dame knabenhaft geworden war. Hievon abgesehen läßt es sich damit besser sowohl tanzen und Sport treiben wie auch in Fabriken arbeiten«. Trocken fügte er hinzu: »Den Männern gefällt die kurze Haartracht, aber sie sind nicht gefragt worden«. Seither sind weibliche Kurzhaarschnitte aller Art aus der Damenmode nicht mehr wegzudenken, auch wenn man den klassischen Bubikopf der Zwanziger Jahre heutzutage nicht mehr so häufig auf den Straßen Berlins sieht.

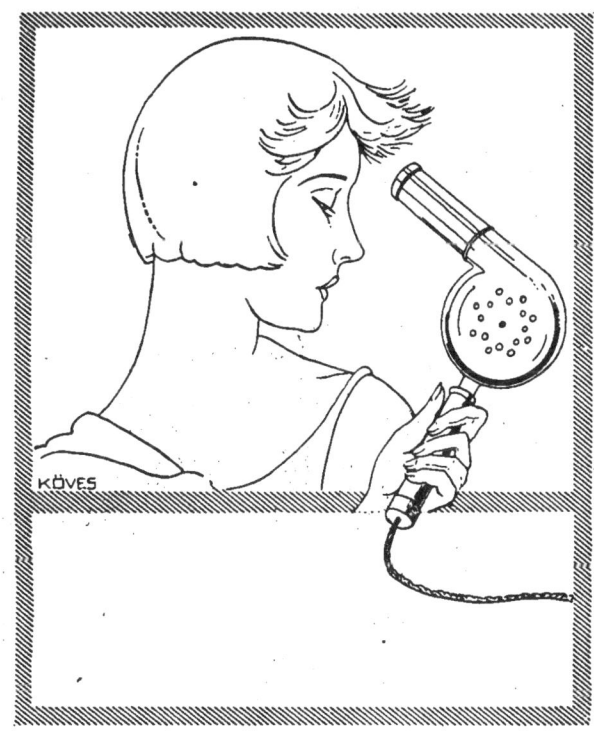

^ *Werbung für elektrische Haushaltsgeräte, um 1925. Föns hießen damals »Heißluft-Dusche«.*

GROSSSTADT-KUNST

150

Wer die Kunst der Zwanziger Jahre in Berlin erleben will, muss in die Museen gehen. Denn die Schauplätze, an denen sich die künstlerischen Auseinandersetzungen abspielten, sind zum größten Teil aus dem Stadtbild verschwunden. Auf der Suche nach Wohnadressen der Künstler steht man oft vor späteren Neubauten oder stuckverzierten Fassaden aus der Kaiserzeit, die wenig über die radikalen Neuerungen verraten, die in den Dachateliers und Wohnungen ersonnen wurden.

Die legendären Künstlertreffpunkte, wo Kontakte geknüpft, Projekte geschmiedet und Ideen diskutiert wurden, existieren nicht mehr: das »Romanische Café« an der Gedächtniskirche (s. S. 234), wo die Dadaisten ebenso verkehrten wie die arrivierten Maler der Secession, oder das Restaurant Schlichter (Ansbacher Straße 46, ab 1929 Martin-Luther-Straße 33), das Stammlokal von George Grosz und Bertolt Brecht, das der Bruder des Malers Rudolf Schlichter betrieb. Nichts erinnert mehr an den Glaspalast am Lehrter Bahnhof, in dem seit der Gründerzeit jedes Jahr die »Große Berliner Kunstausstellung« und später auch die »Juryfreie Kunstschau« stattfanden. Auch die Ausstellungsräume der Secession existieren nicht mehr. Ihre Bedeutung verlor diese Künstlervereinigung, die seit der Jahrhundertwende ein Forum für den Impressionismus und die beginnende Moderne gewesen war, allerdings lange zuvor. Der einstige Initiator der Secession, Max Liebermann, avancierte 1920 zum Direktor der Akademie der Künste; die jüngeren Künstler suchten sich andere Ausstellungsmöglichkeiten.

Ein ganz entscheidender Faktor im Berliner Kunstbetrieb waren Galeristen, die sich für die Avantgarde einsetzten, etwa Paul Cassirer, Ferdinand Möller oder Karl Nierendorf, der wegen sei-

< *Hannah Höch, »Schnitt mit dem Küchenmesser Dada durch die letzte Weimarer Bierbauch-Kulturepoche Deutschlands« (1919)*

nes Engagements für Otto Dix den Spitznamen »Nierendix« erhielt. Die wichtigsten Kunsthandlungen lagen im eleganten Viertel südlich des Tiergartens, das im Zweiten Weltkrieg zerstört wurde. In der Kunsthandlung Otto Burchard am Lützowufer 13 schockierte 1920 die furiose »Erste Dada-Messe« das Publikum. Später präsentierte Alfred Flechtheim an derselben Adresse die französischen Kubisten, Grosz, Beckmann und Klee. Flechtheims Wohnhaus in Kurfürstendamm-Nähe, ein herrschaftliches Mietshaus aus der Kaiserzeit, ist unverändert erhalten (Bleibtreustraße 15-16, Gedenktafel).

Ein Umschlagplatz für aktuelle Tendenzen blieb in den Zwanziger Jahren die vor dem Ersten Weltkrieg gegründete »Sturm«-Galerie von Herwarth Walden an der Potsdamer Straße 134a (zerstört), nicht weit vom Potsdamer Platz. Dort hatte auch die Redaktion der gleichnamigen Zeitschrift ihren Sitz, die von 1910 bis 1931 expressionistische Literatur und Kunst im weitesten Sinne vorstellte: von Kokoschka und Kandinsky bis zu Paul Klee und Kurt Schwitters.

So begann Berlin sich bereits vor dem Ersten Weltkrieg als Zentrum der Avantgardekunst zu etablieren und lief der alten Kunsthauptstadt München den Rang ab. Die Wurzeln der Zwanziger Jahre-Kunst lagen – nicht nur in Berlin – in den Vorkriegsjahren: Damals malte Kandinsky sein erstes abstraktes Bild, Malewitsch entwickelte den Suprematismus, Picasso und Braque den Kubismus. In Italien entstand der Futurismus, in Paris der Fauvismus und in Deutschland der Expressionismus. 1911 siedelten die »Brücke«-Künstler aus Dresden nach Berlin über. Das expressionistische Pathos verband sich mit dem Tempo und Rhythmus der Metropole, etwa in Ernst Ludwig Kirchners nervös-zersplitterten Straßenbildern mit ihren Kokotten und Nachtschwärmern.

Der Erste Weltkrieg radikalisierte die Berliner Großstadtkunst. Die überkommenen Werte und Sicherheiten waren zertrümmert: Bissig verhöhnten die Dadaisten um George Grosz, John Heartfield und Hannah Höch die Überbleibsel der bürgerlichen Kultur und Autoritätsgläubigkeit. Das Chaos machten sie zum Kompositionsprinzip. »Wozu Geist haben in einer Zeit, die ohnehin mechanisch weiterläuft?« fragte der Dadaist Raoul Hausmann provozierend. Die Montage wurde zum Kennzeichen einer neuen Großstadtkunst. Ihr Nährboden war die Heterogenität der Stadt, die Künstler aus dem In- und Ausland anzog.

In der chaotischen politischen Situation unmittelbar nach dem verlorenen Krieg und der Novemberrevolution herrschte in der

Kunstszene Aufbruchstimmung. Man wollte an der Entstehung einer neuen Gesellschaft mitwirken, den Neuen Menschen schaffen, Arbeit und Kunst vereinigen. Progressive Künstler schlossen sich in Berlin zur »Novembergruppe« zusammen, darunter der »Brücke«-Maler Max Pechstein, der Bildhauer Rudolf Belling, der Architekt Erich Mendelsohn. Der gesellschaftspolitische Elan verpuffte allerdings bald, und die »Novembergruppe« wurde zu einer Ausstellungsvereinigung ohne klares Profil.

Ebenfalls 1918 trat der »Arbeitsrat für Kunst« zusammen, nach dem Vorbild der im Zuge der Revolution gegründeten Arbeiter- und Soldatenräte. Hier waren neben sozial engagierten Künstlern wie Käthe Kollwitz vor allem Architekten vertreten, federführend Bruno Taut und Walter Gropius. Der »Arbeitsrat« wurde zur Keimzelle für die Gründung des Bauhauses.

Als mit der Währungsreform 1923 eine wirtschaftliche Stabilisierung einsetzte, waren die Utopien der Nachkriegszeit aufgebraucht. Die Zeit der radikalen künstlerischen Neuerungen ging zu Ende: Der Berliner »Club Dada« löste sich auf, Konstruktivismus und Großstadtexpressionismus hatten ihren Höhepunkt überschritten. Mitte der Zwanziger kristallisierte sich ein neuer Stil heraus. Das Schlagwort dafür lieferte 1925 der Titel einer Mannheimer Ausstellung: »Neue Sachlichkeit«. Eine realistische Tradition hatte es in Berlin schon immer gegeben, und sie war mit Künstlern wie Käthe Kollwitz und Hans Baluschek nach wie vor lebendig. Doch die jüngere Generation malte mit einer geradezu eisigen Präzision, die fast schon unheimlich wirkte. Sie ließ die Menschen und Gegenstände bei aller Alltäglichkeit der Sujets fremd erscheinen – und machte die Entfremdung der Großstädter voneinander und von ihren Gefühlen sichtbar. Auch Otto Dix gehörte – nach einer expressiven Phase – zu den neusachlichen Malern. 1925 kam er als bereits bekannter Künstler aus Düsseldorf in

^ *Vom Expressionismus zur Sachlichkeit: Führer zur »Großen Berliner Kunstausstellung« 1924, 1926 und 1928*

die Hauptstadt. Das Resümee seiner Berlin-Erfahrung zog er dem Triptychon »Großstadt«, einem Bild des glitzernden Nachtlebens, des Tingeltangel und der käuflichen Liebe, eiskalt und schillernd, abstoßend und faszinierend.

Die meisten progressiven Künstler standen politisch links. 1926 gründete George Grosz mit Rudolf Schlichter und anderen die »Rote Gruppe«, die zu einer Art Vorläufer der 1928 entstandenen »ASSO« wurde, der Assoziation revolutionärer bildender Künstler Deutschlands. Deren Ziel waren konkrete Agit-Prop-Aktionen, mit anderen Ortsverbänden wuchs sie zur größten kommunistischen Künstlervereinigung heran.

»Als Hitler kam, fühlte ich mich wie ein Boxer. Es war als hätte ich einen Kampf verloren. Alle unsere Bemühungen waren umsonst«, schrieb Grosz im Rückblick 1958, als er längst in Amerika lebte. Eine Woche vor Hitlers Wahl zum Reichskanzler war er 1933 in New York eingetroffen. Max Beckmann dagegen, der von den Nazis aus seinem Lehramt an der Frankfurter Städel-Kunstschule entlassen wurde, kam im Jahr 1933 nach Berlin, wo er glaubte, in der Anonymität der Großstadt besser überleben zu können. Hier malte er nachtschwarz-düstere, rätselhafte Allegorien. Erst als man seine Bilder auf der Ausstellung »Entartete Kunst« verhöhnte, ging auch er – wie viele andere – ins Exil.

^ *Die Gedenktafel für George Grosz am Haus Savignyplatz 5 entwarf der britische Karikaturist Ronald Searle.*

AVANTGARDEN IN DER BERLINISCHEN GALERIE

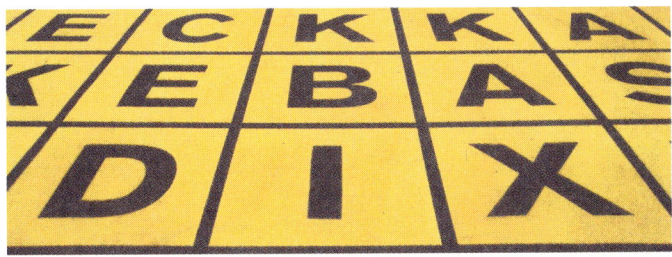

Die Berlinische Galerie ist ein Museum mit lokalem Fokus und internationalem Anspruch: Sie sammelt Kunst, die in Berlin entstanden ist. Nirgends lassen sich die Strömungen, Stile und Tendenzen, die Persönlichkeiten und Auseinandersetzungen der Zwanziger Jahre in Berlin so gut nachvollziehen wie hier. Von der Secession zum Expressionismus, von Dada und der »Novembergruppe« zu den russischen Avantgardisten in Berlin bis zur Neuen Sachlichkeit und darüber hinaus bis in die Gegenwart. Die Sammlung ist interdisziplinär angelegt und mischt auf kluge Weise Fotografie und Skulptur, Architekturmodelle und Grafik, Malerei und Installationen. Die Exponate werden in offenen Kabinetten mit flexiblen Stellwänden präsentiert, sodass Gleichzeitigkeiten, Widersprüche und Kontraste anschaulich werden. Darüber hinaus verwahrt die Berlinische Galerie zahlreiche Künstlernachlässe, Publikationen und Archivalien.

Gegründet wurde das Museum in den Siebziger Jahren aus einer privaten Bürgerinitiative, um eine Lücke in der Berliner Museumslandschaft zu schließen. Seit 2004 besitzt es ein eigenes Haus, ein helles und weiträumiges Quartier, dem man seine ursprüngliche Funktion als Glaslager nicht ansieht.

Die Sammlung beginnt mit der Berliner Kunst um 1900. In der glatten Salonmalerei des Akademiedirektors Anton von Werner spürt man noch den Muff des Kaiserreichs, während der Secessionsgründer Max Liebermann mit lockerem Pinsel den Impressionismus nach Berlin holte. Heinrich Zille dagegen richtete seinen Blick und seine Kamera auf das Milieu der kleinen Leute: Seine zu Lebzeiten unveröffentlichten Fotografien sind eine Entdeckung. Überhaupt ist die fotografische Sammlung eine der großen Stär-

^ *Der Buchstabenteppich vor der Berlinischen Galerie setzt sich aus Künstlernamen zusammen.*

^ *Rudolf Schlichter malte sein Gemälde »Dada-Dachatelier« um 1920 in Berlin, wo er von 1919 bis 1932 lebte.*

ken der Berlinischen Galerie. Sie bewahrt auch den Nachlass des Pressefotografen Erich Salomon, der mit seiner Leica in den Zwanziger Jahren die Männer der großen Politik ablichtete. Was nicht in der Dauerausstellung gezeigt wird, kann man sich jederzeit im Studiensaal vorlegen lassen.

In den Jahren vor dem Ersten Weltkrieg begann die Berliner Kunstszene zu brodeln. Max Beckmann erregte mit Straßenszenen Aufsehen, die zwar noch ganz realistisch gemalt waren, aber mit Anspannung und Nervosität aufgeladen schienen. In den apokalyptischen Gemälden von Ludwig Meidner explodierte diese Spannung. Eines seiner Hauptwerke ist der »Jüngste Tag« von 1916, der das düstere Panorama einer zerstörten, sinnlos zerrissenen Welt heraufbeschwört. Ernst Ludwig Kirchner ist mit einer Reihe von furiosen, schnell hingestrichenen Skizzen des Berliner Straßenlebens vertreten.

Die Zwanziger Jahre bilden das Kernstück der Sammlung. Ein einzigartiger Fundus ist das Dada-Archiv aus dem Nachlass von Hannah Höch. Die Berlinische Galerie hat damit entscheidend zur Wiederentdeckung der lange vergessenen Künstlerin beigetragen, die als einzige Frau zum Kern der Berliner Dadaisten gehörte. Seit 1917 war Berlin ein wichtiger Stützpunkt der internationalen Dada-Bewegung, die – desillusioniert vom Ersten Weltkrieg – mit tumultuarischen öffentlichen Auftritten, Laut- und Nonsensgedichten und wild zusammengewürfelten Collagen das Publikum schockierte. Nichts war ihnen heilig. Dada war lustvoll-anarchische, aggressive Antikunst, und wollte die Scheinheiligkeit

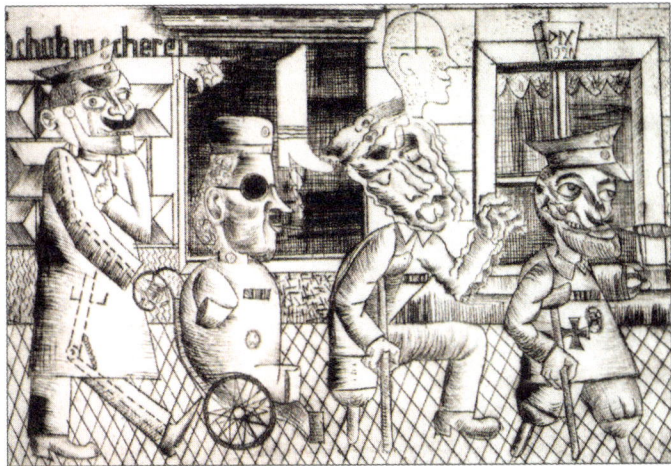

und Verlogenheit der bürgerlichen Gesellschaft entlarven. Die Montage disparater Elemente erwies sich dabei als das geeignete künstlerische Prinzip: in der Gestaltung von Ausstellungen, in der Typographie von Publikationen, vor allem aber in Fotocollagen. Hannah Höch etwa montierte in ihrer Collage »Dada-Rundschau« 1919 dickbäuchige Männer und Militärs ohne Köpfe, die sie aus Illustrierten ausgeschnitten hatte, mit Wortfetzen und Werbeslogans. Aggressiver als Höchs hintersinnige Collagen sind die gesellschaftskritischen Arbeiten von George Grosz, der aber auch selbstironisch seine eigene Hochzeit in einer Collage persiflierte. Rudolf Schlichters Gemälde »Dada-Dachatelier« inszeniert hoch über den Dächern Berlins eine surreale Versammlung von automatisierten und halbamputierten Figuren.

Einen guten Eindruck von der stilistischen Bandbreite der »Novembergruppe« vermitteln auch die teils weniger bekanntern Maler, die damals federführend auftraten, wie etwa Moriz Melzer, Arthur Segal, Otto Möller. Sie verarbeiteten internationale Einflüsse aus Kubismus, Futurismus und Expressionismus. Architekten wie Otto Bartning entwarfen visionär-expressive Bauten, die in der wirtschaftlichen Krise nach dem verlorenen Krieg keine Chance auf Realisierung hatten.

Die russische Avantgarde in der Berlinischen Galerie spiegelt das internationale Spektrum der damaligen Kunstszene. Iwan Puni lebte 1920-24 in Berlin, sein großes kubistisches Gemälde »Synthetischer Musiker« erregte damals hier großes Aufsehen. Von dem konstruktivistischen Bildhauer Naum Gabo besitzt das Museum einen Großteil des Nachlasses. Seine völlig neuar-

^ *Mehrfach hat Otto Dix Kriegskrüppel des Ersten Weltkriegs schonungslos karikierend dargestellt. Radierung, 1920* tigen Plastiken, oft von schwebender Leichtigkeit, entwickelte er aus Glas und Metall. Der Architekt, Maler und Fotograf El Lissitzky war als Kommunikator zwischen Berlin und Osteuropa wichtig. In der Galerie van Diemen Unter den Linden 21 organisierte er 1922 die epochemachende »Erste Russische Kunstausstellung«. Sein rekonstruierter »Prounen-Raum«, eine Komposition aus geometrischen Formen, ist ein Höhepunkt der Sammlung. Das Original entstand 1923 auf Einladung der »Novembergruppe« für die »Große Berliner Kunstausstellung«.

Zu den Ikonen der Berlinischen Galerie zählt auch das Porträt des Dichters Iwar von Lücken, der zu den Stammgästen im »Romanischen Café« gehörte. Otto Dix hat ihn 1926 als hagere Gestalt im schlottrigen Anzug mit dunkel geränderten Augen und spinnenartig mageren Händen gemalt: eine Boheme-Existenz, zerbrechlich und weltentrückt.

Unaufhaltsam sah Rudolf Schlichter den Untergang der modernen Zivilisation heraufziehen und verlieh der »Blinden Macht« – so der Titel seines visionären Gemäldes von 1937 – die allegorische Gestalt eines gewaltigen Kriegers, dem Gedärm und Dämonen aus dem Leib quellen, während er mit geschlossenem Visier auf den Abgrund zu marschiert, das Schwert in der Hand. Der jüdische Maler Felix Nussbaum hatte 1932 noch den Rompreis der Berliner Akademie gewonnen und in Rom ein Atelier neben Arno Breker bezogen. Er kehrte nicht mehr nach Deutschland zurück. Im belgischen Exil malte er beklemmende Bilder seiner gehetzten Existenz, von dort wurde er 1944 ins Vernichtungslager Auschwitz deportiert. Den großen Realisten Karl Hofer wiesen die Nazis aus seinem Lehramt an der Berliner Kunstakademie. Er malte heimlich weiter. Nach 1945 galt er als einer der wenigen nicht korrumpierten Künstler in Berlin und wurde als Direktor der Kunsthochschule in Charlottenburg zu einer der bedeutendsten Gestalten im Kunstbetrieb der Nachkriegsjahre.

^ *Das Portrait des Dichters Iwar von Lücken, 1926 gemalt von Otto Dix*

NEUE NATIONALGALERIE
SAMMLUNG AUF WANDERSCHAFT

Der Mies van der Rohe-Bau der Neuen Nationalgalerie wurde 1968 eröffnet. Nicht weit von hier, auf der anderen Seite des Landwehrkanals, hatte Mies van der Rohe in den Zwanziger Jahren sein Architekturbüro, in einem nicht erhaltenen Haus Am Karlsbad 24. Der Glaskubus der Neuen Nationalgalerie war sein einziger eigenständiger Museumsbau und die reinste Verwirklichung eines Baugedankens, den er seit den Zwanziger Jahren verfolgte: die Aufhebung der Grenzen zum umliegenden Raum. Die rundum verglaste obere Halle bietet das Erlebnis einer ästhetisch perfekten Architektur. Seit 2015 ist dieser wichtigste Museumsstandort für die Kunst der Zwanziger Jahre geschlossen, da das Gebäude gründlich saniert werden muss.

Damit die Sammlung nicht auf Jahre im Depot verschwindet, sind die Meisterwerke anderswo zu sehen. Im Hamburger Bahnhof wurde die Neue Galerie für die Highlights der Klassischen Moderne eingerichtet. Außerdem hat der Bund 364 Millionen Euro für einen

^ *Die Neue Nationalgalerie von Ludwig Mies van der Rohe an der Potsdamer Straße wurde 1968 eröffnet.*

Erweiterungsbau am Kulturforum bewilligt, denn der Mies-Bau ist längst zu klein, um die Schätze angemessen zu präsentieren.

Die Gründung der Sammlung geht auf die Zeit der Weimarer Republik zurück. In der Kaiserzeit war die Berliner Nationalgalerie in ihrem Stammhaus auf der Museumsinsel ein Hort des Konservativismus gewesen, wo die Erwerbung von Bildern des französischen Impressionismus zu einem Eklat führte, da der Kaiser die

^ *Die typische »Neue Frau« der Zwanziger, mit Zigarettenspitze und Kurzhaarschnitt: Christian Schads »Sonja« (1928)*

Moderne rigoros ablehnte. Doch 1918, unmittelbar nach dessen Abdankung, änderte sich die Ankaufspolitik. Noch im selben Jahr erwarb Direktor Ludwig Justi Werke von Expressionisten wie Erich Heckel, Oskar Kokoschka und Ernst Barlach. Im darauf folgenden Jahr richtete er im ehemaligen Kronprinzenpalais Unter den Linden eine »Galerie der Gegenwart« ein. Zum Teil wurden die Kunstwerke direkt aus dem Atelier der Künstler angekauft. In der Sammlung waren Monet, van Gogh, Liebermann und Corinth vertreten, die »Brücke«-Expressionisten, der »Blaue Reiter«, Picasso, Oskar Schlemmer, Lyonel Feininger. Rudolf Belling führte seine dynamisch-expressive Plastik »Dreiklang« auf Anregung Justis in Holz aus. Sie bildet heute ein Hauptwerk der abstrakten Skulptur in der Sammlung.

Doch der größte Teil dieser Kunstwerke ist heute in alle Welt zerstreut: Sie wurden von den Nazis aus der Sammlung entfernt, ins Ausland verkauft, zum Teil vernichtet. Franz Marcs »Turm der Blauen Pferde« etwa ist seither verschollen. So besteht die heutige Sammlung überwiegend aus Neuerwerbungen der letzten Jahrzehnte. Sie ist international angelegt, aber mit klarem deutschen Schwerpunkt. Die Maler der Secession und die französischen Impressionisten hängen jetzt in der Alten Nationalgalerie auf der Museumsinsel, während die Neue Nationalgalerie mit dem Expressionismus einsetzt. Ein Rundgang zu den Highlights der Zwanziger Jahre verdeutlicht den extremen Stilpluralismus der Zeit.

Die markanten Gesichtszüge des Kunsthändlers und Publizisten Herwarth Walden hat der Berliner Bildhauer William Wauer, der zum Kreis der »Sturm«-Galerie gehörte, 1917 expressiv-kubistisch in Bronze gegossen. Ein anderer Künstler, den Walden in Berlin bekannt machte, war der Österreicher Oskar Kokoschka, dessen expressionistisches Drama »Mörder, Hoffnung der Frauen« 1910 in der »Sturm«-Zeitschrift erschien. 1926 kam Kokoschka auf Einladung der Galerie Cassirer nach Berlin und malte vom Dach des Hotels Adlon den »Pariser Platz«. Ein Großstadtbild, das trotz der altehrwürdigen Kulisse von Brandenburger Tor, Siegessäule und Reichstag nervös und instabil wirkt.

»Schnitt mit dem Küchenmesser Dada durch die letzte Weimarer Bierbauch-Kulturepoche Deutschlands« heißt Hannah Höchs berühmteste Collage (Abb. S. 150). Die großformatige Arbeit von 1919 läßt über 50 Personen aus Politik, Wirtschaft und Kultur – darunter Albert Einstein und die Dadaisten selbst – wie in einer gewaltigen Nonsens-Maschine durcheinanderwirbeln. Der eng mit Hannah Höch befreundete Kurt Schwitters schuf sein poetisch-dadaistisches Holzrelief »Die breite Schmurchel« 1923 bei einem gemeinsamen Sommeraufenthalt auf der Insel Rügen.

Gänzlich abstrakt ist Laszlo Moholy-Nagys große Farbflächenkomposition »Z VIII«. Der ungarische Künstler experimentierte mit den verschiedensten modernen Techniken und Materialien wie Fotografie, Metall, Licht, Plexiglas und arbeitete auch für die Piscator-Bühne. 1920 war er nach Berlin gekommen, und er kehrte 1928 nach seiner Zeit als Bauhaus-Lehrer wieder in die Stadt zurück. Auch Lyonel Feininger lebte hier, bevor ihn Gropius 1919 als ersten Bauhaus-Meister nach Weimar berief. Seine prismatisch-lichte Stadtansicht »Teltow II« entstand 1918 in den letzten Kriegsmonaten auf der Basis älterer Skizzen, die Feininger in Teltow südlich von Berlin angefertigt hatte. Auch die anderen Maler am Bauhaus, wie Paul Klee, Georg Muche oder Oskar Schlemmer, sind mit bedeutenden Werken vertreten.

Otto Dix' Hauptwerk »Die Skatspieler« wurde 1995 in einer Aufsehen erregenden Spendenaktion für 6,5 Mio. DM erworben, im selben Jahr wie das neusachliche Frauenbildnis »Sonja« von Christian Schad (Abb. S. 160). Krasser als an diesen beiden Werken lassen sich die künstlerischen und gesellschaftlichen Gegensätze der Zeit nicht aufzeigen: Während Dix in seinem Gemälde 1920 drei grässlich zugerichtete Kriegskrüppel um einen Kneipentisch versammelte und in bester dadaistischer Manier Fetzen von Staniolpapier, Spielkarten und Zeitungspapier hineincollagierte, ist Schads Porträt von 1928 altmeisterlich ausgeführt und provozierend kühl im Ausdruck. Das Modell Sonja war Sekretärin im Romanischen Café . Sie erscheint hier als »Neue Frau« der Zwanziger mit Zigarettenspitze und Kurzhaarschnitt, selbstbewusst und intellektuell. Im Romanischen Café lernte der Maler Rudolf Schlichter auch den ungarischen Dichter Géza von Cziffra kennen, den er mit Zigarette und Buch in der Hand porträtierte. Mit fast karikaturhafter Schärfe hat Otto Dix den Kunsthändler Alfred Flechtheim in seiner Galerie dargestellt, den er für »dekadent und habgierig« hielt. Die Antipathie beruhte auf Gegenseitigkeit, wie Dix von seinem Galeristen Nierendorf erfuhr: »Flechtheim schimpft wieder mal, nennt dich ›Forzenmaler‹ & erzählt überall, dass Deine Bilder stinken.«

Bis heute schockierend wirkt die Aggressivität, mit

der George Grosz die »Stützen der Gesellschaft« als Hassobjekte karikierte. Sein Gemälde ist ein Pandämonium der herrschenden Schichten der Weimarer Republik: Vorne der Jurist mit Bierseidel, Schmiss und Hakenkreuz am Schlips, im Kopf nichts als Paragraphen und Militarismus. Daneben der Journalist mit umgestülptem Nachttopf auf dem Kopf trägt die Züge des Pressezaren Alfred Hugenberg, während dem fetten Parlamentarier rechts im Bild die Kacke aus dem Gehirn dampft. In der Hand hält der dumpfe Demokrat ein deutschnationales Fähnchen und zugleich eine sozialistische Parole vor der Brust: ein Opportunist. Dahinter eilt segnend mit scheinheiligem Lächeln und Schnapsnase ein Geistlicher vorbei, blind für die brennenden Häuser und mordenden Militärs hinter ihm. Das Bild überlebte in einem Keller am Savignyplatz versteckt die Nazizeit. Als die Nationalgalerie es 1958 für lächerliche 12 000 DM von der Galerie Nierendorf erwarb, reagierte die Boulevardpresse mit Unverständnis.

Max Beckmanns »Frauenbad« von 1919, gespeist aus Kriegserfahrungen, ist weniger tagespolitisch orientiert und wirkt eher wie ein grotesk-beklemmendes Welttheater. In seiner Berliner Zeit ab 1933 schuf der Künstler das lebensgroße Familienbildnis des Schauspielers Heinrich George, auf dem der bullige Schauspieler neben seiner zarten Frau und dem kleinen Sohn wie ein Metzger oder Mörder wirkt. Bereits im Amsterdamer Exil entstanden Beckmanns düster-rätselhafte Pendants »Geburt« und »Tod«.

Wichtige Positionen der internationalen Moderne komplettieren das Panorama der Zeit: etwa die Pittura Metafisica von Giorgio de Chirico, der die Berliner Dadaisten stark beeindruckte, der Orphismus von Robert Delaunay oder der Surrealismus von René Magritte. Der Rheinländer Max Ernst stand als Dadaist Anfang der Zwanziger mit dem Berliner Kreis um Grosz in Kontakt. Als er das riesige Gemälde »Die Auserwählte des Bösen« malte, lebte er aber bereits in Paris und hatte sich den Surrealisten um André Breton angeschlossen.

Ein Abgesang auf das unverarbeitete Erbe des Ersten Weltkriegs und zugleich düstere Zukunftsvorahnung ist Otto Dix gewaltiges Kriegspanorama »Flandern« (1934-36). Es zeigt eine apokalyptische Endzeitlandschaft mit morastigen Hügeln, in denen schlamm-überkrustete Soldaten kauern, mehr tot als lebendig. Wenig später übertraf die Realität des Zweiten Weltkriegs das albtraumhafte Gemälde.

WEITERE MUSEEN

MUSEUM AUF BESTELLUNG – DAS KUPFERSTICHKABINETT

Das Kupferstichkabinett hat keine Dauerausstellung. Denn Arbeiten auf Papier dürfen nicht dauerhaft dem Licht ausgesetzt werden, sondern lagern wohlverwahrt in Schubern und Kästen. Die Bestände an Grafiken und Zeichnungen der Zwanziger Jahre sind reichhaltig: Grafiken von George Grosz, darunter die 100 Blatt umfassende Mappe »Ecce Homo«, Zeichnungen von Dix, Radierungen von Beckmann, Farbholzschnitte von Kandinsky, Collagen von Schwitters, die berühmte »Proun«-Mappe von El Lissitzky und ein kostbares Künstlerbuch von Kasimir Malewitsch, Aquarelle von Paul Klee oder Oskar Schlemmer, sowie Bildhauerzeichnungen von Ernst Barlach, Georg Kolbe oder Renée Sintenis. Im Studiensaal legen die Mitarbeiter den Besuchern die Schätze gerne auf Bestellung vor.

PICASSO UND KLEE – MUSEUM BERGGRUEN

Einen Ausflug nach Charlottenburg ist die Sammlung Berggruen wert, direkt gegenüber vom Schloss Charlottenburg. Sie umfasst Werkkomplexe von Pablo Picasso, Paul Klee und Alberto Giacometti, die der Galerist Heinz Berggruen zusammengetragen hat. Bei Picasso lässt sich der Übergang vom Kubismus zur beruhigten Formensprache Anfang der Zwanziger beobachten und auch sein anschließender Stilwandel zu den deformierten Menschenbildern der Kriegsjahre.

In Berlin gewesen ist Picasso damals nicht, und auch Paul Klee hat hier nie gelebt. Aber beide waren in der Hauptstadt schon vor dem Ersten Weltkrieg in Ausstellungen vertreten. Heinz Berggruen hat zahlreiche Arbeiten Klees aus den Zwanziger Jahren gesammelt: zarte und charakteristische Bilder, die meist auf Papier mit Aquarell und Öl gemalt und an der Grenze zwischen farbiger Abstraktion und poetischer Gegenständlichkeit angesiedelt sind. Nach Berlin gekommen ist diese herausragende Kollektion auf den Wunsch des jüdischen Sammlers Berggruen, der – in Berlin aufgewachsen – in der Nazizeit nach Paris ging, und 1996

^ *Das Museum Berggruen am Charlottenburger Schloss zeigt die Kunst Picassos und seiner Zeit.*

mit seiner Privatsammlung hierher zurückkehrte.

SURREALE WELTEN

Dem Museum Berggruen gegenüber lädt die Sammlung Scharf-Gerstenberg ein, die Welten des Surrealismus zu erkunden. Die Werke von Max Ernst, André Masson, Salvador Dali, Paul Klee und vielen anderen Künstlern bezogen 2008 ihr Domizil in einer Offizierskaserne aus dem 19. Jahrhundert.

BRÜCKE-MUSEUM

Das Museum stellt in wechselnden Ausstellungen die »Brücke«-Kunst vor, und zwar nicht nur aus der Zeit zwischen 1905 und 1913, als die Künstlergruppe existierte, sondern auch Arbeiten aus den folgenden Jahrzehnten. So existieren größere Bestände von Karl Schmidt-Rottluff, Max Pechstein, Otto Mueller oder Erich Heckel auch aus den Zwanziger Jahren.

KUNST IM STADTMUSEUM

Auch das Stadtmuseum verfügt über eine bedeutende Kunstsammlung. Solange das Haus noch nicht über seinen dringend notwendigen Erweiterungsbau verfügt, ist sie allerdings nur ausschnittweise zu sehen. Vertreten sind hier viele Protagonisten der Berliner Kunstszene der Zwanziger, darunter Otto Nagel, Hans Baluschek, Moriz Melzer, Willy Jaeckel, Eugen Spiro, Jakob Steinhardt oder Werner Heldt. Eine Besonderheit sind dabei die zahlreichen Berlinmotive, etwa Stadtansichten oder Porträts von Berliner Persönlichkeiten.

DAS VERBORGENE MUSEUM

In der Weimarer Republik machten sich eine ganze Reihe von Frauen als Fotografinnen oder Malerinnen einen Namen, etwa Lotte Jacobi, die in der Joachimsthaler Straße ein bekanntes Fotoatelier unterhielt, oder Lotte Laserstein, die zur Neuen Sachlichkeit gehörte. Viele von ihnen gerieten später in Vergessenheit. Ihr Leben und Werk aufzuarbeiten und öffentlich bekannt zu machen, ist das Ziel des Verborgenen Museums, das in einem Hinterhof in der Schlüterstraße 70 seinen Sitz hat (Nähe S-Bahnhof Savignyplatz). Neben etwa drei Ausstellungen jährlich unterhält der private Trägerverein ein umfangreiches Archiv zur Kunst von Frauen.

KUNST ZU KAUFEN

Im Kunsthandel erzielen Werke der Zwanziger Jahre mittlerweile astronomische Preise, aber Werke von unbekannteren Künstler oder Arbeiten auf Papier, insbesondere Druckgrafiken, sind bisweilen für ein paar Hundert Euro zu haben. Grafische Blätter und Zeichnungen höchster Qualität bietet das Auktionshaus Gerda Bassenge in Grunewald an (Erdener Straße 5a). Bei den Vorbesichtigungen zu den zweimal jährlich stattfindenden Auktionstagen kann jedermann in den gut gefüllten Mappen stöbern. Museale Qualität haben die Ausstellungen der Kunsthandlung Wolfgang Werner in der Fasanenstraße 72 oder die Auktionen in der Villa Grisebach direkt gegenuber (Fasanenstraße 25). Eine Kunsthandlung mit Geschichte ist die Galerie Nierendorf in der Hardenbergstraße 19: Sie geht auf die in den Zwanzigern legendäre Galerie von Karl und Josef Nierendorf zurück.

^ *Museumadressen siehe Seite 293-295*

KÄTHE KOLLWITZ
IM MUSEUM UND AUF DER STRASSE

Mitten auf dem Kollwitzplatz im Stadtteil Prenzlauer Berg sitzt eine massige Frauenfigur, den Rücken leicht gebeugt, einen Stift in der Hand und blickt auf die spielenden Kinder rundum, die auf den Bänken hockenden Alkoholiker, die vorbeiflanierenden Touristen. Der Bildhauer Gustav Seitz schuf die überlebensgroße Plastik im Auftrag des Ostberliner Magistrats Ende der Fünfziger Jahre. Er hatte Käthe Kollwitz während seiner Studienzeit in den Zwanzigern noch als Professorin an der Berliner Kunstakademie erlebt. Mit ihrem Mann, dem sozial engagierten Arzt Karl Kollwitz, lebte sie in einem Eckhaus an der Kollwitzstraße 56a (damals: Weißenburger Straße 25). An der Stelle des kriegszerstörten Mietshauses steht heute ein Neubau.

Als Käthe Kollwitz 1891 frischvermählt aus Königsberg hierher zog, war der Prenzlauer Berg ein Arbeiterviertel. Unmittelbar vor ihrer Haustür fand die Künstlerin, die in Berlin und München studiert hatte, viele ihrer Motive: ausgemergelte Kinder, Arbeitslose, schwangere, abgearbeitete Proletarierfrauen. Schon früh kennzeichnete ein ausgeprägtes soziales Engagement ihre Arbeit. Mit grafischen Zyklen wie »Ein Weberaufstand« oder »Bauernkrieg« trat sie in den Jahren nach 1900 hervor und stellte in der Berliner Secession (S. 245ff.) aus. Als ihr Sohn Peter 1914 im Ersten Weltkrieg fiel, intensivierte sich ihre Auseinandersetzung mit Tod und Krieg, die zu zentralen Themen ihres Werkes wurden. 1919 entwarf sie das »Gedenkblatt für Karl Liebknecht«, den ermordeten KPD-Führer. Ohne Mitglied einer Partei zu sein, stand Käthe Kollwitz konsequent links und schuf Plakate wie »Deutschlands Kinder hungern«, »Nieder mit dem Paragraphen 218«, »Nie wieder

^ *»Städtisches Obdach«, Lithografie von Käthe Kollwitz, 1927*

Krieg« oder den Holzschnittzyklus »Krieg« (1922/23). Sie notierte 1922 in ihr Tagebuch: »Ich bin damit einverstanden, dass meine Kunst Zwecke hat. Ich will wirken in dieser Zeit, in der die Menschen so ratlos und hilfsbedürftig sind.« Dieser Satz steht auch auf einer farbigen Gedenktafel, die über dem Eingang zum Neubau an der Kollwitzstraße 56a auch an ihren Mann erinnert.

Als erste Frau wurde Käthe Kollwitz 1919 zum Mitglied der Preußischen Akademie der Künste ernannt. 1933 zwangen die Nazis sie zum Austritt und zur Niederlegung ihrer Grafik-Professur an der Kunsthochschule. 1936 wurden ihre Werke aus den öffentlichen Sammlungen entfernt. Eine ihrer letzten Arbeiten war das Blatt »Saatfrüchte sollen nicht vermahlen werden«, ein leidenschaftlicher Protest gegen die Einberufung Halbwüchsiger zum Zweiten Weltkrieg. Käthe Kollwitz starb wenige Tage vor Kriegsende am 22. April 1945 in Moritzburg bei Dresden.

Als Zeichnerin und Grafikerin gehört sie zu den bedeutendsten Künstlern ihrer Zeit. Trotzdem trifft man in den großen Museen nur selten auf ihre Arbeiten. Denn sie hat keine Ölbilder gemalt, und ihre Arbeiten auf Papier schlummern gewöhnlich in den grafischen Sammlungen. Wer weiß schon, dass das Berliner Kupferstichkabinett eine der größten Kollwitz-Sammlungen besitzt, darunter seltene, handkorrigierte Probedrucke und natürlich die großen Grafikzyklen.

^ *Das Käthe-Kollwitz-Denkmal von Gustav Seitz im Stadtteil Prenzlauer Berg.*

Das Käthe-Kollwitz-Museum in der Fasanenstraße 24 feierte 2016 sein 30-jähriges Bestehen. Kurz darauf forderte der Hauseigentümer es auf, sich ein neues Quartier suchen: In der schmucken Gründerzeitvilla soll nun ein privates »Exilmuseum« entstehen.

Die dadurch obdachlos gewordene Kollwitz-Sammlung geht auf die Privatsammlung des Kunsthändlers Hans Pels-Leusden zurück. Sie verfügt über eine eindrucksvolle Reihe von Selbstbildnissen aus den Jahren 1888 bis 1938, in denen die Künstlerin nachdenklich Rechenschaft über sich ablegte. 15 plastische Arbeiten zeigen ihre gesamtes bildhauerisches Werk. Ebenfalls in der Sammlung befindet sich ihre berühmte »Pietá«, eine knapp 40 cm große Bronzeplastik einer Mutter mit ihrem toten Sohn im Arm, in der Kollwitz auch den Verlust ihres eigenen Sohnes verarbeitete. Von dieser 1937-38 entstandenen Plastik wurde auf Wunsch des Bundeskanzlers Helmut Kohl eine vierfach vergrößerte Kopie angefertigt und 1993 in der Neuen Wache Unter den Linden aufgestellt, die damals als zentrale Gedenkstätte »Für die Opfer von Krieg und Gewaltherrschaft« neu gestaltet wurde. Sie steht in einer Tradition, die zur Zeit der Weimarer Republik an diesem Ort begründet wurde: Seit 1931 diente die Neue Wache als »Reichsehrenmal« für die Gefallenen des Ersten Weltkrieges. Der Architekt Heinrich Tessenow baute das Gebäudeinnere zu einer kargen Halle mit einem kreisrunden Oberlicht um, darunter stand ein Steinblock mit einem Eichenlaubkranz aus Silber und Gold. Zu DDR-Zeiten loderte dort in einem Glaswürfel die »ewige Flamme« zu Ehren der »Opfer von Faschismus und Militarismus«. Mit der trauernden Mutter von Käthe Kollwitz ist ein Bild namenlosen Schmerzes an die Stelle dieser Ehrensymbole getreten. Es blieb allerdings umstritten, da die für diesen Zweck enorm vergrößerte Figur der Pieta einer christlich geprägten Bildtradition entstammt, während das Gedenken auch die nichtchristlichen Opfer von Krieg und Nationalsozialismus einschließen soll.

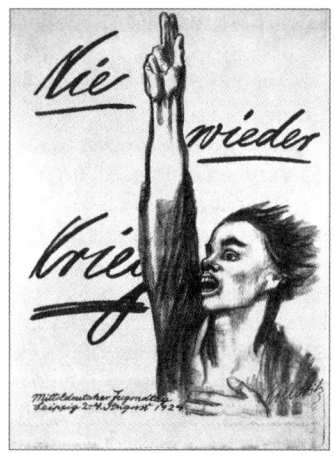

Das berühmteste Plakatmotiv von Käthe Kollwitz entstand 1924.

GEORGE GROSZ
SPIESSER, HUREN, MORDGELÜSTE

^ *George Grosz vor seinem 1926 vollendeten Gemälde »Die Stützen der Gesellschaft«*

Ein George-Grosz-Museum gibt es in Berlin nicht. Nur ein unscheinbarer kleiner Platz mit einem Toilettenhäuschen am Kurfürstendamm trägt seit 1983 seinen Namen. Gewohnt hat der Maler und Grafiker dort nicht, aber er hat oft das Geschiebe und Getriebe auf dem Kurfürstendamm, in den Straßencafés und Vergnügungslokalen mit dem Zeichenstift eingefangen. Seine ätzenden Karikaturen der fetten Spießer und leicht bekleideten Miezen, der Kriegskrüppel und Prostituierten, der Betrunkenen und Vergnügungssüchtigen prägen unsere Sicht auf die Epoche. Scharf konturiert, auf wenige markante Striche reduziert hat er die Physiognomie dieser Typen festgehalten, sodass sie sich unauslöschlich ins Gedächtnis einprägen. Der Zeitzeuge Elias Canetti, der 1928 nach Berlin kam, fand sie ganz und gar wahrhaftig: »Es wäre mir nicht eingefallen, sie zu bezweifeln, und so wie man manche Landschaften nur noch mit den Augen bestimmter Maler sieht, so sah ich Berlin mit den Augen von George Grosz.«

Persönlich lernte der junge Canetti den Künstler durch den Verleger Wieland Herzfelde kennen, in dessen Malik-Verlag Grosz publizierte. Seinen Sitz hatte der 1916 gegründete Verlag, der Bücher von Autoren wie Maxim Gorki, Upton Sinclair, Georg Lukacs, Franz Jung und Oscar Maria Graf veröffentlichte, am Kurfürstendamm 76, bevor er 1923 in das (erhaltene) Gebäude des »Meistersaals« in der Köthener Straße 38 zog, wo Herzfelde sogar eine »Galerie Grosz« für Grafiken einrichtete. Nach zweieinhalb Jahren kam der Verlag Ende 1925 wieder in den Neuen Westen zurück, in die Passauer Straße 3.

Wieland Herzfelde und sein Bruder, der sich aus Protest gegen die antibritischen Parolen im Ersten Weltkrieg John Heartfield nannte, gehörten in den Zwanziger Jahren zu den engsten Freunden von Grosz. Heartfield, der auch die Buchumschläge des Malik-Verlages gestaltete, wurde mit seinen schlagkräftigen, politischen Fotomontagen zum bedeutendsten Plakatkünstler der Zeit. Unmittelbar nach dem Krieg druckte der Malik-Verlag die Pamphlete des Berliner Dada-Kreises um Grosz. Vor allem aber gab er die bissig-satirischen Grafik-Mappen seines Freundes heraus, was beide mehrfach mit der Justiz in Konflikt brachte, etwa wegen Beleidigung der Reichswehr, Angriff auf die öffentliche Moral oder Gotteslästerung, als Grosz einen Christus am Kreuz mit Gasmaske zeichnete.

Als Georg Ehrenfried Groß war der Sohn eines Gastwirts 1893 in der Jägerstraße in Berlin-Mitte geboren worden, hatte in Dresden und Berlin studiert und war 1914 freiwillig in den Ersten Weltkrieg gezogen. 1917 kehrte er nach Berlin zurück, nachdem er in eine Nervenheilanstalt eingeliefert worden war. Der Krieg hatte aus ihm einen überzeugten Pazifisten und wütenden Gesellschaftskritiker gemacht. Er bezog eine Atelierwohnung im Gartenhaus der Nassauischen Straße 4 in Wilmersdorf und wurde rasch zu einer Zentralfigur der Berliner Dadaisten. Seinen Zeichenstift setzte er als Waffe für eine revolutionär-demokratische Erneuerung ein: satirisch, scharf pointiert, nicht selten zynisch. In der ersten Hälfte der Zwanziger konzentrierte er sich ganz auf Druckgrafik und Zeichnung. Erst ab 1925 begann er wieder in Öl zu malen, schuf eine Reihe neusachlich-prägnanter Porträts, etwa seiner Mutter, des Boxers Max Schmeling oder von befreundeten Schriftstellern wie Walter Mehring oder Max Herrmann-Neisse. 1926 entstand das bissige Gemälde »Die Stützen der Gesellschaft«, das Hauptwerk seines malerischen Œuvres. Heute hängt es in der Nationalgalerie (vgl. S. 159f.). Bis 1933 behielt Grosz das Atelier in der Nassauischen Straße. Gewohnt hat er hier allerdings nur zwei Jahre, denn als er 1920 seine Frau Eva Peter heiratete, zogen beide für kurze Zeit nach Kreuzberg und dann 1921 wieder nach Wilmersdorf, an den Hohenzollerndamm 201. Das Haus ist erhalten und war vom Atelier aus bequem zu Fuß erreichbar. Auch der nächste Umzug führte 1928 nur ein paar Straßenecken weiter, in die Trautenaustraße 12. Eine Gedenktafel, die 2005 bei Bauarbeiten entfernt und beschädigt wurde, hängt inzwischen wieder dort. Ganz in der Nähe, in der Holsteinischen Straße 17 erinnert eine Gedenktafel an Franz Pfemfert, der hier die politische Wochenschrift »Die Aktion« herausbrachte, zu der auch Grosz Zeichnungen beisteuerte.

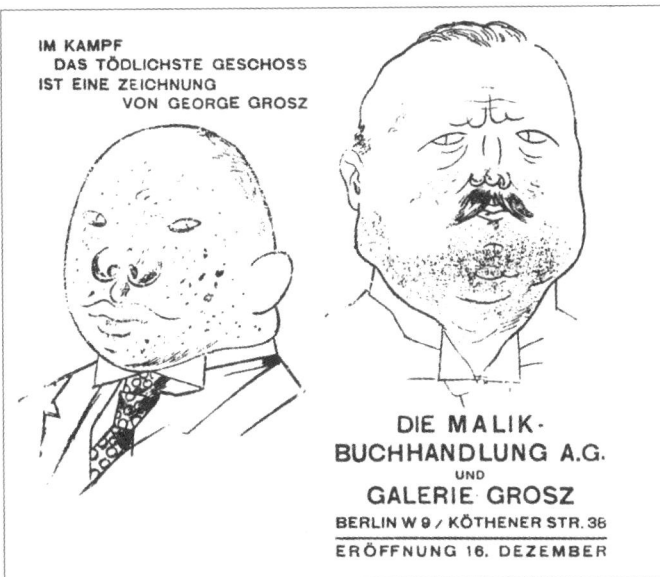

Als die Nazis 1933 an die Macht kamen, wurden seine Wohnung in der Trautenaustraße und das Atelier in der Nassauischen Straße durchsucht. Doch Grosz konnte seinen Verfolgern knapp entkommen: Im Januar 1933 hatte er Deutschland endgültig verlassen, nachdem er im Jahr zuvor auf Einladung der New Yorker Art Students League das erste Mal in den USA gewesen war. Doch Amerika, das er so glühend bewundert hatte, brachte ihm kein Glück. Grosz verfiel in Depressionen, trank viel. 1959 kehrte er in seine gehasste und geliebte Heimatstadt Berlin zurück und bezog mit seiner Frau eine Wohnung im Haus der Schwiegereltern am Savignyplatz 5.

Doch schon wenige Wochen nach seiner Ankunft brach er nach einer im Künstlerlokal »Diener« (Grolmanstraße 47) durchzechten Nacht im Hausflur zusammen und starb. Eine Gedenktafel, die ihn pfeiferauchend bei der Arbeit zeigt, erinnert an seine letzte Wohnadresse (Foto s. S. 154). Auf dem Städtischen Friedhof an der Heerstraße (Trakehner Allee 1, vgl. S. 174) liegt er neben dem befreundeten expressionistischen Dichter Theodor Däubler begraben, der in den Zwanziger Jahren ebenfalls zum Kreis um den Malik-Verlag gehörte. Herzfelde und sein Bruder Heartfield dagegen sind im ehemaligen Ostteil Berlins bestattet, auf dem Dorotheenstädtischen Friedhof (Chausseestraße 126).

^ *Anzeige des Malik-Verlages mit Zeichnungen von George Grosz, aus der »Weltbühne« (1923)*

GEORG KOLBE
BILDHAUERATELIER IM WESTEND

Das Georg-Kolbe-Museum ist ein Kleinod der Berliner Museumslandschaft, ein verschwiegener, idyllischer Ort außerhalb der City. Vom S-Bahnhof Heerstraße sind es nur wenige Minuten Fußweg zu dem Anwesen des Bildhauers, dessen kubische Architektur zur Straße hin streng und abweisend wirkt. Hinter hohen Backsteinmauern verbirgt sich ein lauschiger Garten unter großen, alten Kiefern, die hier bereits standen, als Kolbe das Grundstück 1928 erwarb. Von dem wenig bekannten Architekten Ernst Rentsch ließ er sich das großzügig dimensionierte Atelierhaus in entschieden modernen Formen errichten, sowie ein Wohnhaus, das seine Tochter mit ihrer Familie bezog. Heute beherbergt es das Museumscafé, von dessen Terrasse man auf die Fensterfront des großen Ateliers blickt. Ein von Kolbe entworfener Brunnen mit einer leichtfüßigen Tänzerin plätschert vor sich hin, und zwischen Büschen und Blumen stehen Kolbes frühe, anmutigbewegte Mädchenfiguren und seine späten, muskulös-heroischen Jünglingsakte.

Der 1877 geborene Kolbe war der erfolgreichste deutsche Bildhauer der Zwanziger Jahre. Neben Wilhelm Lehmbruck, Ernst Barlach und Käthe Kollwitz zählt er zu den bedeutendsten Vertretern der modernen Plastik in Deutschland. In Sachsen geboren hatte Kolbe zunächst Malerei und Grafik studiert. Aber als er 1904 nach Berlin zog, war er bereits Bildhauer. Seinen Durchbruch erzielte er mit der »Tänzerin« von 1912, seiner berühmtesten Arbeit, die sich heute in der Alten Nationalgalerie befindet: Mit ausgebreiteten Armen tanzt die schlanke Mädchengestalt in sich versunken durch den Raum. Kolbes Thema war die nackte menschliche Gestalt – ein Hauptthema der figürli-

chen Bildhauerei in der ersten Hälfte des 20. Jahrhunderts. Konventionelle Posen lehnte Kolbe ab. Er modellierte den bewegten Körper, was dem damaligen Trend zu Sport und Nacktkultur entsprach. Begeistert besuchte der Bildhauer Tanzaufführungen von Josephine Baker, porträtierte die Ausdruckstänzerin Gret Palucca. Seine skizzenhaft-impressionistisch modellierte Büste des Reichspräsidenten Friedrich Ebert wurde 1925 abgelehnt, was einen Skandal hervorrief. Heute steht sie – als Leihgabe des Kolbe-Museums – im Amtszimmer des Bundespräsidenten im Schloss Bellevue.

Die Entstehung von Kolbes Atelierhaus im Westend hängt mit dem Tod seiner geliebten Frau Benjamine 1927 zusammen. Um ihrem Grab auf dem Friedhof an der Heerstraße nahe zu sein, gab er seine Wohnung im großbürgerlichen Künstler- und Galerienviertel südlich des Tiergartens auf und erbaute sich ein neues Domizil, seine »Burg«, im damals gerade erst erschlossenen Westend. Nun schuf er keine beschwingten, mädchenhaften Figuren mehr, sondern statische, heroisch-ideale Aktstatuen. In der Nazizeit kam dieser Stil der herrschenden Ästhetik entgegen. Auf dem Gelände des Olympiastadions läßt sich Kolbes bronzener »Zehnkämpfer« (1933) mit den Muskelmännern von Arno Breker und Josef Thorak vergleichen. Gegen Ende seines Lebens verfügte Kolbe, sein Atelierhaus solle nach seinem

^ *Bronzeplastik von Georg Kolbe im Skulpturenhof des Museums*

Tod für die Nachwelt erhalten bleiben.

In wechselnden Ausstellungen werden hier nicht nur Kolbes Arbeiten vorgestellt, sondern auch verwandte Themen und aktuelle Bildhauerkunst. Etwa 200 Bronzen, über 100 Originalgipsmodelle sowie zahlreiche Skizzen und Aktzeichnungen aus dem Nachlass besitzt das Museum. Ein neuer Galerietrakt ergänzt den Atelierbau, in dem noch die Schienen für den Transport der Großskulpturen zu sehen sind. Doch die ursprüngliche Einrichtung ist aus dem klaren, nüchternen Raum verschwunden: Es ist ein Museum, keine Bildhauerwerkstatt mehr.

Von hier aus bietet sich ein Spaziergang zum nahe gelegenen Georg-Kolbe-Hain an, der in den Fünfziger Jahren angelegt wurde. In einem parkartigen, leicht verwilderten Gelände sind Monumentalbronzen des Künstlers aufgestellt, die posthum nach Gipsmodellen des Künstlers gegossen wurden, darunter Figuren zu Kolbes nie realisierten Denkmalprojekten für Nietzsche und Wagner.

Ebenfalls nicht weit ist es zum Friedhof an der Heerstraße (Trakehner Allee 1), wo der Bildhauer und seine Frau begraben sind. Er wurde 1921-24 als städtischer Friedhof von Groß-Berlin angelegt und erstreckt sich reizvoll um einen tief eingeschnittenen See. Viele Freigeister und nicht konfessionell gebundene Zeitgenossen haben in der weitläufigen Anlage ihre letzte Ruhestätte gefunden, darunter die Schriftsteller Arno Holz, Joachim Ringelnatz und Theodor Däubler, der Publizist Maximilian Harden, die Verlegerfamilie Ullstein, die Drehbuchautorin des »Metropolis«-Films und Frau von Fritz Lang, Thea von Harbou, der Schauspieler Paul Wegener, der abstrakte Bildhau-

^ *Das 1928 erbaute Atelierwohnhaus von Georg Kolbe wurde 1995 durch einen modernen Galerieanbau – rechts – ergänzt.*

er Erich Buchholz sowie George Grosz. Für seinen Galeristen Paul Cassirer entwarf Georg Kolbe eine schlichte Steinplatte mit dem Goethe-Zitat »Zum Sehen geboren, zum Schauen bestellt«. Neben Cassirer liegt seine Frau, die Schauspielerin Tilla Durieux. Einige Schritte weiter findet sich die Grabstätte Kolbes und seiner Familie. Drei Engelsköpfchen auf einer feinen, schlanken Säule erinnern an die klassisch-schönen Gesichtszüge seiner Frau Benjamine, über deren Tod der Bildhauer nie hinweg kam. Von der Dachterrasse seines Atelierhauses konnte er zu ihrem Grab hinüber blicken.

TIPP: Weitere Skulpturen Kolbes in Berlin:
- Grabmal für den Komponisten Ferruccio Busoni (1866-1924) auf dem Schöneberger Friedhof (Stubenrauchstraße 43-45) mit einer expressionistischen Geniusfigur von 1922, die Kolbe ursprünglich für ein nicht realisiertes Denkmal des ermordeten Außenministers Rathenau entworfen hatte.
- Rathenau-Brunnen im Volkspark Rehberge, Wedding (s. S. 28), gestiftet von der Familie, 1930 eingeweiht; von den Nazis eingeschmolzen, 1985-87 rekonstruiert; Kolbes einziger abstrakter Denkmalentwurf.
- »Nacht« (1926/30), weibliche Aktfigur im Lichthof im Haus des Rundfunks (1931 aufgestellt, 1965 Neuguss des von den Nazis entfernten Originals, vgl. S. 55).
- »Morgen« und »Abend« (1925), zwei weibliche Akte im Rudolph-Wilde-Park, Schöneberg (Nähe U-Bahnhof Innsbrucker Platz).

^ *Blick in das Skulpturenatelier im Georg-Kolbe-Museum (oben)*
Grab der Schauspielerin Tilla Durieux (unten)

VON ZILLE BIS DADA
BERLINER KÜNSTLERADRESSEN

Wenn man in den Zwanzigern jemanden nach dem berühmtesten lebenden Berliner Künstler gefragt hätte, dann wäre die Antwort wohl nicht »George Grosz« gewesen, sondern eher »Max Liebermann«. Seit 1920 hatte der Altmeister des deutschen Impressionismus die Präsidentschaft der Akademie der Künste am Pariser Platz inne. Stück für Stück öffnete sich die einst stockkonservative, kaisertreue Institution neueren Strömungen und nahm etwa Käthe Kollwitz, Lovis Corinth, Georg Kolbe und Ernst Barlach auf, später sogar Expressionisten wie Max Pechstein oder Karl Schmidt-Rottluff.

Max Liebermann selbst residierte direkt neben dem Brandenburger Tor mit Blick auf das alte Akademiegebäude am Pariser Platz (Fotos S. 178 und 192). An der Stelle des kriegszerstörten Wohnhauses, auf dessen Dach sich sein berühmtes Glasatelier befand, steht heute ein Neubau von Paul Kleihues, dessen Äußeres sich am Vorgängerbau orientiert. Original erhalten und als Museum zu besichtigen ist jedoch die Liebermann-Villa am Wannsee, wo der Maler seit 1914 die Sommermonate verbrachte (Colomierstraße 3). Während des Krieges ließ er in dem großzügig angelegten Blumengarten Kohl anbauen. Hier malte er in den Zwanziger Jahren unzählige luftig-leichte Ansichten des grünenden und blühenden Gartens. Außerdem war er ein gesuchter Porträtist, malte Richard Strauss, Albert Einstein und 1927 im Alter von 80 Jahren den Reichspräsidenten Paul von Hindenburg, was wegen der jüdischen Herkunft des Malers Empörung bei den Nationalsozialisten hervorrief. Zwei Wochen nach deren Machtübernahme wurde er wie Käthe Kollwitz zum Austritt aus der Akademie gezwungen. Er starb 1935. Seine Frau Martha

entzog sich 1943 der drohenden Deportation durch Selbstmord. Ein »Stolperstein« im Pflaster vor dem Liebermann-Haus am Pariser Platz 7 erinnert seit Sommer 2005 an ihr Schicksal.

Auch Heinrich Zille war ein Urgestein des Berliner Kunstbetriebs in der Weimarer Zeit. Seit 1883 wohnte er in einem Mietshaus an der Sophie-Charlotten-Straße 88 in Charlottenburg (Gedenktafel). Humorvoll hat der Bildhauer Heinrich Drake den populären Künstler 1965 in einer Bronzeplastik porträtiert: Ein Junge schaut ihm über die Schulter, während er auf der Straße in sein Skizzenbuch zeichnet. Die Skulptur steht im Köllnischen Park am Märkischen Museum. Mit seinen schwungvoll-realistischen Zeichnungen aus dem Berliner Arbeitermilieu, den Hinterhöfen im Wedding oder Friedrichshain war der 1858 geborene Zille bekannt geworden. Seine Skizzen von Straßengören, Proletariermütter und Schlafburschen wurden in Zeitschriften wie dem »Simplicissimus« veröffentlicht, oft mit humorvollen Bildunterschriften im Berliner Dialekt. Doch im Laufe der Jahre verloren seine Arbeiten an sozialkritischem Biss, wurden als deftig-witzige Postkartenmotive kommerzialisiert. 1924 ernannte die Akademie Zille zum Professor. Begraben liegt der 1929 verstorbene Künstler auf dem Südwestfriedhof in Stahnsdorf. Einen Eindruck von seinem Werk kann man sich im Heinrich-Zille-Museum im Bezirk Mitte verschaffen. Auch das Stadtmuseum verfügt über größere Bestände.

Mit Zille befreundet war der Weddinger Arbeitermaler Otto Nagel. Er machte die Kunst zum Hauptberuf, nachdem er 1922

^ *Das 1930 erschienene Max-Liebermann-Buch von Hans Ostwald.*

wegen seiner kommunistischen Aktivitäten entlassen wurde. In der DDR wurde er Präsident der Kunstakademie (Gedenkrelief an der ehemaligen Fabrik, Kurze Straße 5/6, Pankow).

Ebenfalls aus der realistischen Berliner Kunsttradition kam der Maler Hans Baluschek, dessen nüchterne Bilder von Fabrikarbeitern, Bahnanlagen und Mietskasernen der Kaiser als »Rinnsteinkunst« verunglimpfte. In der Weimarer Republik engagierte er sich als überzeugter Sozialdemokrat aktiv in der Kunstpolitik. Als Anerkennung stellte ihm der Bezirk Schöneberg 1928 eine großzügige Atelierwohnung im Eingangsturm der neuerrichteten Wohnanlage Ceciliengärten zur Verfügung, wo er bis 1933 wohnte, mit Blick auf den S-Bahnhof Friedenau (Gedenktafel am Torbogen, Ceciliengärten 27).

Ebenfalls im Bezirk Friedenau hatten sich in den Vorkriegsjahren die »Brücke«-Maler aus Dresden angesiedelt, in kargen Dachateliers, die sie mit selbst bemalten Vorhängen exotisch ausstaffierten. Die meisten von ihnen blieben in Berlin. Erhalten sind aus den Zwanziger Jahren die Adressen von Karl Schmidt-Rottluff, der ab 1919 in der Stierstraße 3 in Friedenau lebte, und von Erich Heckel, der von 1919 bis 1933 in der Emser Straße 21 in Wilmersdorf wohnte. Der Berliner Expressionist Ludwig Meidner, der vor dem Krieg die Stimmung vieler Künstler und Intellektueller in apokalyptischen Bildern einfing, lebte 1920-27 in der Schöneberger Motzstraße 55.

Über das Pathos des Expressionismus machten sich in den Nachkriegsjahren die Dadais-

^ *Max Liebermann wohnte im Haus neben dem Brandenburger Tor (rechts).*

ten lustig. Einer der führenden Köpfe war Raoul Hausmann, der 1918 in eine Wohnung in der ruhigen Steglitzer Zimmermannstraße 34 zog und diese zur Geschäftsstelle des Berliner »Club Dada« erklärte. Ein Zentrum der Dada-Bewegung war auch die Friedenauer Atelierwohnung seiner Lebensgefährtin Hannah Höch in der Büsingstraße 16 (nicht erhalten). So führt die Spurensuche bei Hannah Höch weit in den Norden Berlins, nach Heiligensee im Bezirk Reinickendorf. In der Straße An der Wildbahn 33 bezog sie 1939 ein ehemaliges Flugwärterhäuschen, das original erhalten ist. In dem laubenähnlichen Holzhaus mit dem verwildert blumenreichen Garten verbrachte sie zurückgezogen die Nazizeit und lebte hier bis zu ihrem Tod im Mai 1978. Der Garten mit seinen über 800 Pflanzenarten steht unter Denkmalschutz, ebenso das Häuschen selber (Gedenktafel, Ehrengrab Friedhof Heiligensee, Sandhauser Straße 78-130).

Als Otto Dix im November 1925 mit seiner Frau Martha nach Berlin zog, übernahm vorerst der Schwiegervater die Miete der repräsentativen Wohnung am Kaiserdamm 20 in Charlottenburg. Sein Atelier hatte Dix anfangs in der ehemaligen Kunstgewerbeschule (vgl. S. 280), und ab Anfang 1926 am Kurfürstendamm 190, wo er allerdings nur wenige Monate arbeitete, bevor er im Frühjahr des folgenden Jahres als Professor an die Dresdener Akademie ging.

^ *Hannah Höchs Holzhaus (oben)*
Annonce für Heinrich Zilles illustrierte Bücher (unten)

ASPHALT-LITERATUR UND PRESSE

RUDOLF MOSSE
Zentrale Berlin SW 19, Jerusalemer Strasse 46–49
Filialen und Agenturen in allen grösseren Städten des In- und Auslandes

ANNONCEN-EXPEDITION
Inseratenannahme für alle Zeitungen der Welt zu den Originalpreisen der Verleger

DEUTSCHES REICHS-ADRESSBUCH
für Industrie, Gewerbe, Handel und Landwirtschaft

DER INTERNATIONALE RUDOLF MOSSE-CODE
Deutsch, Englisch, Französisch, Spanisch

ESPERANTO-VERLAG: BIBLIOTEKO TUTMONDA

BERLINER TAGEBLATT
Mit den 10 Gratis-Zeitschriften
Welt-Spiegel · Moden-Spiegel · Kunst-Spiegel · Technische Rundschau · Film-Zeitung · Photo-Spiegel · Witzblatt „ULK" Haus Hof Garten · Jugend-Spiegel · Jede Woche Musik
DAS DEUTSCHE WELTBLATT

Das Berliner Pressewesen spiegelte die Zersplitterung der politischen Landschaft. Jede Partei hatte ihr Hausblatt: Sozialdemokraten lasen den »Vorwärts«, Kommunisten die »Rote Fahne«, das liberale Bürgertum das »Berliner Tageblatt«, Deutschnationale den »Berliner Lokal-Anzeiger«, Nationalsozialisten den »Angriff«. 147 politische Tageszeitungen erschienen 1928 in Berlin. Insgesamt brachten die Verlage der Hauptstadt zu diesem Zeitpunkt 2633 Zeitungen und Zeitschriften heraus, eine phantastisch anmutende Zahl. Doch wer wissen wollte, was in der Welt vorging, war vor dem Siegeszug von Radio und Fernsehen auf das gedruckte Wort angewiesen. Oder auf das gedruckte Bild: In den Zwanzigern erlebte die Reportagefotografie ihre erste Blüte. So erreichte die »Berliner Illustrirte« mit ihren großzügigen Fotostrecken eine Auflage von bis zu zwei Millionen Exemplaren.

Beherrscht wurde der Markt von drei mächtigen Medienkonzernen, den jüdischen Verlagshäusern Mosse und Ullstein, sowie dem rechtskonservativen Scherl-Verlag. Als Gegengewicht baute in den Zwanzigern der Kommunist Willi Münzenberg ein linkes Medienimperium auf. Diese Unternehmen brachten ständig neue Zeitungs- und Zeitschriftenformate auf den Markt, um möglichst viele Zielgruppen zu erreichen: Modemagazine, Illustrierte, Spezialzeitschriften für Technikbegeisterte, Schrebergärtner, Kunst- oder Literaturliebhaber.

Die Übergänge zwischen Journalismus und Literatur waren fließend. Viele bedeutende Schriftsteller der Zeit traten zuerst als Journalisten an die Öffentlichkeit. Kurt Tucholsky oder Joseph Roth arbeiteten hauptsächlich für Zeitungen und Zeitschriften. Die Reportagen eines Egon Erwin Kisch wurden als zeitgemäße Kunstform anerkannt. Erich Kästner arbeitete als Berliner Feuil-

< *Auf Anzeigen prunkte der Mosse-Verlag mit der neuen Architektur Erich Mendelsohns, der das Verlagshaus 1921-23 umbaute.*

letonkorrespondent für die »Neue Leipziger Zeitung« und lieferte lange Zeit jedes Wochenende ein Gedicht in der Redaktion des Berliner »Montag Morgen« ab. Erst später erschienen die Gedichte in Buchform. Daneben schrieb Kästner fürs Kabarett und verfasste Drehbücher, eher nebenbei entstanden seine Kinderbücher.

Kästner war kein Einzelfall, denn von Buchhonoraren konnte kaum ein Autor leben. Wer viel Glück hatte, kam in einem Buchverlag als Lektor unter (wie Franz Hessel bei Rowohlt oder Robert Musil im Verlag von S. Fischer). Für das Renommee eines Autors war aber nicht so sehr der Buchmarkt entscheidend, sondern der Stellenwert, den er in den angesehenen Feuilletons oder Zeitschriften genoss.

Dort erschienen regelmäßig literarische Schilderungen des Großstadtlebens, und auch in den Lokalteilen der Berliner Zeitungen hatten diese Texte einen festen Platz. Es gab Spezialisten für dieses Genre, oft wurden aber auch berühmte Buchautoren von den Redaktionen eingeladen, über die Stadt zu schreiben. Denn die neue Wirklichkeit der Millionenmetropole, die sich ständig veränderte, verlangte danach, aufgezeichnet, mitgeteilt und reflektiert zu werden. Und so findet man den großen Roman über das Berlin der Zwanziger Jahre vor allem in den Zeitungen und Zeitschriften der Zeit: als Textcollage, an der zahllose Autoren mitschrieben.

Eine Montage vieler Stimmen ist auch Alfred Döblins 1929 erschienenes Buch »Berlin Alexanderplatz«, der berühmteste Berlin-Roman jener Zeit. Aus dem Stadtadressbuch, Zeitungsnachrichten, Dialekteinsprengseln, Gesprächs- und Schlagerfetzen, ungefilterten Sinneseindrücken montierte Döblin den Sound der Stadt. Die Hauptfigur versucht vergeblich, nach der Entlassung aus dem Gefängnis ein anständiges Leben in Berlin zu führen. »Die Geschichte vom Franz Biberkopf«, so der Untertitel des Romans, behauptet sich nur schwer im Stimmengewirr der Stadt, geht darin verloren und taucht wieder auf, bis zum bitteren Ende. Die Millionenstadt ist zu groß, zu vital, zu mächtig, um sich noch im Einzelschicksal einer Romanfigur und einer geschlossenen Erzählform zu spiegeln.

Die moderne Großstadterfahrung sprengte den traditionellen Roman – so wie sie im ersten Drittel des 20. Jahrhunderts den überlieferten Formenkanon der Architektur, der Musik, der Bildenden Kunst und des Theaters revolutionierte. Für die neue, urbane Literatur der Weimarer Republik bürgerte sich um 1930 der Begriff »Asphaltliteratur« ein. Deren Protagonisten – wie Döblin, Brecht, Tucholsky – wurden heftig von konservativen Schriftstel-

lern angegriffen: »Ein Geist gewinnt heute in Berlin das Übergewicht, gegen den ganz Deutschland in heiligem Zorn aufstehen muß ... Diese erbärmliche Literatur, diese fratzenhafte Kunst, die Verniggerung, der Kampf gegen Religion und Volk und alles Heilige in unserer Kultur, die Verhöhnung jedes Ideals: das alles ist ein Ausdruck geistiger Entartung, mit einem Wort: Nihilismus. Man weiß darum, aber man ist nicht erschüttert: denn der Bolschewismus des Geistes ist bei der geistigen Hefe Berlins zur Mode geworden.«

So hetzte der Statistiker Richard Korherr im März 1930 in den »Süddeutschen Monatsheften« gegen »Berlin – die neue Weltstadt«, so klang es ähnlich in Zeitschriften wie »Deutsches Volkstum« und im nationalsozialistischen »Angriff«. In der liberalen »Vossischen Zeitung« antwortete Döblin ein Dreivierteljahr später mit beißendem Spott: »Es meldete sich an der Provinzialismus, Heimatkunst, Kunst der Scholle, des sehr platten Landes und redete aus orphisch dunkler Tiefe...«

Entschieden wurde die Fehde zwischen »Heimatdichtern« und »Asphaltliteraten« 1933 durch den Siegeszug der Nationalsozialisten: Sie vertrieben die progressiven Geister aus den Redaktionen und der Preußischen Akademie der Künste, verbrannten öffentlich die Bücher mißliebiger Autoren, verboten alle linken Presseorgane und zwangen die jüdischen Verleger zur Aufgabe. Nach dem Zweiten Weltkrieg dauerte es Jahrzehnte, die vielfältige Literatur der Weimarer Republik wieder zugänglich und ihren Reichtum den Nachgeborenen bewusst zu machen. Vom erzwungenen Aderlass hat sich das Geistesleben Berlins nie ganz erholt.

^ *Fassadenmalerei am Literaturhaus »Lesart« in der Weinmeisterstraße in Mitte, 2005*

IM ZEITUNGSVIERTEL

In der heutigen Stadtsilhouette ist der Ort des alten Berliner Zeitungsviertels leicht auszumachen. Das Boulevardblatt »BZ« schickt leuchtende Schlagzeilen vom Dach des Springer-Hochhauses in die Stadt. Als »B. Z. am Mittag« gab es die Zeitung schon in den Zwanziger Jahren. Damals erschien »die schnellste Zeitung der Welt« im Ullstein Verlag. Das 1877 gegründete Medienimperium hatte seinen Stammsitz nur wenige Meter von dem Ort entfernt, an dem der Verleger Axel Springer in der Nachkriegszeit sein Verlagshochhaus baute (Axel-Springer-Straße 65). Springer kaufte in den Fünfzigern auf, was nach der Zwangsarisierung durch die Nazis und dem Bombenkrieg vom jüdischen Unternehmen Ullstein noch übrig war. Gleichzeitig besetzte er das Grundstück eines ehemals scharfen Konkurrenten der Ullsteins: Auf dem Springerschen Straßenblock zwischen Zimmer-, Koch-, Markgrafen- und Axel-Springer-Straße war in den Zwanzigern der deutschnationale Scherl-Verlag ansässig, der dem Pressezaren Alfred Hugenberg gehörte.

Ullsteins Stammhaus lag an der Kochstraße 22-26 zwischen Charlotten- und Markgrafenstraße, eine nur noch mühsam lokalisierbare Adresse, seit dieser Abschnitt der Kochstraße in Rudi-Dutschke-Straße umbenannt wurde. Zum 50. Betriebsjubiläum der Firma Ullstein im Jahr 1927 schrieb der Gerichtsreporter Sling: »Es ist ein großes Industriehaus, mit strengen kaufmännischen Grundsätzen, mit Erfahrungen, Statistiken und mit der Bürokratie, die auch dazu gehört. Aber das, was hergestellt wird, ist nicht Stiefelwichse, nicht Benzol, ist Unterhaltungsstoff für Millionen.« Im Jahr zuvor hatte der Verlag die Produktion aus dem engen Zeitungsviertel in das mächtige

^ *»Die Republikaner haben eine Schlacht verloren«, so begann Theodor Wolffs Leitartikel am 27. April 1925.*

Druckhaus Tempelhof verlagert (Foto S. 82). Doch blieben die Redaktionen aktueller Ullsteinblätter wie der »Vossischen Zeitung« oder der »B. Z. am Mittag« in der Kochstraße ansässig – schon wegen der kurzen Wege ins Regierungsviertel und zu Kulturereignissen in der Innenstadt. Nur ein kleines Relikt des Ullsteinhauses ist heute noch erhalten: eine steinerne Ullsteineule aus der Fassade, jetzt aufgestellt vor der »Ullsteinhalle« zwischen Springerhochhaus und der »Axel-Springer-Passage« an der Rudi-Dutschke-Straße.

»Tempo« hieß ein Boulevardblatt neuen Formats, das von 1928 bis 1933 bei Ullstein erschien. Der Name war Programm. In »Tempo« konnte man schon nachmittags die Nachrichten vom Tage lesen. Betuliche Leser griffen lieber zur »Grünen Post«, der naturverbundenen »Sonntagszeitung für Stadt und Land«. Die bilderreiche »Berliner Illustrirte Zeitung« erzielte die höchste Auflage aller Ullsteinblätter. Das elegante Journal »Die Dame« (Foto S. 147) spiegelte die aktuellen Modetrends und propagierte das neue Bild der Frau mit Beruf, Automobil und Bubikopf. Es wurde verkörpert von Journalistinnen wie Vicki Baum, die bei Ullstein fest angestellt war und mit Unterhaltungsromanen wie »Menschen im Hotel« (1929) hohe Auflagen erzielte. Ullstein sorgte durch preiswerte Ausgaben aber auch für die Verbreitung anspruchsvoller Gegenwartsliteratur, etwa von Bertolt Brecht (s. S. 212), Lion Feuchtwanger, Carl Zuckmayer oder Heinrich Mann.

Neben Lesestoff für den gesamten deutschen Markt wurde im Berliner Zeitungsviertel auch Geld gedruckt – in der heutigen Bundesdruckerei an der Oranienstraße 90-91, gleich gegenüber der damaligen Reichsschuldenverwaltung (s. S. 70f.). Die ehemalige Reichsdruckerei, befestigt wie ein Hochsicherheitsgefängnis, ist schon seit 1881 in der Oranienstraße ansässig. In den Zwanzigern stellte sie neben Banknoten auch Briefmarken für ferne Länder her und wurde von Künstlern wie Max Liebermann und Max Slevogt wegen der hohen Qualität ihrer Kunstdrucke geschätzt.

Früher gehörte das Zeitungsviertel zu den belebtesten Vierteln der Innenstadt, man sah eilige Journalisten, Fotografen, Kuriere, Zeitungsboten, Lieferanten und Kunden der Annoncenannahmestellen in den Straßen. Heute beherrscht der Durchgangsverkehr der Autos auf der Rudi-Dutschke- und Axel-Springer-Straße das Straßenbild. Die Journalisten im Springer-Gebäude hocken fast den ganzen Tag vor ihren Bildschirmen. Besonders öde ist es hinter dem Springer-

Hochhaus an der Zimmerstraße: Bis zum Fall der Mauer verlief dort die innerstädtische Grenze.

In dieser Umgebung steht fremd eine schwungvolle Ikone der Zwanziger Jahre, das 1923 fertiggestellte »Mosse-Haus« des Architekten Erich Mendelsohn: »Hier ist das Haus kein unbeteiligter Zuschauer der sausenden Autos, des hin und her flutenden Verkehrs, sondern es ist zum aufnehmenden, mitwirkenden Bewegungselement geworden«, schrieb der Architekt über sein Werk. Mit diesem Bau begann der Siegeszug der klar geschwungenen Linien, der abgerundeten Ecken und der horizontalen Fensterbänder in der Berliner Geschäftshausarchitektur.

Geschickt inszenierte Mendelsohn den Ausbruch des Neuen aus dem alten Formenkanon der Architektur. So zeigt das Haus zur Schützenstraße noch den Stilmix aus Historismus und Jugendstil, in dem die Architekten Cremer & Wolffenstein 1901-03 das repräsentative Verlagsgebäude für den Firmengründer Rudolf Mosse bauten. Es besaß schon damals eine abgerundete Ecke, geschmückt mit der Inschrift »Berliner Tageblatt« und der Skulptur einer nackten Dame, ironisch genannt »Die nackte Wahrheit«. Im Januar 1919 besetzten Spartakisten dieses und andere Zeitungshäuser im Viertel. Bei der Rückeroberung durch Regierungstruppen wurde das Mosse-Gebäude stark beschädigt.

Die notwendige Reparatur bot die Chance, es aufzustocken und ihm ein ganz neues Gesicht zu geben. Aus dem alten Steinkasten mit vertikal gegliederter Steinfassade drängt selbstbewusst Mendelsohns Eckhaus mit viel Glas und stark betonten Horizontalen in die Höhe. Im Zweiten Weltkrieg stark beschädigt, wurde es nach dem Fall der Mauer wiederaufgebaut, leider nicht ganz denkmalgerecht (Jerusalemer Straße 46-49, Schützenstraße 18-25).

Glaubt man dem Feuilletonisten Walther Kiaulehn, der in den Zwanzigern beim »Berliner Tageblatt« arbeitete, ging es hinter der dynamischen Fassade eher gemütlich zu: »Hier war es schick, an Stehpulten zu arbeiten, den Augenschirm auf der Stirn. Die Mosseschen Redaktionen hatten Clubcharakter, und zwischen den Ressorts waren ewige Schachpartien im Gang. Theodor Wolff, der Chefredakteur, der seine jungen Jahre in Paris verbracht hatte, dem immer die Gaulois im Mundwinkel hing und der fast nie ohne Knopflochnelke war, lehnte standhaft die Autos ab, die ihm sein Verleger schenkte, und ging zu Fuß von der Redaktion in seine Vierzimmerwohnung im Tiergarten, wo jede Woche

noch, in drangvoller Enge, ein berlinischer Tee mit allen Berühmtheiten der Politik und Kunst zelebriert wurde.« Theodor Wolff beherrschte die Kunst des Feuilletons ebenso wie den geschliffenen politischen Leitartikel. Er leitete das »Berliner Tageblatt« seit 1906 und machte es zur angesehensten Hauptstadtzeitung, die auch im Ausland viel zitiert wurde. Alfred Kerr, der Kritikerpapst unter den Theaterrezensenten, gehörte ebenso zu seinen Redakteuren wie Kurt Tucholsky, der 1918 bis 1920 für die Satirebeilage »Ulk« verantwortlich war. Gabriele Tergit, die als Redakteurin, Gerichtsreporterin und Feuilletonistin für die Zeitung schrieb, schilderte den Alltag im Zeitungsviertel in ihrem Zeitroman »Käsebier erobert den Kurfürstendamm« (1931).

»Die Redakteure von Mosse und Ullstein waren die journalistischen Kerntruppen der Republik. In diesen Blättern wurde für ein Traumdeutschland geschrieben, das es nur in der Verfassung und den Köpfen der Zeitungsmacher gab. Die Opposition auf Leben und Tod begann gleich im Nachbarhaus um die Ecke bei Scherl«, schreibt Kiaulehn. Sein Chefredakteur Theodor Wolff floh wie viele Mitarbeiter vor den Nazis aus Deutschland, wurde 1943 in Nizza verhaftet und in mehrere Konzentrationslager verschleppt. Er starb an den Folgen der Haft im Jüdischen Krankenhaus (Heinz-Galinski-Straße 1) und liegt auf dem Jüdischen Friedhof in Weissensee begraben. Zu seinem 50. Todestag wurde 1993 am Rande des ehemaligen Zeitungsviertels der Theodor-Wolff-Park eingeweiht. In der Nähe erinnern Informationstafeln an das Gebäude des »Vorwärts«-Verlags, bis 1933 Parteizentrale der SPD (Lindenstraße 2-4).

^ *Springer-Hochhaus (links) und Mosse-Haus (rechts), dazwischen verlief bis 1989 die Mauer.*

»BERLIN IST BENZIN«

ALFRED DÖBLIN

Im April 1922 veröffentlichte die »Vossische Zeitung« Antworten von Künstlern auf eine Umfrage: »Hemmt oder beeinträchtigt Berlin wirklich das künstlerische Schaffen?« Alfred Döblins Bekenntnis war eindeutig: »Diese Erregung der Straßen, Läden, Wagen ist die Hitze, die ich in mich schlagen muß, wenn ich arbeite, das heißt: eigentlich immer. Das ist der Benzin, mit dem mein Motor läuft«.

Die Ankunft in Berlin nannte Döblin seine zweite Geburt. Er war zehn Jahre alt, als die Mutter 1888 mit ihren fünf Kindern aus Stettin nach Berlin zog. Der Vater war mit einem jungen Mädchen nach Amerika durchgebrannt. Döblin wuchs in ärmlichen Verhältnissen im Berliner Osten auf. Er studierte Medizin und arbeitete 1906-08 als Assistenzarzt an einer Klinik, die es heute noch gibt, in der ehemaligen Städtischen Irrenanstalt in Buch (Eingang Karower Straße 11, jetzt Helios-Klinikum, Örtlicher Bereich C. W. Hufeland, Nähe S-Bahnhof Buch). Sie ist auch Schauplatz im Roman »Berlin Alexanderplatz«, dort wird der Held Franz Biberkopf gegen Ende eingeliefert.

1908 wechselte Döblin ans Kreuzberger Urbankrankenhaus, dessen Patientenbibliothek heute seinen Namen trägt (Dieffenbachstraße 1). Um die Ecke machte sich Döblin 1911 als Kassenarzt selbständig

^ *Alfred Döblin, gezeichnet von dem Pressezeichner Dolbin, im »Berliner Tageblatt« vom 28.12.1927*

(Blücherstraße 18). Am Alfred-Döblin-Platz in Kreuzberg sind die letzten Worte von »Berlin Alexanderplatz« ins Pflaster gemeißelt. Die längste Zeit wohnte Döblin östlich vom Alexanderplatz an der Frankfurter Allee (1919-31, heute Karl-Marx-Allee 121-31, zerstört; in der nahen Bezirksbibliothek steht seit 2011 eine Portraitbüste, Frankfurter Allee 14a). Neben seiner Tätigkeit als Nervenarzt, Kinderarzt und Geburtshelfer entstand ein erstaunlich umfangreiches literarisches Werk. Schon vor dem Ersten Weltkrieg verkehrte er im »Romanischen Café« und machte sich durch Romane, Essays und Theaterstücke einen Namen. 1918 erschien »Wadzecks Kampf mit der Dampfturbine«, ein erster großer Berlinroman in der vom Autor propagierten »futuristischen Worttechnik«.

In den frühen Jahren der Weimarer Republik veröffentlichte Döblin in Zeitungen politische Glossen und Theaterkritiken, wurde 1924 zum Vorsitzenden des »Schutzverbandes Deutscher Schriftsteller« gewählt und 1928 in die Akademie der Künste aufgenommen. Doch der finanzielle Ertrag der Schriftstellerei war viel zu gering, um seine Familie zu ernähren. Er musste die Arztpraxis, die im armen Berliner Osten auch nicht viel abwarf, bis zum Erfolg von »Berlin Alexanderplatz« weiterführen. Dadurch blieb er in engem Kontakt zur Lebenswelt der armen Leute, der Kleinkriminellen, Prostituierten und jüdischen Zuwanderer im Scheunenviertel, von denen sein Roman erzählt.

Im proletarischen Osten der Stadt verwurzelt, sog Döblin alle neuen Kunstströmungen seiner Zeit auf: In seiner Wohnung diskutierte er mit Brecht und Piscator über neue

^ *Bauarbeiten am Alexanderplatz in der Entstehungszeit von Döblins Roman. Blick in Richtung Rotes Rathaus*

Theaterformen, er interessierte sich für Zwölftonmusik und schrieb ein Libretto für den Avantgardekomponisten Ernst Toch. Döblin sprach oft im Rundfunk, für den er auch »Berlin Alexanderplatz« als Hörspiel einrichtete. Er bewunderte George Grosz und löste 1931 einen Skandal aus, als er in seiner Eröffnungsrede zu einer Secessionsausstellung die gezeigten Bilder als »nicht ganz von heute« charakterisierte. Stattdessen rühmte er die praktische Baugesinnung, wie sie sich im sozialen Wohnungsbau eines Bruno Taut und Martin Wagner manifestierte.

1931 zog die Familie in den bürgerlichen Westen, an den Kaiserdamm 28 (am U-Bahnhof Kaiserdamm, Gedenktafel). Vor den Nazis floh Döblin nach dem Reichstagsbrand in die Schweiz, dann weiter nach Paris und 1940 in die USA. Berlin ließ ihn nicht los: In der Exilzeit schrieb er den vierbändigen Roman »November 1918« über die Stadt in den Revolutionsjahren.

Als französischer Kulturoffizier kehrte Döblin nach Deutschland zurück. Zögernd besuchte er 1947 und 1948 das zerstörte Berlin: »Es ist alles noch zu erkennen und zum Schweigen gebracht (...) Ich bin wie Diogenes mit der Laterne, ich suche und finde nichts«. Der Emigrant fühlte sich fremd in der kaputten Stadt, unerwünscht unter den Dagebliebenen. Erst 1953 erreichten ihn ernst gemeinte Einladungen aus Ost- und West-Berlin, sich wieder in seiner alten Heimat niederzulassen. Zu spät. Enttäuscht, alt, arm und krank pendelte Döblin in den letzten Lebensjahren zwischen Süddeutschland und Paris, ehe er am 26. Juni 1957 in Emmendingen starb.

^ *Franz Biberkopf verkauft Schlipse am Alex: Heinrich George in der Titelrolle des Films »Berlin Alexanderplatz« (1931)*

DIE DICHTERAKADEMIE

Die Akademie der Künste blickt auf eine über 300-jährige Geschichte zurück. 1696 wurde sie gegründet, um den künstlerischen Nachwuchs zu fördern und den preußischen Staat in Kunstfragen zu beraten. Aber erst 1926, unter der Präsidentschaft von Max Liebermann (s. S. 176f.), trat zu den Abteilungen für Bildende Kunst und Musik eine »Sektion für Dichtkunst«. Neben konservativen, heute weitgehend vergessenen Autoren wie Wilhelm von Scholz oder Walter von Molo gehörten der sogenannten Dichterakademie wichtige Vertreter der Moderne an wie Gottfried Benn, Alfred Döblin, Thomas und Heinrich Mann.

Die Aufnahme von Schriftstellern in die Preußische Akademie war ein Zeichen der Anerkennung durch die junge Republik. »Jede vorige Literatur war dem Staate fremd gewesen: die unsere nicht«, konstatierte Heinrich Mann, der die Sektion seit 1931 leitete. Ihre Aufgaben allerdings waren nicht klar definiert. Sie veranstaltete Vorträge und Festakte, vergab Preise und unterstützte Not leidende Kollegen wie Robert Musil. Vor allem Heinrich Mann und Alfred Döblin genügten diese repräsentativen Aktivitäten nicht, sie drängten auf politische Einmischung der Akademie, auf eine Ablehnung von Zensurgesetzen und eine Reform des Urheberrechts. Doch scheiterten die meisten Vorhaben an der Uneinigkeit der Akademiemitglieder. Immerhin brachten sie 1929 eine Liste mit Lektüreempfehlungen für Schulen zustande, in der Hoffnung, den Deutsch- und Geschichtsunterricht zu reformieren. Über das Projekt eines Volkslesebuchs schrieb Heinrich Mann:

»Sein Inhalt sollten die Arbeiten des Volkes und seine Freuden sein, die Geschichte Deutschlands sollte nicht

^ *Lichtdurchflutet und expressiv: Der Glaspalast der Akademie der Künste am Pariser Platz, 2005*

länger beschränkt werden auf Schlachten, auf den Ruhm von Feldherrn und Fürsten. Das Buch wurde fertig, der Minister Grimme, der letzte sozialdemokratische, begünstigte es. Seine Beamten hüteten sich, es in die Schulen einzuführen: das Ende der Republik kam schon in Sicht«.

Die Dichtersektion tagte am Pariser Platz 4 in dem Gebäude, das seit 1907 Sitz der Akademie der Künste war. Am 30. Januar 1933, nach Hitlers Ernennung zum Reichskanzler, marschierten Nazis mit Fackeln am Haus vorbei durchs Brandenburger Tor. Wenig später unterstützte Heinrich Mann gemeinsam mit Käthe Kollwitz einen Aufruf zu einem Linksbündnis gegen die neue Regierung. Daraufhin wurden beide zum Austritt aus der Akademie gezwungen. Auch Alfred Döblin, Thomas Mann, Ricarda Huch und andere verweigerten sich der ideologischen Gleichschaltung der Akademie. Nach dem Hinauswurf ihrer republikanischen und jüdischen Mitglieder spielte sie im Kulturleben der Nazizeit keine wichtige Rolle mehr.

Im Jahr 2005 ist die nach dem Zweiten Weltkrieg in Ost und West neu gegründete, nach dem Mauerfall zusammengeführte Akademie der Künste wieder an den Pariser Platz zurückgekehrt. Um die Ruine der alten Ausstellungssäle herum errichtete der Architekt Günter Behnisch ein luftiges Glashaus, dessen kristalline Struktur an expressionistische Architekturphantasien denken läßt. Die Akademie verwahrt auch die Nachlässe vieler Schlüsselfiguren der Zwanziger Jahre: Architekturentwürfe der Brüder Luckhardt und von Erich Mendelsohn, Handschriften von Bertolt Brecht und Anna Seghers, Werke von John Heartfield und George Grosz.

^ *Im Hotel Adlon (Mitte) stieg Thomas Mann ab, rechts daneben am Pariser Platz 4 tagte seit 1926 die Dichterakademie.*

SALLY UND EMIL AM NOLLENDORFPLATZ

Hier hat Sally Bowles, die Nachtclubsängerin aus dem »Kit Cat Club«, gewohnt: Nollendorfstraße 17, ein gutbürgerliches Wohnhaus aus der Gründerzeit, das seine Stuckfassade verloren, aber seinen Charakter bewahrt hat. So wie die enge Nebenstraße, an der es liegt, mit ihren Straßenbäumen und kleinen Läden im Souterrain. Neben dem Hauseingang weist eine Gedenktafel darauf hin, dass hier von März 1929 bis Anfang 1933 der Schriftsteller Christopher Isherwood wohnte.

In seinem Buch »Goodbye to Berlin« (1939, deutsch: »Leb' wohl Berlin«) sind Straße und Haus unschwer wiederzuerkennen. Es erzählt davon, wie die Wirtschaftskrise am Ende der Weimarer Republik die Bewohner jener bürgerlichen Straße verunsicherte und der Nationalsozialismus immer mehr Menschen in seinen Bann zog.

In einer Wohnung mit vielen Untermietern bewohnte Isherwood ein möbliertes Zimmer. Er freundete sich mit der jungen Engländerin Jean Ross an, die sich als Nachtclubsängerin durchschlug. In »Goodbye to Berlin« heißt sie Sally Bowles, die Vermieterin Meta Thurau trägt den Namen Fräulein Schroeder. Weltruhm erlangten die Figuren, als Isherwoods Buch für die Bühne entdeckt wurde. Das Stück »I am a Camera« kam 1951 in New York auf die Bühne, vier Jahre später wurde es verfilmt. 1966 hatte das Musical »Cabaret« in New York Premiere.

Bei der Uraufführung spielte Lotte Lenya, die auch in der ersten »Dreigroschenoper« 1928 in Berlin mit auf der Bühne gestanden hatte, die Vermieterin. Im Musical heißt sie Fräulein Schneider, wird von dem jüdischen Gemüsehändler Schultz umworben, doch zerbricht die Liebesbeziehung unter dem Druck des wachsenden Antisemitismus. Ebenso-

^ *Der Nollendorfplatz mit dem oberirdischen U-Bahnhof um 1930*

wenig belastbar ist das Verhältnis des jungen Schriftstellers Clifford Bradshaw zu Sally Bowles. Unsterblich wurde die Figur durch Liza Minelli in der »Cabaret«-Verfilmung aus dem Jahr 1972. Seither ist das Musical auch in Berlin mehrfach mit großem Erfolg gespielt worden, seit Oktober 2004 mehrere Jahre lang in einer Inszenierung des US-Regisseurs Vincent Paterson. 2012 eröffnete am Nollendorfplatz eine Bar und Kleinkunstbühne mit dem Namen »Sally Bowles» (Eisenacher Straße 2).

Was bewog einen jungen englischen Schriftsteller, sich Ende der Zwanziger Jahre in der Gegend um den Nollendorfplatz niederzulassen? Schon damals übte Berlin eine große Anziehungskraft auf Homosexuelle aus, die der Prüderie ihrer Herkunftsmilieus entfliehen wollten. Etwa 100 einschlägige Lokale soll es damals in Berlin gegeben haben. Prominent war das »Eldorado« in der Nähe von Isherwoods Wohnung an der Motzstraße, Ecke Kalckreuthstraße 11. Von den Nazis 1933 geschlossen, gibt es dort einen Bioladen gleichen Namens mit historischen Fotos des Lokals.

An der Motzstraße 30 erinnert eine Gedenktafel an den Begründer der Anthroposophie, Rudolf Steiner, der von 1903-23 dort wohnte. Im »Hotel Sachsenhof«, Motzstraße 7, lebte 1924-33 Else Lasker-Schüler, von Kollegen wie Gottfried Benn als größte lebende Dichterin verehrt, ärmlich in einem kleinen Zimmerchen: »Ich suche allerlanden eine Stadt, / Die einen Engel vor der Pforte hat. / Ich trage seinen großen Flügel / Gebrochen schwer am Schulterblatt / Und in der Stirne seinen Stern als Siegel.«

Die exzentrische Dichterin schrieb Anfang 1931 in einem Brief: »Ich bin noch nicht geheilt von der Nollendorfschlacht. Noch eine Wunde am Oberarm und Unterfußgelenk, so hab ich mich geschlagen mit den Nazis«. Die »Nollendorfschlacht« wurde im Dezember 1930 von Hitlers Statthalter Joseph Geobbels angezettelt, als der Antikriegsfilm »Im Westen nicht Neues« nach dem gleichnamigen Roman von Erich Maria Remarque ins Kino kam. Im »Mozartsaal« am Nollendorfplatz 5 randalierten Nazis so lange, bis der Film wegen Gefährdung der öffentlichen Sicherheit verboten wurde.

Der »Mozartsaal«, ursprünglich ein Konzertsaal, wurde seit 1910 als Lichtspieltheater genutzt. Er befand sich im wenige Jahre zuvor erbauten »Neuen Schauspielhaus am Nollendorfplatz«. In den Zwanzigern eröffnete der Regisseur Erwin Piscator dort ein gesellschaftskritisches Theater (s. S. 215, Gedenktafel am Seiteneingang Ecke Motzstraße).

Nach den Zweiten Weltkrieg war das Haus Filmtheater, Pornokino, Disko und Konzertsaal. Unter dem Namen »Metropol« wurde diese Tradition 2019 wiederbelebt.

Dadurch wurde Erich Kästner auf den Ort aufmerksam. Als Theaterkritiker war er von Piscators Arbeit fasziniert, meinte gar, hier beginne »eine neue Epoche der deutschen Theatergeschichte«. Kästner wohnte 1927-29 nicht weit entfernt, am anderen Ende der Motzstraße (Prager Straße 6, Gedenktafel mit falschen Jahresangaben an einem Neubau). Er war also mit der Topographie der Gegend bestens vertraut. Die Ortskenntnis ist in sein berühmtestes Buch eingeflossen, den 1929 erschienenen Kinderbuchklassiker »Emil und die Detektive«. Emil Tischbein, dem im Zug nach Berlin das Geld für seine Oma gestohlen wurde, verfolgt den Dieb von einem Café in der Nähe von Kästners Wohnung bis zum Nollendorfplatz. Dort steigt der Dieb in einem Hotel ab, für das wahrscheinlich das Hotel Sachsenhof als Vorbild diente. Im Hof hinter dem Kino am Nollendorfplatz schlägt Emil mit den Berliner Kindern, die ihn bei der Verbrecherjagd unterstützen, seinen Beobachtungsposten auf. Am nächsten Morgen können sie den Dieb stellen und der Polizei übergeben; weil es sich um einen gesuchten Verbrecher handelt, bekommt Emil nicht nur sein Geld zurück, sondern auch noch tausend Mark Belohnung dazu. Und die augenzwinkernde Moral von der Geschichte? »Geld soll man immer nur per Postanweisung schicken!«

^ *Das Theater am Nollendorfplatz mit dem Kino »Mozartsaal«, Ecke Motzstraße (links)*

HIER SCHRIEB BERLIN
WOHNADRESSEN VON AUTOREN

- **Vicki Baum**, Journalistin und Romanautorin, 1926-31 Koenigsallee 43-45, Grunewald (Gedenktafel).
- **Gottfried Benn**, Dichter, praktizierte 1918-35 als Arzt für Haut- und Geschlechtskrankheiten an der Belle-Alliance-Straße 12, heute Mehringdamm 38 (Kreuzberg, Gedenktafel).
- **Hedwig Courths-Mahler**, meistgelesene Romanautorin ihrer Zeit, 1914-32 Knesebeckstraße 12, Charlottenburg (Gedenktafel).
- **Lion Feuchtwanger**, Romancier, 1931-33 Regerstraße 8, Grunewald (Gedenktafel im Gehweg).
- **Samuel Fischer**, Verleger, 1905-34 Erdener Straße 8, Grunewald (Gedenktafel). Der führende Literaturverlag hatte seinen Sitz in der Bülowstraße 90, Schöneberg (Gedenktafel).
- **Georg Hermann**, Romancier, 1931-33 Kreuznacher Straße 28, Wilmersdorf (Gedenktafel).
- **Theodor Heuss**, Schriftsteller und Politiker, 1918-30 Fregestraße 80, Friedenau (Gedenktafel).
- **Arno Holz**, Schriftsteller, 1910-25 Stübbenstraße 5, Schöneberg (Gedenktafel).
- **Ricarda Huch**, Schriftstellerin, 1927-32 Uhlandstraße 194 (Charlottenburg).
- **Franz Kafka**, Schriftsteller, 1923-24 Grunewaldstraße 13, Steglitz (Gedenktafel).
- **Egon Erwin Kisch**, Journalist, bis Januar 1933 in der Güntzelstraße 3, Wilmersdorf (Gedenktafel).
- **Erich Maria Remarque**, Sportjournalist und Romancier, 1928-29 Wittelsbacher Straße 5, Wilmersdorf.

- **Joachim Ringelnatz**, Kabarettist und Dichter, wohnte 1930-34 am Brixplatz 11, Westend (Gedenktafel).
- **Anna Seghers**, Schriftstellerin, 1928-33 Helmstedter Straße 24, Wilmersdorf (Gedenktafel).
- **Gabriele Tergit**, Journalistin und Schriftstellerin, 1928-33 Siegmunds Hof 22, Tiergarten (Gedenktafel).
- **Kurt Tucholsky**, Journalist und Schriftsteller, 1920-24 Bundesallee 79, Wilmersdorf (Gedenktafel).
- **Paul Zech**, expressionistischer Dichter und Dramatiker, 1923-33 Naumannstraße 78, Schöneberg (Gedenktafel).
- **Arnold Zweig**, Essayist und Romancier, 1930-33 Zikadenweg 59, Eichkamp, (Gedenktafel).
- **Marina Zwetajewa**, Dichterin, 1922 Trautenaustraße 9, Wilmersdorf (Gedenktafel).

Außerdem finden sich in diesem Buch an anderer Stelle Adressen von

Walter Benjamin (S. 241),
Bertolt Brecht (S. 212ff.),
Alfred Döblin (S. 188f.),
Thea von Harbou (S. 100),
Max Hermann-Neisse (S. 241),
Wieland Herzfelde (S. 169ff.),
Christopher Isherwood (S. 193),
Heinrich Mann (S. 241),
Robert Musil (S. 239),
Else Lasker-Schüler (S. 194),
Erich Kästner (S. 195, 249),
Mascha Kaléko (S. 241),
Alfred Kerr (S. 28),
Gertrud Kolmar (S. 241),
Siegfried Kracauer (S. 241),
Walther Rathenau (S. 27f.),
Joseph Roth (S. 235),
Rudolf Steiner (S. 194),
Else Ury (S. 241),
Carl Zuckmayer (S. 241).

^ *Fasanenstraße 61: Heinrich Manns letzte Wohnung vor der Emigration*

REVUE BERLIN – MUSIK, THEATER, KINO

Der Kabarettsänger Otto Reutter, ein Star im »Wintergarten«-Varieté am Bahnhof Friedrichstraße, sang in den Zwanziger Jahren: »Man baut jetzt ein Theater, / Fünftausend gehen rin. / Man kann nicht hör'n noch sehen / In solchem Raume drin. / Doch dem Direktor, dem gelingt's. / Er denkt bei sich: Die Masse bringt's. / Berlin ist ja so groß – so groß – so groß – / Kommt jeder einmal her / Und sieht, daß er niscHt sehen kann, / Dann bin ich Millionär.« Es gab noch kein Fernsehen im damaligen Berlin, goldene Zeiten für die darstellenden Künste und die Vergnügungsindustrie. Über 20 Berliner Bühnen boten Platz für 1000 und mehr Zuschauer. Jeden Abend strömten Zehntausende in die zahllosen Operetten, Lustspiele und Revuen, mit denen private Theaterunternehmer Kasse machten.

Die Konkurrenz in der Hauptstadt war hart, das förderte den Einfallsreichtum und manchmal auch die Qualität: Als Vergnügungsmetropole gab Berlin in Deutschland den Ton an. Varietés wie der schon in der Kaiserzeit etablierte »Wintergarten« oder die »Scala« an der Martin-Luther Straße 22-24, wo die »Comedian Harmonists« sangen, maßen sich an den Vergnügungspalästen in London oder Paris. Im Zweiten Weltkrieg zerstört, blieb der »Wintergarten« am Bahnhof Friedrichstraße ein Mythos, Synonym für niveauvolle Unterhaltungskultur, und so war es nur eine Frage der Zeit, bis findige Theaterunternehmer den Namen für ein neues Unternehmen adaptierten: Seit 1992 hält sich ein kleineres Varieté, gegründet von André Heller, Bernhard Paul und Peter Schwenkow, unter dem alten Namen an der Potsdamer Straße 96.

Im November 1895 führte der Filmpionier Max Skladanowsky im Rahmen einer Varietévorstellung im alten »Wintergarten« zum ersten Mal sein »Bioscop« vor – die erste Filmvorführung in Berlin. Danach trat das Kino einen rasanten Siegeszug an. 1921 gab es

< *Jeanne Mammen, »Vor dem Auftritt«, Aquarell (um 1928)*

in der Stadt bereits über 400 Filmtheater mit fast 150 000 Plätzen. Die meisten waren enge, muffige Abspielstätten in Ladenlokalen, wo den ganzen Tag ein Filmpianist ein schlecht gestimmtes Klavier bearbeitete. »Theater der kleinen Leute« nannte Alfred Döblin diese Kinos. Mit dem Aufkommen langer Spielfilme ab 1910 entstanden daneben immer prächtigere Filmpaläste mit bis zu 3000 Plätzen. Sie prunkten mit Platzanweisern in Livree, einem varietéartigen Rahmenprogramm und Filmorchestern mit bis zu 70 Musikern.

»Aus dem Kino ist ein glänzendes, revueartiges Gebilde herausgekrochen: das Gesamtkunstwerk der Effekte«, schrieb Siegfried Kracauer 1926. Im »Kult der Zerstreuung« enthüllte sich für den Filmkritiker die Mentalität der großstädtischen Masse: »Das Berliner Publikum handelt in einem tiefen Sinne wahrheitsgemäß, wenn es (...) dem Oberflächenglanz der Stars, der Filme, der Revuen, der Ausstattungsstücke den Vorzug erteilt. Hier, im reinen Außen, trifft es sich selber an, die zerstückelte Folge der splendiden Sinneseindrücke bringt seine eigene Wirklichkeit an den Tag.«

Der größte Tempel der Zerstreuungskultur in Deutschland stand verkehrsgünstig am Potsdamer Platz. 1911-12 war dort ein Geschäftshaus mit Café und Großkino entstanden, das 1927/28 nochmals aufwendig umgebaut wurde: das »Haus Vaterland«. Besucher hatten die Wahl zwischen einer türkischen Mokkastube, einer spanischen Bodega, einer Wild-West-Bar oder den »Rheinterrassen«, wo stündlich mit Licht- und Geräuscheffekten ein Gewitter über dem Rheintal simuliert wurde. In den Vergnügungsstraßen Berlins, etwa am Kurfürstendamm, sah es nicht viel anders aus: »Ein Gasthaus wird

^ *Der »Wintergarten« und das »Haus Vaterland« zählten zu den führenden Vergnügungsetablissements in Berlin.*

amerikanisch, ein Kaffeehaus französisch. Zwar sieht es niemals aus wie in New York oder Paris. Aber es weckt Reminiszenzen an dieses und jenes. In ihrer Bescheidenheit halten sie sich nur für gelungene Imitationen, aber sie sind in Wirklichkeit mißlungene Originale.«

So Joseph Roth, der auch beschrieb, wie der Jazz in Berlin Einzug hielt. 1921 schilderte er in einem Feuilleton eine seltsame Musikkapelle: Angeblich bestand sie aus Amerikanern, in Wahrheit wohl aber doch aus arbeitslosen Berliner Musikern, die mit Kochgeschirren und Schmirgelpapier einen Höllenlärm veranstalteten. Neben dem Jazz kam in den Zwanziger Jahren die Zwölftonmusik in Mode. Die harten Rhythmen und atonalen Klangcollagen klangen vertraut in den Ohren der Großstädter, die den ganzen Tag der Kakophonie der Metropole ausgeliefert waren.

Noch zogen die Leierkastenmänner über die Hinterhöfe, um ein wenig Klangfarbe in den grauen Alltag zu bringen, doch ihre Tage waren gezählt. Schallplatte und Rundfunk entwickelten sich zu den Massenmedien. Dank der frühen Tonaufzeichnungen sind die Zwanziger überhaupt die erste Epoche, mit der wir heute einen bestimmten Originalklang assoziieren. Man hat im Ohr, wie die »Comedian Harmonists« einen kleinen grünen Kaktus besingen oder wie die durchdringende Stimme von Claire Waldoff fragt: »Wer schmeißt denn da mit Lehm?« Und in unserem Gedächtnis krächzt Brecht zum Leierkasten Songs aus der »Dreigroschenoper«: »Der Mensch ist gar nicht gut / Drum hau ihn auf den Hut. / Hast Du ihn auf den Hut gehaut / Dann wird er vielleicht gut. // Denn für dieses Leben / Ist der Mensch nicht gut genug / Darum haut ihn eben / Ruhig auf den Hut.«

^ *Saxophon und Schlagzeug zogen mit dem Jazz auch in die gepflegte Unterhaltungsmusik ein.*

NEUE TÖNE

STAATSOPER, KROLLOPER UND PHILHARMONIE

»Als ich gestern abend die Staatsoper Unter den Linden verließ, hatte ich das Gefühl, nicht aus einem öffentlichen Kunstinstitut zu kommen, sondern aus einem öffentlichen Irrenhaus. Auf der Bühne, im Orchester, im Parkett: lauter Verrückte«, stöhnte der Musikkritiker Paul Zschorlich im Dezember 1925 in der konservativen »Deutschen Zeitung«. Er hatte die wohl bedeutendste Opernpremiere jener Jahre an der Staatsoper erlebt: die Uraufführung von Alban Bergs Oper »Wozzeck« nach dem Dramenfragment von Georg Büchner.

Die Avantgarde hielt in der Weimarer Republik Einzug in das älteste, 1742 eröffnete Berliner Theater, die ehemals Königliche Oper, seit der Revolution Staatsoper. Der republikanische Intendant Max von Schillings und der musikalische Leiter Erich Kleiber strebten eine radikale Erneuerung des Repertoires an. Um den Ansprüchen eines modernen Opernbetriebs und Regietheaters zu genügen, wurde die Staatsoper zudem von 1926 bis 1928 umgebaut: Sie erhielt eine größere Bühne mit moderner Technik.

Als zweite Spielstätte diente seit 1924 die sogenannte Krolloper in ehemaligen Festsälen am Platz der Republik, gegenüber dem Reichstagsgebäude. Unter der Leitung des Dirigenten Otto Klemperer agierte die Krolloper seit 1927 weitgehend selbständig und schrieb Musikgeschichte. Bauhäusler wie Laszlo Moholy-Nagy und Oskar Schlemmer oder der von Brecht geschätzte Caspar Neher gestalteten Bühnenbilder, Sprechtheaterregisseure wie Jürgen Fehling und Gustav Gründgens inszenierten. Otto Klemperer setzte nicht nur zeitgenössische Opern von Strawinsky, Milhaud, Krenek, Weill oder Hindemith auf den Spielplan, er entstaubte auch das Repertoire. Statt auf den opern-

üblichen Starkult setzte er auf ein motiviertes Ensemble junger Mitstreiter, mit Erfolg: »Ein ›Fidelio‹ ohne theatralisches Pathos, ohne bombastisches Geschluchze, ohne biedermännische Banalitäten, ohne naturalistische Peinlichkeiten. Man glaubte, ein neues Werk zu hören«, schrieb ein Kritiker über Klemperers Einstand an der Krolloper.

Das Haus zog ein junges, interessiertes Publikum an, das nicht unbedingt zum üblichen Kreis der Opernliebhaber zählte. Für die konservativen Gegner der Weimarer Republik aber blieb die Krolloper ein Symbol des Traditions- und Kulturverfalls. 1931 setzten die Rechtsparteien im Preußischen Landtag die Schließung durch. Nach dem Reichstagsbrand im Februar 1933 wurde das Haus von den Nationalsozialisten für den Reichstag hergerichtet, der sich bald darauf mit dem Ermächtigungsgesetz in die politische Bedeutungslosigkeit verabschiedete.

Einen exzellenten Ruf erspielte sich unter der musikalischen Leitung von Bruno Walter in der zweiten Hälfte der Zwanziger Jahre auch die Städtische Oper in Charlottenburg, die Vorgängerin der heutigen Deutschen Oper an der Bismarckstraße 35. Kurze Zeit besaß Berlin drei feste, von Stadt und Staat subventionierte Opern von Weltgeltung. Ein Glückszustand, von dessen Wiederherstellung Berliner Kulturpolitiker bis auf den heutigen Tag träumen.

Musikalische Erneuerer besetzten Schlüsselpositionen im Musikbetrieb: Der Komponist Franz Schreker leitete seit 1921 die Staatliche Musikhochschule in Charlottenburg, wo auch Paul Hindemith Komposition

^ *Auf der Wiese südlich des Kanzleramtes erinnert heute nur noch eine Infotafel an die Krolloper (Postkarte, um 1935).*

lehrte. Ferruccio Busoni unterrichtete seit 1920 die Meisterklasse für Komponisten an der Akademie der Künste. Einer seiner Schüler war Kurt Weill, der später die Musik zur »Dreigroschenoper« schrieb. Nach Busonis Tod übernahm 1925 Arnold Schönberg, der Lehrer Alban Bergs, dessen Lehramt an der Akademie.

Auch der junge Wilhelm Furtwängler, seit 1922 Chefdirigent der Berliner Philharmoniker, provozierte Randale im Publikum, als er Werke von Strawinsky und Schönberg in seine Konzertprogramme aufnahm. An der Bernburger Straße 21-22 (Nähe S-Bahnhof Potsdamer Platz) markieren ein künstlerisch gestalteter Torbogen und eine Gedenktafel den Weg zur alten Philharmonie – doch statt zu dem im Zweiten Weltkrieg zerstörten Musiktempel führt er auf den Innenhof einer modernen Wohnanlage mit Ökoteichen. Die neue Philharmonie von Hans Scharoun wurde 1963 nicht weit vom alten Standort eingeweiht (Matthäikirchstraße 1).

Von den historischen Konzertsälen in der Umgebung des Potsdamer Platzes hat sich nur der 1913 eröffnete »Meistersaal« in der Köthener Straße 38 erhalten. Etwa 600 Sinfonie-, Chor- und Kammermusikkonzerte, Lieder- und Klavierabende wurden in der Konzertsaison 1924-25 in Berlin gezählt. Konzertvirtuosen aus aller Welt suchten das Urteil der Berliner Kritik. Ein musikalisches Wunderkind wie der in Amerika geborene Geiger Yehudi Menuhin stellte sich bereits im zarten Alter von zwölf Jahren in Berlin vor: Am 12. April 1929 spielte er drei Violinkonzerte von Bach, Beethoven und Brahms in der Philharmonie, was selbst die überkritischen Berliner zu Ovationen hinriss.

Die Übergänge zwischen Avantgarde und Unterhaltungsmusik waren fließend. Komponisten mit klassischer Ausbildung entdeckten den Jazz, so wie Ernst Krenek 1927 in seiner Oper »Jonny spielt auf«. Paul Hindemith verarbeitete in seiner Klaviersuite »1922« populäre Modetänze. Und der Schönberg-Schüler Hanns Eisler brachte der politischen Linken neue Töne bei: Am 13. Dezember 1930 kam in der alten Philharmonie sein Oratorium »Die Maßnahme« zur Uraufführung, ein mit Brecht entwickeltes Lehrstück über die kommunistische Untergrundarbeit. Im folgenden Jahr schrieb Eisler die Musik zu »Kuhle Wampe«, dem ersten proletarischen Tonfilm. Seinen Abschluss bildete das »Solidaritätslied« mit dem Text Brechts: »Vorwärts und nicht vergessen...«. Rasch wurde das »Solidaritätslied« zur Hymne der kommunistischen Bewegung auf der ganzen Welt.

THEATERLANDSCHAFT

Stoßseufzer eines Theaterkritikers: »Können Sie sich vorstellen, wie das ist: fast jeden Abend ins Theater gehen. Berlin hat etwa dreißig Bühnen. Und wenn jede von Ihnen im Monat nur eine Premiere hat, ist schon jeder Abend ausgefüllt. An manchen Tagen verstopft sich das Programm geradezu! Dann liegen für drei und vier Theater Billets auf meinem Schreibtisch, und es bedarf der raffiniertesten telefonischen Manöver, bis alles geregelt ist.« So Erich Kästner 1929 in einem Theaterbrief der »Neuen Leipziger Zeitung«, für die er als Feuilletonkorrespondent aus Berlin berichtete.

Berlin war als »Stadt der dreißig Bühnen« berühmt, doch wenn man nachzählt und alles sorgfältig addiert – die großen Sprechtheater, Opern- und Operettenhäuser, die Varietés, Volkstheater, Kabaretts und Kleinkunstbühnen – dann kommt man schnell auf über einhundert Adressen. Die meisten sind vom Stadtplan verschwunden, auch theaterhistorisch bedeutende wie das Lessing-Theater in der Nähe des Reichstags (s. Stadtplan auf S. 14 oben links). Aber in groben Umrissen ist die Theaterlandschaft der Zwanziger Jahre noch erkennbar. Die erhaltenen Traditionsbühnen sind sogar meist noch älter, stammen wie das Deutsche Theater aus der Kaiserzeit, als sich Berlin zu einer richtigen Theaterstadt mit vielen konkurrierenden Bühnen mauserte.

Auf der Prioritätenliste eines Theaterkritikers rangierte das Staatstheater am Gendarmenmarkt ganz weit oben. Man sieht es dem von Karl Friedrich Schinkel entworfenen, 1821 eröffneten, in DDR-Zeiten als Konzertsaal wiederaufgebauten Kunsttempel nicht an, dass er in den Zwanziger Jahren der Hauptkampfplatz für die Durchsetzung einer neuen Theaterästhetik war. Das ehemalige Hoftheater wurde nach der

^ *Werbung für eine Operettenrevue im Großen Schauspielhaus am Bahnhof Friedrichstraße*

Novemberrevolution als Preußisches Staatstheater weitergeführt. Der neue Intendant Leopold Jessner, ein Sozialdemokrat jüdischer Herkunft, provozierte gleich mit seiner ersten Premiere im Dezember 1919 eine Saalschlacht. Er ließ Schillers »Wilhelm Tell« ohne Alpendekor auf einer kargen Stufenbühne spielen, als modernes Freiheitsdrama. Jessners klare und strenge Klassikeraufführungen machten Schule, gleichzeitig öffnete er sein Haus für vielversprechende Nachwuchsdramatiker wie Ernst Barlach, Arnolt Bronnen, Hans Henny Jahnn und Carl Zuckmayer. 1923 wurde das Schiller-Theater in Charlottenburg dem preußischen Staatstheater als zweite Spielstätte angegliedert. Bis 1930 hielt Jessner den Angriffen von konservativer und völkischer Seite stand, die sich gegen seine Arbeit, seine Person und gegen die sozialdemokratische Kulturpolitik in Preußen richtete – dann gab er das Intendantenamt auf, inszenierte noch ein paar Stücke am Gendarmenmarkt und ging 1933 ins Exil.

Unter Jessners Leitung und noch einmal in der Nazizeit unter seinem Nachfolger Gustav Gründgens galt das Theater am Gendarmenmarkt als die führende Bühne in Deutschland. Sie lief sogar dem Deutschen Theater (Schumannstraße 13a, Nähe S-Bahnhof Friedrichstraße) den Rang ab, das um die Jahrhundertwende in puncto Schauspielkunst, Spielplangestaltung und Regie neue Maßstäbe gesetzt hatte, erst unter Otto Brahms Leitung, seit 1905 unter Max Reinhardt. Der große Theaterzauberer regierte über ein Rie-

^ *Die Berliner nannten das Große Schauspielhaus von Hans Poelzig »Tropfsteinhöhle«. Aufnahme um 1920.*

senreich: Er bespielte zwischen 1902 und 1933 insgesamt 13 Theater in Berlin, außerdem noch neun Bühnen in Wien. Das Deutsche Theater mit den Kammerspielen und angeschlossener Schauspielschule war das Herzstück seines Imperiums, mit einem gemischten Spielplan aus alten und neuen Klassikern und herausragenden Uraufführungen. Reinhardts größtes Projekt aber war die Umwidmung einer alten Markthalle an der Weidendammer Brücke, die zwischenzeitlich als Zirkus gedient hatte, zum »Großen Schauspielhaus«. Der Architekt Hans Poelzig leitete den Umbau. Als Meilenstein expressionistischer Architektur ging seine sogenannte »Tropfsteinhöhle« in die Architekturgeschichte ein. Die von den Decken herabhängenden Stalaktiten hatten eine wichtige Funktion: Sie verbesserten die schwierige Akustik und dienten als Halterung für Glühbirnen. Der Raumeindruck war überwältigend. Ein Volkstheater auf höchstem ästhetischen Niveau sollte das Haus mit 3000 Plätzen sein, doch für einen anspruchsvollen Spielplan erwies es sich dann doch als zu groß. Reinhardt gab es bald auf und überließ es dem Tänzer und Choreographen Erik Charell, das Riesenhaus mit opulenten Ausstattungsrevuen und Operetten (wie dem »Weißen Rössl«) zu füllen.

Unter dem Namen Friedrichstadtpalast wurde das Große Schauspielhaus bis 1980 weitergeführt, dann musste der in die Jahre gekommene Bau abgerissen werden. Zwischen Bertolt-Brecht-Platz und Reinhardtstraße steht jetzt ein großer Wohnkomplex mit Luxusappartements. Nachfolger des Großen Schauspielhauses ist der 1984 eröffnete Friedrichstadtpalast an der Friedrich-

^ *Der Friedrichstadtpalast führt die Tradition des Großen Schauspielhauses als Revuetheater fort. Aufnahme von 2005.*

straße 107, der die Tradition der großen Ausstattungsrevuen weiterführt. Unverzichtbar dabei sind militärisch exakte Tanzdarbietungen, die der Schriftsteller Alfred Polgar 1926 folgendermaßen beschrieb: »Girls nennt man Gruppen jüngerer Frauen, die bereit sind, ziemlich entkleidet auf einer Bühne genau vorgeschriebene parallele Bewegungen zu machen. Der Zweck ihres Erscheinens und Tuns ist, Zuschauer erotisch anzuregen und diese hierdurch über das, was sonst auf der Bühne vorgeht, zu trösten.« Nach dem Vorbild der britischen »Tiller-Girls« eroberte der Maschinentanz in den Zwanziger Jahren die Revuebühnen auf der ganzen Welt, so auch in Berlin.

Das Berliner Theaterleben konzentrierte sich seit der Kaiserzeit in der Gegend um den Bahnhof Friedrichstraße – noch heute ist dort die Theaterdichte am höchsten. Verschwunden ist die Straßenprostitution, die damals um den Bahnhof blühte und dem regen Leben auf der Friedrichstraße eine bühnenhafte Atmosphäre verlieh: »Die Perspektive ist mit starren Mädchengesichtern flankiert – schönen Gesichtern, vollkommen gemalten; den Augen ist das Grenzenlose vom Bleu und vom Atropin geliehen, aber sie sind grenzenlos; die Täuschung wird vom ergriffenen Hinschauen für Wirklichkeit genommen. Die Mädchen stehen, eine Allee von Idolen unter den tausend und abertausend Glühbirnen aus weißem Gold, aus blauem und rotem Purpur«, so beschrieb der Kunstschriftsteller Wilhelm Hausenstein eine Nachtszene am Bahnhof Friedrichstraße.

Relikte des früheren Vergnügungs- und Nachtlebens direkt am Bahnhof sind das Theater am Schiffbauerdamm (Foto S. 213) und der Admiralspalast (erbaut 1910/11, Friedrichstraße 101/102). Das Etablissement war ausgestattet mit Café, Kino, Dampfbad und einer Eisarena, die 1922 zum Theater umgebaut wurde. Zu sehen waren dort die »Haller-Revuen« mit Musik von Walter Kollo, sowie Operetten von Paul Lincke und Franz Lehar. Nach dem Zweiten Weltkrieg war dieses Theater zehn Jahre lang Ausweichquartier der Staatsoper, ab 1955 unter dem Namen Metropol-Theater wieder Operettenhaus. Nach der Wiedervereinigung verlor es seinen Status als Staatstheater, ging pleite und stand jahrelang leer. 2006 ist es unter dem alten Namen Admiralspalast in privater Regie wieder als Bühne für allerlei Kulturveranstaltungen zum Leben erweckt worden.

Gleich neben dem Admiralspalast, an der Weidendammer Brücke, bot bis zum Zweiten Weltkrieg die Komische Oper ebenfalls unterhaltsames Musiktheater. Nach der Zerstörung des Hauses wurde sie 1947

in der Behrenstraße 55-57 neu eröffnet, wo Walter Felsenstein mit sorgfältiger Regiearbeit eine neue Tradition des Musiktheaters in deutscher Sprache begründete. In dem 1891-92 erbauten, innen mit neobarockem Prunk auftrumpfenden Theatergebäude trat in den Zwanziger Jahren die gefeierte Fritzi Massary als Operettensängerin auf. Ihr berühmtestes Lied: »Warum soll eine Frau kein Verhältnis haben...«.

Wenn die großen Theater ihr Publikum in die Nacht entließen, dann ging auf anderen Bühnen erst das Licht an. »Ich sang jahrelang Unter den Linden allabendlich halbzwei Uhr nachts im Linden-Kabarett. Ich war die sogenannte ›Rosine‹ im Programm der internationalen Weltstadt«, erinnerte sich Claire Waldoff. Das Linden-Kabarett lag im selben Straßenblock wie das damalige Metropol-Theater, Unter den Linden 22, und war Mieter in der Kaiserpassage, die den Block durchschnitt. Claire Waldoff, in Gelsenkirchen geboren, debütierte 1907 in der Hauptstadt und lernte schnell den Berliner Zungenschlag. Sie trat in den Zwanziger Jahren als Zugnummer im Großen Schauspielhaus, im »Wintergarten« und im Varieté »Scala« auf. Klein, drall, frech, unkompliziert und selbstbewusst verkörperte sie in den Zwanziger Jahren die moderne »Großstadtpflanze«, den Typus der emanzipierten Berlinerin. »Raus mit den Männern aus dem Reichstag« schmetterte sie in Hemdbluse, mit Schlips und kurzen Haaren. Als die Nazis dort die Oberhand gewannen, ging es mit ihrer Karriere steil bergab – das Berlin der Zwanziger Jahre verlor seine Stimme.

^ *Nicht nur ihre Bühnenauftritte, auch Rundfunk und Schallplatten machten Claire Waldoff zu einem Star.*

»HAUS HERZENSGLÜCK«
RENAISSANCE-THEATER

Wer ist Ferdinand Bruckner? Diese Frage hielt Ende der Zwanziger Jahre die Theaterwelt in Atem. Im Sturm eroberte sein 1926 in Hamburg uraufgeführtes Drama »Krankheit der Jugend« die Bühnen: ein psychologisches Kammerspiel über die sexuelle Freizügigkeit, emotionale Kälte und Perspektivlosigkeit junger Leute nach dem Ersten Weltkrieg. Am Berliner Renaissance-Theater erlebte das Stück 1928 allein 180 Vorstellungen. Doch der Autor versteckte sich vor der Öffentlichkeit. Also schickte der beglückte Direktor des Renaissance-Theaters die Aufführungskritiken an seinen Kollegen Theodor Tagger, der das Theater am Kurfürstendamm leitete und als Bevollmächtigter des scheuen Autors auftrat. Der lüftete das Inkognito erst zwei Jahre später, als sein Stück »Elisabeth von England« am Deutschen Theater triumphierte: Ferdinand Bruckner war das Pseudonym des Theatermachers Theodor Tagger – jenes Mannes, der das Renaissance-Theater 1922 gegründet und bis 1927 geleitet hatte.

Es war nicht die einzige Bühne, die in diesen Jahren am »Knie«, dem heutigen Ernst-Reuter-Platz neu eröffnete. In der Nähe machte seit September 1919 auch die »Tribüne« als Avantgardetheater von sich reden, mit expressionistischen Stücken wie Walter Hasenclevers »Der Retter« und Ernst Tollers »Die Wandlung«. 2011 fiel in der traditionsreichen Kammerbühne der letzte Vorhang (Otto-Suhr-Allee 18). Das nahe Renaissance-Theater (Knesebeckstraße 100) galt in den Anfangsjahren mit seinen 400 Plätzen als das ungemütlichste in Berlin. Der ehemalige Kinosaal in einem spitzwinkligen Eckhaus aus der Kaiserzeit wirkte dumpf und eng wie ein Schlauch, und das Gerangel an den Garderoben in dem win-

^ *Tags fällt das Renaissance-Theater kaum auf, nachts lockt es mit beleuchteten Fenstern.*

zigen Foyer war von Theatergängern gefürchtet. Trotzdem erspielte sich das Renaissance-Theater mit modernen Klassikaufführungen und neuer Dramatik einen guten Ruf.

Lukrativ war das für den Theaternarren Theodor Tagger nicht. Er stand mal wieder kurz vor der Pleite, als ein Mäzen sich 1926 bereit erklärte, den Umbau des Theaters zu finanzieren, um es für zahlungskräftige Bürger einladender zu machen. Die Wahl fiel auf den berühmtesten Theaterarchitekten Berlins: Oskar Kaufmann, der schon das Hebbel-Theater (1906-8, Stresemannstraße 29) und die Volksbühne (1913-14, Foto S. 215) entworfen hatte, außerdem das erste freistehende Lichtspieltheater in Deutschland, das leider zerstörte »Cines« am Nollendorfplatz. Für große An- und Umbauten war im beengten Renaissance-Theater kein Platz, dennoch verwandelte Kaufmann es in nur fünf Monaten in ein architektonisches Juwel. Er setzte einen kleinen, halbrunden Vorbau als Kassenhalle vor die spitze Gebäudeecke, außen gegliedert durch hohe Rundbogenfester mit blauen Scheiben. Von innen erleuchtet strahlen sie wie Lichtsäulen in die Berliner Nacht. Die Enge der Räumlichkeiten machte Kaufmann durch eine elegante und farbenfrohe Innendekoration im Art-Deco-Stil vergessen.

Der Filmausstatter und Maler César Klein entwarf das großflächige Intarsienwandbild, das den Zuschauerraum von drei Seiten umschließt. Angelehnt an die Commedia dell'Arte sieht man Harlekins und Pierrots, Papageien und Blütenranken, eingebettet in konstruktivistische Ornamente aus edlen Hölzern, Schildpatt und Elfenbein. César Klein gestaltete auch das Bühnenbild für die Eröffnungspremiere nach dem Umbau am 8. Januar 1927, gespielt wurde die Komödie »Haus Herzenstod« von Bernard Shaw.

Der Kritiker Alfred Kerr schwärmte: »Dies umgebaute Theater könnte man Haus Herzensglück nennen. Denn es ist von einer Zauberholdheit, die man nicht bloß mit der Pupille, sondern schlechtweg mit der Seele fühlt.« Nur ein Problem konnte der Architekt nicht lösen: Es fehlte Platz für eine größere Bühne mit Schnürboden und moderner Bühnentechnik. Das Renaissance-Theater sei das hübscheste Theater Berlins, nur habe man leider die Bühne vergessen, sagen Theaterleute. Aber wegen seiner intimen Atmosphäre wird es geliebt und behauptet sich wie in den Zwanzigern als Schauspielerteater gegen die Konkurrenz größerer Bühnen, erst recht nach der denkmalgerechten Restaurierung der Innenräume in den letzten Jahren.

»IN DER ASPHALTSTADT«
BRECHT IN BERLIN

Wenn der Stückeschreiber Bertolt Brecht mit Lederjacke und Schiebermütze vor die Haustür trat, dann sah er gleich rechter Hand die Außenreklame des Renaissance-Theaters. Er hat dort weder Regie geführt, noch wurde dort zu Lebzeiten eines seiner Stücke aufgeführt, dennoch verband ihn mit diesem Berliner Theater eine Beziehung: Mitte der Zwanziger Jahre übernahm dort seine Frau, die Schauspielerin Helene Weigel, einige Rollen, durch die sie erstmals die Aufmerksamkeit namhafter Theaterkritiker auf sich zog.

1928 mietete Brecht nebenan eine Arbeitswohnung in der nicht mehr erhaltenen Hardenbergstraße 1a. Ebenfalls zerstört ist die Familienwohnung zwei Ecken weiter, Leibnizstraße 108, für die Brecht und Weigel im Oktober 1932 den Mietvertrag unterzeichneten. Darin wurde den Mietern ausdrücklich das Anbringen politischer Reklame verboten, um den Hausfrieden nicht zu gefährden. Wegen der politischen Entwicklung packte man bald wieder die Koffer: Sofort nach dem Reichstagsbrand tauchten Brecht und Weigel unter, um sich einer befürchteten Verhaftung zu entziehen, und reisten früh am 28. Februar 1933 nach Prag.

Damit endete für Brecht ein wichtiger Lebensabschnitt. Neun Jahre war Berlin sein unbestrittener Lebensmittelpunkt gewesen. Hier war der gebürtige Augsburger nicht nur als umtriebiger Nachwuchsautor berühmt geworden, er hatte auch die Atmosphäre, die sozialen und politischen Spannungen der großen Stadt aufgesogen. »In der Asphaltstadt bin ich daheim«, schrieb Brecht schon 1922 in einem lyrischen Selbstporträt. Dabei fiel ihm die Eroberung Berlins nicht leicht. Zwischen 1920 und 1924 reiste er insgesamt neun Mal für längere Zeit an die Spree,

^ *Fritz Cremers Brecht-Denkmal steht seit 1988 vor dem heutigen Berliner Ensemble, Uraufführungsort der »Dreigroschenoper«.*

um hier Kontakte zu Verlagen und zur Theaterwelt zu knüpfen, stets in der Hoffnung, sich eine Existenz in der Kunstmetropole aufzubauen. Das gelang erst, als der befreundete Regisseur Erich Engel von München ans Deutsche Theater in Berlin berufen wurde und Brecht dort einen Jahresvertrag als Dramaturg anbot. Helene Weigel überließ ihm ihre damalige Wohnung (Spichernstraße 16, Gedenktafel am Neubau, Nähe U-Bahnhof Spichernstraße).

Zunächst verdiente Brecht Geld mit dem Schreiben von Kurzgeschichten, die er vielen verschiedenen Zeitungen anbot. Im Juli 1925 nahm dann das mächtige Verlagshaus Ullstein den vielversprechenden Autor unter Vertrag und garantierte ihm regelmäßige Vorschüsse. Neue Gedichte und Geschichten erschienen in der »Vossischen Zeitung« und der Zeitung »Die Dame«. »Bertolt Brechts Hauspostille«, sein bekanntester Gedichtband, wurde 1927 in dem modernen Verlagshaus des Ullstein-Konzerns in Tempelhof gedruckt (Foto S. 82). Das ebenfalls dort verlegte Magazin »Uhu« publizierte Bildreportagen über Brechts Wohnung in der Spichernstraße und seinen ersten Autounfall. So baute Ullstein den Nachwuchsautor zum Star auf, noch ehe er mit der »Dreigroschenoper« den ersten wirklichen Publikumserfolg als Dramatiker landen konnte.

Brechts Hinwendung zum Marxismus führte 1930 zum Bruch mit dem liberalen Verlagshaus Ullstein.

Die »Dreigroschenoper« entstand sehr kurzfristig durch eine Verkettung glücklicher Zufälle. Im Jahr 1928 übernahm Ernst Josef Aufricht, ein Neuling im Theatergeschäft, die Direktion des Theaters am Schiffbauerdamm. Auf der Suche nach einem passenden Eröffnungsstück macht er Brechts Bekanntschaft. Eher beiläufig bot dieser ihm eine Bearbeitung der »Beggars Opera« von John Gay an, die Brechts Mitarbeiterin Elisabeth Hauptmann gerade übersetzt hatte. Im Eiltempo machten Hauptmann und Brecht daraus die »Dreigroschenoper«, die schmissige Musik dazu schrieb Kurt Weill (daran erinnert eine Gedenktafel am Luisenplatz 3, Charlottenburg). Regie führte der Freund Erich Engel. Die Pro-

Am 1891-92 erbauten Theater am Schiffbauerdamm wurden in den Zwanzigern vor allem Unterhaltungsstücke gespielt.

ben verliefen chaotisch, aber die Premiere am 31. August 1928 war ein Riesenerfolg. »Die Zeit war reif für den gallenbitteren Zynismus, die Brutalität, den harten Knockout der Songs von Brecht und Weill. Jeder etwas zeitgemäße jüngere Mann trug diese Brutalität im Knopfloch als den Slogan des Tages«, erinnert sich der Publizist Willy Haas. Fast ein Jahr lang lief die »Dreigroschenoper« am Schiffbauerdamm, sie wurde vielfach nachgespielt und alsbald von G. W. Pabst verfilmt – gegen wütende Proteste Brechts, der die kapitalismuskritische Tendenz des Stücks zuspitzen wollte, damit aber gegen die Filmfirma, die sich die Rechte gesichert hatte, unterlag.

Nach der Rückkehr aus dem Exil im Herbst 1948 arbeitete Brecht zunächst wieder am Deutschen Theater, dann am Theater am Schiffbauerdamm, das seit 1954 den Namen Berliner Ensemble trägt. Dieses Theater wird weltweit mit dem Namen Brecht identifiziert, doch sind andere Berliner Bühnen für seine Entwicklung in den Zwanziger Jahren nicht weniger wichtig gewesen. In der »Wilden Bühne«, einem Kabarett im Keller des Theaters des Westens, ist Brecht im Januar 1922 als Sänger eigener Lieder zum ersten Mal öffentlich in Berlin aufgetreten (Kantstraße 12). Am Deutschen Theater hospitierte Brecht 1921 bei Proben von Max Reinhardt, im Folgejahr inszenierte Otto Falckenberg dort »Trommeln in der Nacht«, die erste Brecht-Aufführung überhaupt in der Hauptstadt. 1924 folgte »Im Dickicht der Städte«, und als Gastspiel der »Jungen Bühne« im Februar 1926 der »Lebenslauf des Mannes Baal«, Brechts erste Regiearbeit am Deutschen Theater (Schumannstraße 13a). Ohne großen Erfolg brachte das Staatsschauspiel am Gendarmenmarkt (im heutigen Konzerthaus) 1924 Brechts Bearbeitung von Marlowes »Leben Eduards des Zweiten in England« heraus. 1931 durfte er dort selbst »Mann für Mann« inszenieren – ebenfalls ein Flop.

Besonderen Anteil nahm Brecht an den Theaterkämpfen, die an der Volksbühne ausgetragen wurden. Die 1914 eingeweihte Volksbühne am Bülowplatz, dem heutigen Rosa-Luxemburg-Platz, war mit dem sie tragenden Volksbühnenverein die größte Kulturorganisation der deutschen Arbeiterbewegung. In den Jahren des Ersten Weltkrieges und der folgenden Wirtschaftskrise geriet der Verein allerdings in finanzielle Schwierigkeiten. Vor allem mit gediegenen Klassikeraufführungen versuchte die Theaterleitung das Riesenhaus mit 2000 Plätzen zu füllen. »Übles Geschäftstheater mit der Tendenz zur reinen Kunst«, polemisierte Brecht 1927 gegen den Spielplan. Im selben Jahr wurde der

Regisseur Erwin Piscator, der eine Erneuerung des Hauses versucht hatte, vom Vorstand des Volksbühnenvereins gefeuert: Piscator experimentierte mit Dia- und Filmprojektionen, er suchte nach einer neuen Theaterästhetik, um gesellschaftliche Konflikte und die marxistische Klassenkampftheorie auf die Bühne zu bringen. Sein Theater wollte nicht nur unterhalten und belehren, sondern die Zuschauer zu politischem Handeln motivieren.

Brecht unterstützte Piscator, als dieser nach dem Rauswurf aus der Volksbühne mit dem Geld eines Bierbrauers ein eigenes Theater am Nollendorfplatz gründete (Nollendorfplatz 5, Gedenktafel Ecke Motzstraße, Foto S. 195). Am 3. September 1927 eröffnete die Piscatorbühne mit der Uraufführung von Ernst Tollers »Hoppla, wir leben«, einem Stück über einen Kämpfer der Novemberrevolution, der nach acht Jahren Irrenhaus in die Gegenwart entlassen wird.

Brecht hat in Piscators Theater an der Entwicklung neuer Stücke mitgearbeitet und viele Möglichkeiten damaliger Bühnentechnik kennengelernt. Die kostspieligen Theaterexperimente, gedacht zur politischen Schulung eines proletarischen, wenig zahlungskräftigen Publikums, trieben Piscator freilich schon nach einer Spielzeit in den Bankrott.

Mit der Entlassung Piscators hatte der Vorstand des Volksbühnenvereins das gesamte künstlerische Personal, die politisch aktiven Mitglieder und nahezu die gesamte linke Presse und Kulturprominenz gegen sich aufgebracht. Um die Kritiker zu beschwichtigen, kamen wieder mehr Gegenwartsstücke auf den Spielplan, darunter im Januar 1928 Brechts »Mann ist Mann« mit Heinrich George und Helene Weigel in den Hauptrollen. Die Linksopposi-

^ *Die Volksbühne um 1920. Über den Eingängen stand als Motto: »Die Kunst dem Volke«.*

tion innerhalb der Volksbühne jedoch wollte mehr. Das Theater neben der kommunistischen Parteizentrale (Foto S. 32) sollte zu einem »Kampftheater des Proletariats« werden. Da sich die Minderheit damit gegen den sozialdemokratischen Volksbühnenvorstand nicht durchsetzen konnte, spaltete sie sich unter dem Namen »Junge Volksbühne« ab und organisierte eigene Theateraufführungen in angemieteten Räumen – so wie einst der Volksbühnenverein in seinen Gründerjahren im Kaiserreich.

Die »Junge Volksbühne« ermöglichte 1932 an wechselnden Spielorten zahlreiche Aufführungen von Brechts Agitpropdrama »Die Mutter«. Kommunistische Kulturorganisationen sorgten für den Kartenvertrieb, so dass – nach Angaben Brechts – 15 000 Arbeiterfrauen den im Stück gezeigten Bewusstseinswandel einer Mutter zur überzeugten Kommunistin auf der Bühne verfolgen konnten. Helene Weigel spielte die Hauptrolle.

Proben für die »Mutter« fanden Ende 1931 im Keller des Theaters am Kurfürstendamm (vgl. S. 245f.) statt, während oben die Oper »Aufstieg und Fall der Stadt Mahagonny« von Brecht und Kurt Weill einstudiert wurde, dirigiert von Alexander von Zemlinsky. Parallel entstanden zwei gleichermaßen erfolgreiche Aufführungen, die eine an das verwöhnte Kurfürstendammpublikum adressiert, die andere zur marxistischen Schulung von Arbeiterinnen aus dem proletarischen Norden und Osten der Stadt gedacht. In den Zwanziger Jahren war Brecht zwar an keinem bestimmten Theater zu Hause, wohl aber in der Berliner Theaterlandschaft mit ihren vielfältigen Möglichkeiten. Groß-Berlin war für Brecht gerade groß genug.

METROPOLIS UND MARLENE
FILMGESCHICHTE IM MUSEUM

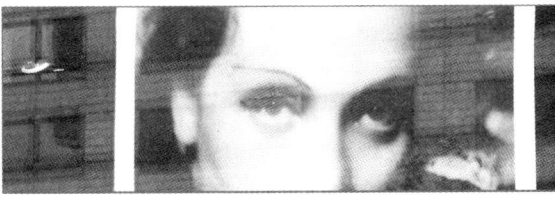

Der Besuch im Museum für Film und Fernsehen beginnt wie eine Kamerafahrt. Im vollverglasten Aufzug schwebt man zwischen Hochhausfassaden in den dritten Stock, wo die Besucher ein sinnenverwirrendes Spiegelkabinett empfängt. In Großaufnahme flimmern Stargesichter von Leinwänden: der verführerisch-kühle Blick von Marlene Dietrich und die hypnotischen Augen des Dr. Caligari, Brigitte Helm als Maria in »Metropolis« und Peter Lorre als gehetzter Verbrecher in »M – Eine Stadt sucht einen Mörder«. Das Kino als betörende Bilderfabrik, als Mythenproduktionsmaschine, so haben es auch die Kinogänger der Zwanziger erlebt. Pointiert und übersichtlich erzählt das Filmmuseum die Geschichte des deutschen Films von seiner Erfindung bis heute, mit Filmausschnitten, Starfotos, Tondokumenten, historischen Kameras, Devotionalien und einer effektvollen Ausstellungsinszenierung. Über weite Strecken ist es eine Berliner Geschichte, denn der Film brauchte das Massenpublikum der Metropole, um sich zu einem Massenmedium zu entwickeln.

Angefangen hat es im »Wintergarten«-Varieté am Bahnhof Friedrichstraße, wo der Filmpionier Max Skladanowsky 1895 seine ersten kurzen Stummfilmstreifen zeigte. In der Nähe drehten Henny Porten und Asta Nielsen ihre frühen Erfolgsfilme, und der Berliner Tüftler Oskar Messter erfand das Malteserkreuz für einen reibungsfreien Filmtransport bei der Projektion. Karl-August Geyer gründete 1911 ein Filmkopierwerk, das im Bezirk Neukölln als Cinepostproduction-Firma bis heute existiert – in einem zeittypischen Backsteinbau von Otto Rudolf Salvisberg aus dem Jahr 1928 (Harzer Straße 39, zwischen S-Bahnhof Treptower Park und U-Bahnhof Rathaus Neukölln).

^ *Marlenes Augen am Potsdamer Platz locken ins Filmmuseum, das ihren Nachlass präsentiert.*

In den Zwanziger Jahren stieg Berlin zur führenden Filmmetropole Europas auf. Der Schlüsselfilm zur expressionistischen Ära nach dem Ersten Weltkrieg ist »Das Cabinet des Dr. Caligari« (1920), eine krude, verwickelte Story um Wahnsinn, Hypnose, Mord und Leidenschaft, in der sich Realität und Einbildung mischen. Bis heute fasziniert die unheimlich-expressionistische Filmsprache des Werkes von Robert Wiene mit ihren schräg und schief gebauten Häuserkulissen, in denen der hagere Conrad Veidt – kalkweiß geschminkt – als junger Somnambuler und der bullige Werner Krauß als düsterer Dr. Caligari agieren.

Im Stadtteil Weissensee erinnert der Caligari-Platz an die fiktive Figur. Denn hier wurde der Film im Lixie-Film-Atelier gedreht. In der Ausstellung ist das ebenerdige, 1914 errichtete Studiogebäude samt Caligari-Kulissen im Puppenstubenformat nachgebaut. Erhalten ist es ebensowenig wie die anderen Filmstudios in Weissensee, das bis zum Ende der Stummfilmzeit das Klein-Hollywood Berlins war, bevor es von der Filmstadt Babelsberg bei Potsdam abgelöst wurde. (s. S. 226f.)

»Der Film belagert Berlin, Überläufer strömen ihm in Massen zu, und die völlige Kapitulation der Stadt ist nicht mehr weit. Heute schon hat der vom Jupiterlicht verwirrte Fremde den Eindruck, das eigentliche Berlin sei Filmimagination, im wesentlichen Pappendeckel, und die echten Häuser nur hingestellt, um ein wenig ›wirkliche Stadt‹ vorzutäuschen. Man könnte auch sagen, ein einziges Filmband umschlingt alle Völker Berlins, das stärkste, seit die Dynastie gerissen ist. Seine Inschrift: Seid verschlungen, Millionen!« schrieb der Feuilletonist und Kritiker Alfred Polgar 1922. Das neue Medium Film avancierte in den Zwanzigern zu einem wichtigen Wirtschaftsfaktor und brachte mit seinen Stars und Zelluloid-Träumen etwas Glanz in die verarmte Hauptstadt. 1920 besuchte Reichspräsident Friedrich Ebert die Dreharbeiten zu Ernst Lubitschs Historienfilm »Anna Boleyn«, der mit Emil Jannings in der Hauptrolle in der Ufa-Filmfabrik in Tempelhof gedreht wurde. Der ganz große Ruhm jedoch lockte in Hollywood: Lubitsch und Jannings waren nicht die einzigen, die noch während der Stummfilm-Ära in die USA gingen.

Aus dem breiten Spektrum des deutschen Films in den Zwanzigern stellt das Filmmuseum einige Klassiker vor. Fritz Langs »Nibelungen« (1924) zehrt wie Friedrich Wilhelm Murnaus »Faust«-Verfilmung (1926) von nationalen Mythen, die für das Medium neu aufbereitet wurden. Arbeiterfilme wie »Mutter Krausens Fahrt ins

Glück« (1929) dagegen brachten das Proletariermilieu auf die Leinwand. Dieser Film, der unter dem Protektorat von sozial engagierten Künstlern wie Käthe Kollwitz, Hans Baluschek und Otto Nagel entstand, erzählt die Geschichte einer armen Arbeitermutter im Wedding, die aus Verzweiflung über ihre aussichtslose Lage in den Tod geht, während ihre Tochter Anschluss an die organisierte Arbeiterschaft findet. Bertolt Brecht drehte zusammen mit dem Regisseur Slatan Dudow, dem Komponisten Hanns Eisler, dem Schauspieler Ernst Busch und Tausenden von Arbeitersportlern den Film »Kuhle Wampe« (1931/32), der die Arbeitslosigkeit thematisiert. Wegen seiner kommunistischen Tendenz wurde der Film zunächst verboten, ehe er auf Druck der Öffentlichkeit in wenige Kinos kam. So wurden die politischen Kämpfe der Zwanziger auch auf der Leinwand und im Kinosaal ausgetragen. Der russische Revolutionsfilms »Panzerkreuzer Potemkin« von Sergej Eisenstein sorgte 1926 in Berlin für heftige Kontroversen und wurde von der Zensurbehörde nur gekürzt zugelassen, was Alfred Kerr bewog, seine Funktion als künstlerischer Beirat der Filmprüfstelle aufzugeben. Als 1930 der amerikanische Antikriegsfilm »Im Westen nichts Neues« nach Berlin kam, organisierte Hitlers Berliner Statthalter Joseph Goebbels im Kino »Mozartsaal« am Nollendorfplatz eine Saalschlacht (s. S. 194f.).

Filmhistorisch waren die Zwanziger spannende Jahre: Regisseure wie Ernst Lubitsch, Fritz Lang, Georg Wilhelm Pabst, Friedrich Wilhelm Murnau, E. A. Dupont, Josef von Sternberg loteten die Möglich-

^ *Der »Ufa-Palast« am Zoo war das wichtigste Uraufführungskino des mächtigsten deutschen Filmkonzerns.*

keiten des bewegten Bildes aus, das noch nicht über Ton und Farbe verfügte. Murnau versetzte in »Der letzte Mann« (1924) die Kamera in Bewegung. Die Geschichte eines alternden Hotelportiers inszenierte er in suggestiven Fahrten vor einer anonymen Großstadtkulisse. Der Berliner Maler Hans Richter experimentierte gemeinsam mit dem Schweden Viking Eggeling in seinem Atelier in Berlin-Friedenau (Eschenstraße 7) an abstrakten Filmen. George Grosz zeichnete Trickfilme, die der Regisseur Erwin Piscator bei Theateraufführungen projizieren ließ. Walter Ruttmann drehte in den Straßen der Hauptstadt seinen bis heute legendären Dokumentarfilm »Berlin – Die Sinfonie der Großstadt« (1927), der ganz aus dem Rhythmus und der Dynamik der Bilder lebt und ohne Kommentar oder konventionelle Handlung auskommt. Überhaupt bildete die Großstadt den Filmschauplatz der Zwanziger Jahre schlechthin. Von ihren Mythen und Geheimnissen, ihren Verlockungen, Verbrechen und Lastern erzählen Filme wie »Kurfürstendamm«, »Die Straße«, »Die Verrufenen«, »Menschen am Sonntag«, »Die letzte Droschke von Berlin«, »Menschen untereinander«, »Die Nacht gehört uns« und »Asphalt«. Dem berühmtesten aller Großstadtfilme, »Metropolis« von Fritz Lang (1927), widmet das Museum eine aufwendige Rauminstallation. Mit 1 600 000 Mark Lohnkosten, 200 000 Kostümen, 36 000 Komparsinnen und Komparsen brach diese Ufa-Produktion alle Rekorde und sprengte alle Budgets. Produzent Erich Pommer musste seinen Hut nehmen. An der Kinokasse aber floppte dieser frühe Science-Fiction-Film, und auch bei der Kritik fiel er durch. Sein späterer Ruhm basiert nicht auf der sentimentalen Story aus der Feder von Fritz Langs Frau Thea von Harbou, sondern auf seinen visionär-expressiven Filmbildern, seinen Massenszenen und phantastischen Wolkenkratzer-Kulissen. Die originalen Entwurfszeichnungen zur Filmarchitektur von Erich Kettelhut hängen in der Ausstellung.

Ende der Zwanziger ging die Stummfilmära zu Ende, in der Berlin wie nie wieder internationale Filmgeschichte schrieb. Bereits 1922 zeigte die Berliner Erfindergemeinschaft Tri Ergon (Joseph Masolle, Jo Engl und Hans Vogt) den ersten, experimentellen Tonfilm im neueröffneten Alhambra-Kino am Kurfürstendamm 68. Doch anfangs stieß die Erfindung auf wenig Interesse, ja Ablehnung. »Der Tonfilm verdirbt Gehör und Augen«, war zu lesen. Zum Erfolgsmodell wurde das neue Medium, als 1929 der erste amerikanische Tonfilm nach Berlin kam. Schon drei Jahre später

^ *Fritz Lang bei Dreharbeiten zu »Metropolis«*

wurde kein einziger Stummfilm mehr gedreht. Wie die komplizierte Technik die Aufnahmebedingungen veränderte, zeigt das Filmmuseum anhand von dreidimensionalen Studiomodellen, etwa von den Dreharbeiten zu »M – Eine Stadt sucht einen Mörder«, Fritz Langs erstem Tonfilm. Er wurde in Staaken in einer ehemaligen Zeppelinhalle mit riesigem Rundhorizont und »schwebender« Kamera aufgenommen.

Der erste große Tonfilm der marktbeherrschenden Ufa war »Der Blaue Engel« nach Heinrich Manns Roman »Professor Unrat«, in dem die junge Marlene Dietrich kokett trällert: »Ich bin von Kopf bis Fuß auf Liebe eingestellt, ja, das ist meine Welt, und sonst gar nichts.« Unmittelbar nach der glanzvollen Premiere im »Gloria-Palast« am Kurfürstendamm 10 schiffte sich Marlene nach Amerika ein, wo ihre Karriere erst richtig begann. Die Grundlagen ihres Erfolgs hatte sie in Berlin erworben. Die Tochter eines wohlhabenden Polizeioffiziers kam am 27. Dezember 1901 in der Schöneberger Leberstraße 65 (damals Sedanstraße, Gedenktafel mit Reliefporträt) auf die Welt. Die strenge preußische Erziehung zu Disziplin und Pflichtbewusstsein prägte ihren Charakter, sie erhielt Geigenunterricht und Reitstunden. Leidenschaftlich schwärmte das Schulmädchen Marie Magdalene für Henny Porten, den ersten Star des deutschen Films, schickte ihr selbstgebackene Cremeschnitten in die Künstlerloge und vertraute ihrem Tagebuch an: »Ich geh' sicher noch mal zur Bühne. Es brennt sozusagen etwas in mir nach Henny Porten.« Und tatsächlich: mit Zwanzig war sie Mitglied eines Stummfilmorchesters und stand bald auch in Revuen und Kabaretts auf der Bühne. Erste Filmengagements in Streifen wie »So sind die Männer« (1922) oder dem Kriminalmelodram »Tragödie der Liebe« (1923) folgten. Nach ihrer Heirat mit dem Filmassistenten Rudolf Sieber zog Marlene 1923 in die Bundesallee 54 (damals Kaiserallee). Doch der Erfolg hielt sich in Grenzen. Bis Josef von Sternberg sie in der Berliner Revue »Zwei Krawatten« entdeckte, wo sie zusammen mit Hans Albers und Rosa Valetti auftrat. Sternberg gab ihr die Rolle der Varietésängerin Lola Lola im »Blauen Engel« – Marlenes Sprungbrett zur internationalen Karriere.

Im Filmmuseum erzählen üppige Roben aus Samt, Seide und Schwanenfedern, brillantenbesetzte und goldgravierte Zigarettenetuis, ein eigens für sie angefertigter Schminkkoffer von ihren Erfolgen und ihren zahlreichen Affären mit Männern und Frauen. Als Marlene 1960 auf einer Konzertreise erstmals wieder nach Berlin zurückkehrte, empfing sie vor dem »Titania-Palast« in Steglitz eine aufgebrachte Menschenmenge: Noch immer verübelten die Deutschen ihr, dass sie im Zweiten Weltkrieg als Truppenbetreuerin vor amerikanischen Soldaten im Kampf gegen Hitler aufgetreten war. Erst spät besann sich ihre Heimatstadt auf den bedeutendsten Filmstar, den sie je hervorbrachte. Postum erhielt sie 2002 die Ehrenbürgerschaft Berlins. Verehrer pilgern nun zu ihrem Grab auf dem Friedhof an der Stubenrauchstraße 43-45 in Friedenau, wo die 1992 in Paris verstorbene Schauspielerin auf eigenen Wunsch bestattet liegt. Ihr umfangreicher Nachlass mit mehr als 15 000 Fotos, 2000 Schallplatten, zahllosen Schriftstücken und Kleidern bildet das Herzstück des Filmmuseums. Allerdings stammt kaum eines der Erinnerungsstücke aus ihrer Berliner Zeit. Daran wollte Marlene nicht erinnert werden: »Fragen Sie mich nicht über die Zwanziger Jahre. Ich war in den Zwanziger Jahren überhaupt nichts.« Das stimmt nicht ganz, denn sie wirkte in Berlin in immerhin 17 Stummfilmen und 26 Bühnenproduktionen mit. Doch erst in Amerika wurde sie unter der Regie Josef von Sternbergs zum Mythos Marlene: androgyn und kühl, unnahbar und geheimnisvoll.

Marlenes Grab befindet sich neben dem ihres Verehrers Helmut Newton (S. 250f.)

CYANKALI IM »BABYLON«
KINOPALÄSTE

Im Mai 1930 wurde im Kino »Babylon« der Film »Cyankali« uraufgeführt, ein sozialkritisches Gegenwartsdrama über den berüchtigten Abtreibungsparagraphen 218: Eine mittellose Büroangestellte gerät durch eine ungewollte Schwangerschaft in einen verzweifelten Teufelskreis und kommt schließlich ums Leben, als ihr eine Kurpfuscherin als Abtreibungsmittel Cyankali verabreicht. Der Stoff aus der Feder des kommunistischen Autors Friedrich Wolf verschaffte dem Film vor allem im Arbeitermilieu einen Sensationserfolg, nachdem er zunächst von der Filmprüfstelle verboten worden war. Zielgruppengenau fand die Uraufführung nicht in einem der großen Uraufführungskinos an der Gedächtniskirche im reichen Berliner Westen statt, sondern im proletarischen Osten, am damaligen Bülowplatz (heute Rosa-Luxemburg-Platz, vgl. S. 31ff.).

Das Kino »Babylon« an der Rosa-Luxemburg-Straße 30 war erst kurz zuvor eröffnet worden: Nach Entwürfen von Hans Poelzig entstanden 1929 rund um die Volksbühne acht Wohnblöcke mit Ladenlokalen und einem Kino. Über dem Eingang leuchtet heute wieder das Originalsignet, dessen stufenförmig angeordnete Leuchtbuchstaben auf den Turmbau zu Babel anspielen. Wer das Foyer betritt, findet sich in die Zwanziger Jahre versetzt. Ein eleganter, klarliniger Kassenraum mit Travertinverkleidung empfängt den Besucher, ein schlichtes, großzügiges Treppenfoyer in warmen Gelb- und Rottönen schließt sich an. Vertikale Lichtbänder an den Säulen setzen farbige Akzente. Auch der Kinosaal schwingt mit seiner großen Empore wie ein Raumgebilde aus einem Guss. Bisweilen flimmern hier Filmklassiker aus der Entstehungszeit des Hauses über die Leinwand, und dann kommt auch

^ *Nicht nur die Leuchtreklame über dem Kinoeingang wurde in den vergangenen Jahren denkmalgerecht wiederhergestellt.*

die alte Kinoorgel – die einzige am originalen Standort erhaltene in Deutschland – wieder zu Ehren. Das »Babylon« ist das älteste noch bespielte Filmtheater Berlins und – originalgetreu rekonstruiert – das einzige erhaltene Uraufführungskino der Stummfilmzeit. Auf den rund 400 Kinosesseln sitzt es sich komfortabler als damals, als gut dreimal so viele Leute im Saal Platz fanden.

In den Zwanzigern gab es in der Stadt 47 Lichtspielhäuser mit mehr als 1000 Plätzen. »In keiner einzigen europäischen Großstadt findet man Kinos, die so gewaltig abgemessen und so prächtig, ja verschwenderisch ausgestattet sind wie die riesigen Kinopaläste Berlins,« schrieb der Journalist Eugen Szatmari. Leider ist von den großen Premierenkinos zwischen Nollendorfplatz und Kurfürstendamm, wo sich allabendlich 30-40 000 Kinogänger vergnügten, keines mehr in Betrieb. Weder der »Mozartsaal« am Nollendorfplatz noch das »Marmorhaus« am Kurfürstendamm 236, wo 1920 »Das Cabinett des Dr. Caligari« uraufgeführt wurde (heute ein Modegeschäft). Zu den großartigsten Filmtheatern gehörte das »Capitol«, das nach Plänen von Hans Poelzig 1925 zwischen Gedächtniskirche und Zoo seine Pforten öffnete. Es machte dem »Ufa-Palast am Zoo« Konkurrenz, dem bedeutendsten Uraufführungskino Deutschlands (Foto S. 219). In der Kaiserzeit als Ausstellungs- und Messegebäude errichtet, wurde dieses Haus 1919 mit dem Film »Madame Dubarry« von Ernst Lubitsch als Ufa-Kino eröffnet. Klassiker wie »Der letzte Mann« von F. W. Murnau (1924), »Metropolis« (1927) von Fritz Lang oder »Asphalt« von Joe May (1929) erlebten hier ihre glanzvolle Premiere. Die unzeitgemäße, neoromanische Fassade des Gebäudes verschwand hinter spektakulären Großplakaten und kinetischen Kulissen, die im wöchentlichen Wechsel die Produktionen der Ufa bewarben. Der Zweite Weltkrieg ließ vom »Capitol« und vom »Ufa-Palast« nur Trümmer übrig; als Ersatz eröffnete 1957 der »Zoo-Palast« etwa an dem Standort, wo sich in den Zwanzigern der »Ufa-Palast am Zoo« befand (Hardenbergstraße 29a, Nähe U- und S-Bahnhof Zoo).

^ *Im stilecht restaurierten »Babylon«-Kino von Hans Poelzig ist sogar noch eine Kinoorgel aus den Zwanzigern erhalten.*

Nach dem Vorbild des »Ufa-Palastes« gewann die Außenwerbung auch bei anderen Lichtspielhäusern immer größeres Gewicht. Kinomaler fertigten Riesenplakate und die Lichtregie verwandelte die Kinos nachts in strahlende Illusionsarchitekturen. Am 1929 eröffneten »Titania-Palast« in Steglitz lässt sich das heute noch nachvollziehen. Dessen denkmalgeschützte, entschieden moderne Architektur wirkt wie eine Großplastik aus ineinander verschränkten Kuben, die von einem 30 Meter hoher Lichtturm überragt werden. Das einstige Foyer und die ursprüngliche Innenarchitektur sind zerstört (Ernst Schöffler, Carlo Schloenbach & Carl Jacobi, 1926-28, Schloßstraße 4-5, Nähe U-Bahnhof Walter-Schreiber-Platz).

Zum Multiplexkino umgebaut wurde das »Colosseum« in Prenzlauer Berg. Als erstes Großkino nach der Inflation 1924 in einem Pferdestraßenbahndepot aus der Kaiserzeit eröffnet, leitete es den Kinobauboom ab Mitte der Zwanziger Jahre ein. (Schönhauser Allee 123, Nähe U- und S-Bahnhof Schönhauser Allee). Seitdem entstanden auch in den ärmeren Stadtteilen außerhalb der City repräsentative Lichtspielhäuser mit Tausenden von Plätzen. Eines war das »Filmtheater am Friedrichshain«. Mächtig erhebt sich der neoklassizistische Bau wie ein Tempel der Filmkunst hoch über dem Straßenniveau. Eine große Freitreppe führt zum säulengeschmückten Eingang empor, wo eine Bierterrasse im Sommer zum Verweilen einlädt (1924-25, Otto Werner, Bötzowstraße 1-5).

Dass die Kinoarchitektur der Zwanziger nicht immer so prächtig ausfiel, lässt sich an dem kleinen Kino »Toni« in Weissensee studieren. In der Zeit des Wohnungsmangels nach dem Ersten Weltkrieg wurde es als Mischung aus Kino und Mietshaus errichtet. Im Foyer erzählen historische Fotos, Filmplakate und ein alter Filmprojektor von der Geschichte des Hauses. Seine Rettung verdankt es – wie das »Filmtheater am Friedrichshain« – dem Regisseur Michael Verhoeven, der es nach der Wende erwarb und so vor dem Abriss bewahrte (1920, Antonplatz, Nähe S-Bahnhof Greifswalder Straße).

Der Architekt Hans Poelzig entwarf zuvor bereits das spektakuläre »Capitol«-Großkino an der Gedächtniskirche.

DAS DEUTSCHE HOLLYWOOD

FILMSTADT BABELSBERG

» Hinter den scharf bewachten vielfachen Zäunen ist alles eine Welt für sich, und was für eine Welt: man wandert zwischen unabsehbaren Magazinen und fieberhaft betriebenen Werkstätten fast jeden Berufszweiges an den gläsernen Ateliers vorbei nach dem magisch lockenden Kernpunkt der Phantastik: der Filmstadt«, berichtete 1922 die »Neue Zürcher Zeitung« vom Berliner Stadtrand. Hier entstand in den Zwanzigern die größte europäische Filmfabrik, das »deutsche Hollywood«, wo Klassiker wie Langs »Nibelungen«, Murnaus »Faust« und Sternbergs »Der blaue Engel« gedreht wurden. Später, während der Nazizeit und der DDR-Jahre, büßte Babelsberg seine internationale Bedeutung weitgehend ein. Von den rund 2000 Beschäftigten des staatlichen DDR-Filmkonzerns DEFA auf dem Gelände verloren die meisten nach der Wiedervereinigung ihre Jobs, doch es entstanden auch neue bei der Rundfunkanstalt für Berlin und Brandenburg (RBB), dem »Studio Babelsberg«, der regionalen Filmförderungsanstalt und einem Filmerlebnispark. Täglich werden jetzt Rundfunk- und Fernsehsendungen produziert, auch Spielfilme und immer öfter Teile internationaler Großfilme – wie »Der Pianist« (2001) oder »Inglorious Basterds« (2008).

Die Filmstadt ist vom S-Bahnhof Griebnitzsee gut zu Fuß zu erreichen und keineswegs, wie in früheren Jahren üblich, den Blicken Neugieriger entzogen. Eine öffentliche Straße, die Marlene-Dietrich-Allee, führt zwischen Freigeländen für Außendreharbeiten hindurch und erlaubt sogar den Blick auf eine Kulissenstadt (»Berliner Straße« genannt). Vom Gelände der Rundfunkanstalt kommt man unkontrolliert auf das Studiogelände, es sei denn, es herrschen erhöhte

^ *Replik der Roboterfrau aus »Metropolis« im Filmpark Babelsberg*

Sicherheitsvorkehrungen, weil beliebte Filmstars beim Dreh vor der Anhänglichkeit ihrer Fans geschützt werden müssen.

Angefangen hat alles 1912 in einer ehemaligen Kunstblumenfabrik, an die der Berliner Filmpionier Guido Seeber ein Glashaus für Dreharbeiten mit Asta Nielsen anbauen ließ, weil es seiner »Bioscop«-Filmgesellschaft im Berliner Studio an der Chausseestraße 123 in Mitte zu eng wurde. Dieses älteste Studio in der Filmstadt ist, wenn auch ohne Glasanbau, erhalten – hübsch restauriert steht es neben der Kantine der Rundfunkmitarbeiter. 1924 übernahm der mächtigste deutsche Filmkonzern, die »Universum Film-AG«, kurz Ufa, das Gelände und baute es zum größten Filmatelier Europas aus. Kantige Backsteinbauten im Stil der Zwanziger Jahre prägen bis heute das Erscheinungsbild der Filmstadt, wie das 1929 nach Plänen von Otto Kohtz erbaute fensterlose »Tonkreuz« mit vier aneinander stoßenden Studios für Tonfilmaufnahmen. Das größte Gebäude ist immer noch die 1926 errichtete Große Halle, jetzt Marlene-Dietrich-Halle: 123 Meter lang, 56 Meter breit und 20 Meter hoch.

Der benachbarte Filmpark ist vor allem eine Attraktion für Familien – mit Wildweststadt, Stuntshows und einem Studio, in dem die Kleinen die Produktion von Sandmännchen-Trickfilmen beobachten können. Von dort starten Rundfahrten mit dem Bummelbus über das Studiogelände. Mehr über seine Geschichte erfährt man in der Dauerausstellung des Filmmuseums Potsdam: »Traumfabrik – 100 Jahre Film in Babelsberg« (Marstall/ Breite Straße 1a, Nähe S-Bahnhof Potsdam Hauptbahnhof).

^ *Mit Dreharbeiten in einer ehemaligen Kunstblumenfabrik begann die Entwicklung Babelsbergs zur Filmstadt von Weltruf.*

WOHNADRESSEN DER STARS

- **Anita Berber**, Tänzerin, 1919-28 Zähringer Straße 13, Wilmersdorf (Gedenktafel).
- **Elisabeth Bergner**, Schauspielerin, 1925-32 Faradayweg 15, Dahlem.
- **Leo Blech**, Dirigent an der Staatsoper und Städtischen Oper, 1913-37 Mommsenstraße 6, Charlottenburg (Gedenktafel).
- **Ferdinand Bruckner**, Dramatiker, 1923-29 Kaiserdamm 102, Charlottenburg (Gedenktafel).
- **Ernst Busch**, Sänger und Schauspieler, s. S. 101.
- **Ferruccio Busoni**, Komponist, bis 1924 Viktoria-Luise-Platz 11, Schöneberg (Gedenktafel), Grab s. S. 175.
- **Comedian Harmonists**, Vokalensemble, 1927/28 gegründet Stubenrauchstraße 47, Schöneberg (Gedenktafel).
- **Marlene Dietrich**, s. S. 221ff.
- **Heinrich George**, Schauspieler, 1931-45, Bismarckstraße 34, Zehlendorf (Gedenktafel).
- **Brigitte Helm**, Schauspielerin (»Metropolis«), bis 1935 Steinrückweg 5, in der Künstlerkolonie am Ludwig-Barnay-Platz, s. S. 101.
- **Trude Hesterberg**, Schauspielerin, um 1930 Soorstraße 6, Charlottenburg.
- **Paul Hindemith**, Komponist, 1928-38 Brixplatz 2, Charlottenburg (Gedenktafel).
- **Emil Jannings**, Schauspieler, um 1920 Kaiserdamm 111, Charlottenburg.
- **Walter Kollo**, Operettenkomponist, 1929-40 Schwäbische Straße 26, Schöneberg (Gedenktafel). Grab auf dem Friedhof der Sophiengemeinde, Bergstr. 29 (Bildnisrelief).

^ *Gedenktafel für die skandalumwitterte Tänzerin Anita Berber an ihrem Wohnhaus in Wilmersdorf*

- **Fritz Lang**, Filmregisseur, und **Thea von Harbou**, s. S. 101f.
- **Ernst Lubitsch**, Filmregisseur, wuchs Schönhauser Allee 183, Prenzlauer Berg, auf (Gedenktafel).
- **Joseph Masolle**, **Jo Engl** und **Hans Vogt**, entwickelten 1919-1922 in der Babelsberger Straße 49, Wilmersdorf, das Tonfilmverfahren Tri Ergon.
- **Friedrich Wilhelm Murnau**, Filmregisseur, 1919-26 Douglasstraße 22, Grunewald (Gedenktafel).
- **Rudolf Nelson**, Komponist, s. S. 241
- **Asta Nielsen**, s. S. 238
- **Erwin Piscator**, Regisseur, um 1925 Oranienstraße 83/84, Kreuzberg.
- **Erich Pommer**, Filmproduzent (»Der Blaue Engel«, »Metropolis«), vor 1933 Carl-Heinrich-Becker-Weg 16-18, Steglitz (Gedenktafel).
- **Henny Porten**, Schauspielerin, um 1930 Bernadottestraße 74 (damals Parkstraße, Dahlem), besaß die Villa Kurfürstenstraße 58, Schöneberg (heute Café Einstein).
- **Max Reinhardt**, Theaterleiter, 1912-21 Magnus-Haus Am Kupfergraben 7, Mitte (Gedenktafel), danach bis 1933 im Schloß Bellevue.
- **Otto Reutter**, Kabarettist, 1911-20 Bregenzer Straße 5, Wilmersdorf (Gedenktafel).
- **Adele Sandrock**, Schauspielerin, 1905-37 Leibnizstraße 60 (Gedenktafel).
- **Conrad Veidt**, Schauspieler, um 1925 Kurfürstendamm 105, Charlottenburg.
- **Claire Waldoff**, Kabarettistin, 1919-33 Regensburger Straße 33, Schöneberg (Gedenktafel).

^ *Der Salon des Filmstars Asta Nielsen in der Fasanenstraße 69, heute Frühstückszimmer einer Hotelpension*

KURFÜRSTENDAMM

In dem Stummfilm »Kurfürstendamm«, der 1920 in die Kinos kam, macht sich der Teufel auf den Weg in den Berliner Westen. Ihm ist aufgefallen, dass vom Kurfürstendamm stetig Verdammte in die Hölle kommen, deshalb will er sich dort selbst einmal umschauen. Damit es ihm an nichts fehle, gibt ihm seine Großmutter eine Banknotenpresse mit. Bei einem Herrenschneider am Kurfürstendamm lässt der Teufel sich einkleiden. Er mietet sich in einer Pension ein und gerät prompt in erotische Abenteuer mit jungen Mädchen und verheirateten Frauen. Später gründet er eine Filmfabrik, wird betrogen und bestohlen, bis er mit der Überzeugung, dass selbst der Teufel mit dem Kurfürstendamm nicht fertig wird, zur Großmutter in die Hölle zurückkehrt.

Angelegt wurde die Prachtstraße auf Bismarcks Anregung hin in der Kaiserzeit nach dem Vorbild der Pariser Champs-Élysées. Aber erst zwischen den Weltkriegen erwarb sich der Kurfürstendamm einen sagenhaften Ruf als Straße der Eleganz, der Erotik und des Lasters. Modegeschäfte und Caféterrassen säumten den Korso, und abends tauchten die Leuchtreklamen der neuen Kinopaläste die Straße in ein sinnenverwirrendes Zwielicht. Ihr Fluchtpunkt im Westen war der Lunapark, ein riesiger ganzjähriger Rummelplatz am Halensee.

Wie die Leipziger und Friedrichstraße in der Kaiserzeit, so entwickelte sich in den Zwanziger Jahren der Kurfürstendamm zum Hauptanziehungspunkt des Nachtlebens. Abends strömten die vergnügungssüchtigen Massen über den Boulevard, und zu gewissen Stunden fanden sich die Automobilbesitzer ein, um mit ihren Karossen so lange den Damm rauf und runter zu fahren, bis sie sich stauten. Dann entsprach er ganz und gar dem glanzvollen Bild, das sich die Zeitgenossen von einer Weltstadtstraße machten.

< *Caféterrassen am Kurfürstendamm um 1930*

New York hat seinen Broadway, London seinen Picadilly Circus, Paris seine Champs-Élysées, und wir haben unseren Kurfürstendamm – so lautete die Botschaft dieser kollektiven Inszenierung. Sie diente nicht allein dem Vergnügen und der Zerstreuung, sondern ebenso der Selbstbestätigung der Stadtbevölkerung nach dem verlorenen Ersten Weltkrieg. Die Militärparaden und Feste der Monarchie waren mit dem Kaiser aus der Hauptstadt verschwunden. Die preußische Triumphstraße Unter den Linden, auf der Preußen seine Siege gefeiert hatte, war politisch belastet und als symbolisches Zentrum einer republikanischen Hauptstadt nicht zu gebrauchen. Das Berlin der Zwanziger Jahre suchte nach neuen, zivilen Formen, um sich als Metropole zu fühlen und darzustellen. So wurde die Neue Sachlichkeit zum Repräsentationsstil der Weimarer Republik und der Kurfürstendamm zur neuen Vorzeigestraße der Hauptstadt. Dort konzentrierte sich alles, was in den Zwanziger Jahren als jung, modern und schick galt: das Kabarett, das Kino, die Lichtreklame, die Glasfassaden, die Bubiköpfe, der Autoverkehr und die lockeren Sitten.

Republikanisch gesonnene Intellektuelle wie Franz Hessel genossen die »Ansätze zu einem demokratischen Großstadtfrohsinn« im Straßenleben, während die politische Rechte den Kurfürstendamm als Sündenpfuhl verteufelte. Die nationalistische Propaganda machte ihn zum Kampfbegriff, zum Synonym für den Sitten- und Kulturverfall in der Hauptstadt der Republik. Darin schwangen auch antisemitische Vorurteile mit, denn ein großer Teil des jüdischen Bürgertums war schon in der Kaiserzeit aus der alten Berliner Innenstadt in den Westen gezogen. »Tauf-

^ *Der Kurfürstendamm, Ecke Joachimsthaler Straße, um 1930 mit dem Modehaus Grünfeld (rechts im Bild)*

haus des Westens« nannten daher Spötter die 1895 eingeweihte Kaiser-Wilhelm-Gedächtniskirche.

Deren Ausgestaltung zu einer Ruhmeskirche der Hohenzollern und zum Nationaldenkmal stieß bereits zur Zeit ihrer Entstehung auf heftige Ablehnung. Progressive Architekturkritiker lästerten über den neoromanischen Stil von Franz Schwechtens Fassade, der auch die umliegenden Häuser zierte. Der Begriff »Kurfürstendammarchitektur« bürgerte sich ab 1900 in der Architekturkritik ein, um eine besonders protzige und geschmacklose Fassadengestaltung zu kennzeichnen. Die Architekten der Zwanziger Jahre gingen schonungslos mit dem Erbe der Kaiserzeit um: Die Stuckfassaden wurden vielfach abgeschlagen oder Lichtreklame auf sie geschraubt. Oft reichte das Geld nur für eine Neukostümierung der unteren Geschosse. Neubauten blieben die Ausnahme. In liberalen Zeitungen wurde ernsthaft darüber debattiert, ob man die Kaiser-Wilhelm-Gedächtniskirche als lästiges Verkehrshindernis nicht einfach abreißen sollte.

Angesichts der Geschwindigkeit, mit der die Modestraße ihr Aussehen veränderte, in der neue Geschäfte eröffneten und wieder von der Bildfläche verschwanden, beschrieb sie der Schriftsteller Siegfried Kracauer als »Straße ohne Erinnerung«. Darin ist sie sich treu geblieben. Durch die Nazis von missliebigen Künstlern und Intellektuellen gesäubert, im Zweiten Weltkrieg schwer zerstört, dann als Vorzeigestraße von West-Berlin wiederaufgebaut, hat der Boulevard sich zur Unkenntlichkeit verändert – und versucht doch seinem Versprechen treu zu bleiben, stets auf der Höhe der Zeit zu glänzen.

^ *Ladengestaltung mit moderner Lichtreklame, sachlicher Typographie und großen Schaufenstern am Kurfürstendamm*

INDUSTRIEGEBIET DER INTELLIGENZ

KÜNSTLERLOKALE

Wer in den Zwanziger Jahren nach Berlin kam, um im Theater- oder Literaturbetrieb, beim Kino oder als Zeitungsschreiber berühmt zu werden, suchte die berühmten Künstlerlokale am Kurfürstendamm auf, in der Hoffnung, dort erfolgversprechende Kontakte knüpfen zu können. Das bekannteste Lokal war das »Romanische Café«. Es befand sich in einem Eckhaus gegenüber der Kaiser-Wilhelm-Gedächtniskirche etwa dort, wo heute das Europa-Center steht. 2013 eröffnete im nahen Hotel Waldorf Astoria ein Lokal, das mit dem Vorbild nur den Namen gemein hat.

»Das Romanische Café ist der Wartesaal der Talente. Es gibt Leute, die hier seit zwanzig Jahren, Tag für Tag aufs Talent warten. Sie beherrschen, wenn nichts sonst, so doch die Kunst des Wartens in verblüffendem Maße«, spottete Erich Kästner, der wie viele andere Schriftsteller nie weit von den Kaffeehäusern am Kurfürstendamm entfernt wohnte. »Man wartet. Inzwischen vertreibt man sich die Zeit. Hierzu benötigt man das weibliche Geschlecht«.

Das »Romanische« übernahm nach dem Ersten Weltkrieg die Funktion des »Cafés des Westens«, das nach seiner Eröffnung im Jahr 1893 rasch zum beliebtesten Treffpunkt der Künstler und der Bohème avanciert war. Es ging als »Café Größenwahn« in die Kulturgeschichte ein. Dort plante um 1900 die Avantgarde den Umsturz im Kunst- und Literaturbetrieb der wilhelminischen Hauptstadt. Es lag nachbarlich zum ersten Gebäude der Secession (S. 245) an der Ecke Joachimsthaler Straße, heute bekannt als »Kranzler-Ecke« (Kurfürstendamm 18/19), weil das eher spießige »Café Kranzler« 1932 den Platz des pleite gegangenen »Größenwahn« einnahm.

Die Künstlerlokale waren auch Touristenattraktionen. Wer

^ *Im heutigen »Hotel Zoo« logierte in den Zwanziger Jahren Joseph Roth und schrieb auf Hotelbriefpapier.*

wirklich berühmt und arriviert war, ließ sich dort gelegentlich sehen und genoss das Raunen, das durch die Reihen der Wartenden und Schaulustigen ging. Sonst zogen sich die Stars der Szene gern in intimere Nobellokale zurück (wie die verschwundenen »Schwanneckes Weinstuben« in der Rankestraße 4).

Wer wie Erich Kästner gern in der Öffentlichkeit eines Cafés schrieb, aber den Trubel scheute, suchte sich stillere Orte. Kästners Lieblingsarbeitsplatz, das »Café Leon« neben der heutigen Schaubühne, lag am Kurfürstendamm 155/56 ziemlich weit ab vom Rummel um die Gedächtniskirche. Dafür aber nahe an Kästners Wohnung in der Roscherstraße 16 (kriegszerstört), die der gefragte Autor 1929 bezog.

Der Starjournalist und Romancier Joseph Roth wohnte um diese Zeit am liebsten im »Hotel am Zoo«, Kurfürstendamm 25, nur ein paar Schritte vom »Romanischen«. Erstaunlicherweise hat das Hotel alle Wandlungen der Straße überdauert. Ein paar Häuser weiter, in den »Mampe-Stuben«, Kurfürstendamm 15, arbeitete Joseph Roth an seinem berühmtesten Buch, dem »Radetzkymarsch« über den Untergang der österreichisch-ungarischen Monarchie. Eine Gedenktafel erinnert daran. Ob nach der Sanierung des denkmalgeschützten Hauses wieder ein gemütliches Café dort zu finden sein wird?

Im Eckhaus Martin-Luther-Straße 11 befand sich von 1928 bis 1969 das Künstlerlokal »Schlichter« in dem neben dem Dichter Bertolt Brecht auch die Sängerin Claire Waldoff, die Schauspieler Emil Jannings und Hans Albers sowie die Maler Rudolf Schlichter und George Grosz verkehrten.

^ *Berliner Journalistin bei der Zeitungslektüre im historischen Ambiente der »Mampe-Stuben«, 2005*

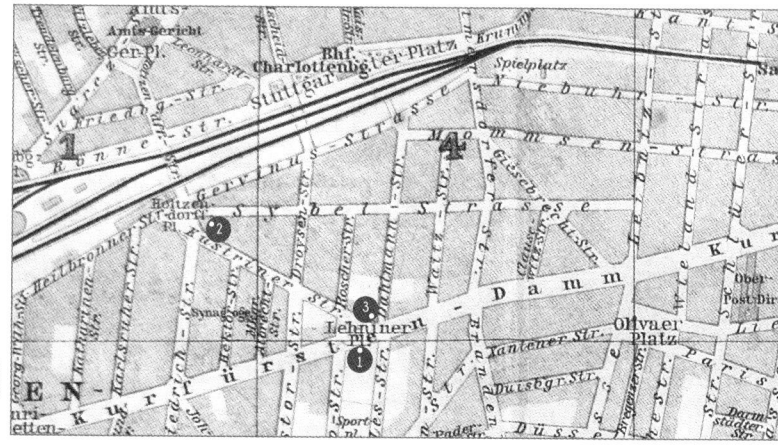

ADRESSEN IM »INDUSTRIEGEBIET DER INTELLIGENZ« AM KURFÜRSTENDAMM:

1 »WOGA-Komplex« von Erich Mendelsohn mit »Kabarett der Komiker« und Kino »Universum«, heute Schaubühne (Foto S. 248), Kurfürstendamm 153-162

2 Wohnung von Siegfried Kracauer 1931-33, Sybelstraße 35 am Kracauerplatz

3 Dachwohnung von Wieland Herzfelde, 1917-23 Sitz des »Malik-Verlages« (s. S. 169), Kurfürstendamm 76

4 »Theater am Kurfürstendamm« (Foto S. 246) und »Komödie« (Foto S. 245), mit Gedenktafel für die Berliner Secession, Kurfürstendamm 208/9

5 Jeanne Mammens Künstleratelier (Foto S. 242), Kurfürstendamm 29

6 »Theater des Westens« und »Delphi«-Kino, 1928 als Tanzpalast eröffnet, Kantstraße 12

7 Redaktion der »Weltbühne«, Kantstraße 152 (Gedenktafel für Carl von Ossietzky)

8 Jüdisches Gemeindehaus auf dem Grundstück einer 1938 zerstörten Synagoge, Fasanenstraße 79-80

9 Ehemaliges »Nelson-Theater« mit Gedenktafel für Robert Musil (Foto S. 240), Kurfürstendamm 217

10 Literaturhaus (seit 1988), Fasanenstraße 23 und Gedenktafel für den Dichter Max Hermann-Neiße, Kurfürstendamm 215

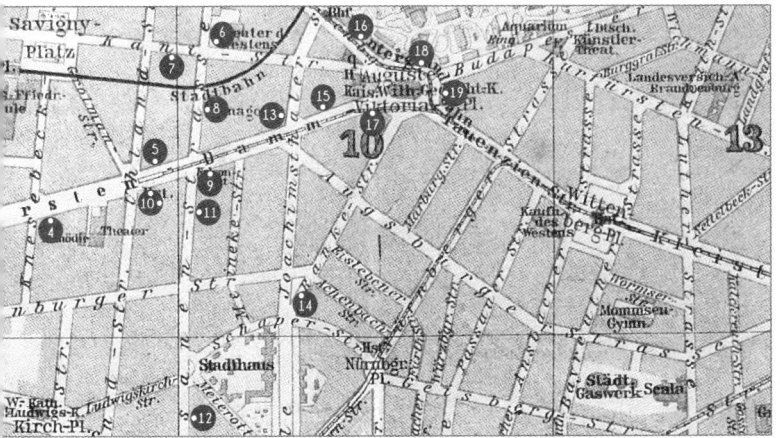

11 Wohnung von Asta Nielsen, 1931-37, Gedenktafel, heute Hotelpension Funk (Foto S. 229), Fasanenstraße 69

12 Wohnungen des Schriftstellers Heinrich Mann, Fasanenstraße 61 und des SPD-Politikers Rudolf Breitscheid, Fasanenstraße 58 (Gedenktafeln)

13 »Café des Westens«, wichtiger Künstlertreffpunkt bis Anfang der Zwanziger Jahre, danach »Café Kranzler«, zerstört, an der sogenannten »Kranzler-Ecke« (Foto S. 230), Kurfürstendamm 18/19

14 Gedenktafel für den Komponisten Friedrich Hollaender, nach dem seit 2012 eine Grünanlage benannt ist

15 Ehemalige »Mampe-Stuben« mit Gedenktafel für Joseph Roth (Foto S. 219), Kurfürstendamm 15

16 »Zoo-Palast«, Nachfolger des 1919 eröffneten »Ufa-Palast am Zoo« (Foto S. 219), Hardenbergstraße 29a

17 »Marmorhaus«, 1920 Uraufführungskino von »Das Cabinet des Dr. Caligari«, heute Modegeschäft, Kurfürstendamm 236

18 »Capitol« an der Gedächtniskirche, 1925 eröffnetes Großkino von Hans Poelzig (Foto S. 225), zerstört

19 »Romanisches Café«, berühmtestes Künstlerlokal der Zwanziger Jahre, zerstört (heute »Europa-Center«)

QUER ZUM BOULEVARD
ZWISCHEN LITERATURHAUS UND »WELTBÜHNE«

»Berühmtheit ist ein Wort im Sande« steht über dem Eingang zur Fasanenstraße 69, wenige Schritte vom Kurfürstendamm entfernt. Ein Wort von Asta Nielsen, dem größten Star der deutschen Stummfilmzeit, die hier von 1931 bis 1937 gewohnt hat; danach kehrte sie angewidert von den Nazis, die sie umwarben, in ihre dänische Heimat zurück. Im endlosen Flur ihrer ehemaligen Riesenwohnung hängen Fanpostkarten, Filmplakate und die Schleife eines Blumengebindes, das der Künstlerin verehrt wurde. Seit den Fünfziger Jahren dient die Wohnung als Hotelpension, liebevoll ausgestattet mit Andenken an den Star und alten Möbeln. Es gibt Gründerzeit- und Jugendstilzimmer, Schlafzimmer mit weißem Schleiflackmobiliar, und überall verbreiten Kristallüster und altmodische Lampen mit Stoffschirmchen ein schummrig-gemütliches Licht. So ähnlich muss es in vielen Pensionen des Berliner Westens ausgesehen haben, die verarmte Bürger nach dem Ersten Weltkrieg und der Inflation in ihren ehemals hochherrschaftlichen Wohnungen eröffneten. Der Salon Asta Nielsens dient heute als großzügiger Frühstücksraum (s. Foto S. 229). Hier hätten auch schon mal die »Comedian Harmonists« geprobt, erzählt der Hotelmanager Michael Pfundt, denn die Tochter der Diva sei mit einem der Sänger liiert gewesen. Jetzt trifft man hier Frühstücksgäste aus Skandinavien, öfter auch Filmleute. Die finden die Location so cool, dass auch schon häufig in den Zimmern gedreht wurde.

Die bürgerliche Atmosphäre eines schattigen Boulevards mit luxuriösen Geschäften, die der Kurfürstendamm einmal besessen haben muss, hat sich in Seitenstraßen wie die Fasanenstraße zurückgezogen. Vis-à-vis von Asta Nielsens

^ *Die Stadtgöttinnen von Charlottenburg und Berlin am 1896 eröffneten »Theater des Westens«*

Wohnung verleihen ihr das Auktionshaus Villa Grisebach, das Käthe-Kollwitz-Museum und das Literaturhaus in einer Gründerzeitvilla mit parkartigem Garten eine gewisse Noblesse. Das Literaturhaus versucht die Kurfürstendammgegend seit 1986 als »Industriegebiet der Intelligenz« wiederzubeleben: mit Lesungen und Ausstellungen, bei denen der Schwerpunkt auf der Gegenwartsliteratur liegt, aber auch gern an den alten Mythos erinnert wird. Und das schöne Literaturhaus-Café mit Wintergarten und Tischen vor dem Haus knüpft durchaus mit Erfolg an die Tradition untergegangener Künstlerlokale am Kurfürstendamm der Zwanziger Jahre an (Fasanenstraße 23).

Dessen Kreuzung mit der Fasanenstraße war seinerzeit hochberühmt durch die Revuen, die der Komponist Rudolf Nelson im Eckhaus Kurfürstendamm 217 arrangierte. »Sie sind ein Mittelpunkt zwischen Urwald und Wolkenkratzer; ebenso ihre Musik, der Jazz, in Färbung und Rhythmus. Ultramodern und ultraprimitiv«, notierte der Diplomat Harry Graf Kessler 1926 nach einem Besuch in sein Tagebuch. Gaststar des Nelson-Theaters war seinerzeit die »schwarze Venus« Josephine Baker. Mit ihren Nackttänzen im Bananenröckchen verdrehte sie den Berlinern den Kopf. Dennoch ging das »Nelson-Theater« schon wenig später pleite.

Im selben Haus wohnte von 1931 bis 1933 der Schriftsteller Robert Musil und arbeitete an seinem Jahrhundertroman »Der Mann ohne Eigenschaften« (Gedenktafel). Schräg gegenüber befand sich seit 1928 eine Filiale des Restaurants Kempinski: »Es war ein weltweit bekanntes Symbol Berliner Gastlichkeit. Weil die Besitzer Juden waren, wurde diese berühmte Gaststätte 1937 ›arisiert‹, unter Zwang verkauft. Familienangehörige wurden umgebracht«, liest man auf einer Gedenktafel am 1952 eröffneten Kempinski-Hotel, die erst nach langem Widerstreben der Hotelleitung und Demonstrationen vor der Luxusherberge durchgesetzt wurde. Folgt man der Fasanenstraße weiter in nördlicher Richtung, kommt man am Jüdischen Gemeindehaus vorbei; dort stand eine 1938 von den Nazis niedergebrannte Synagoge. Den Eingang des nüchternen Zweckbaus mit der Gemeindebibliothek und einem koscheren Restaurant schmücken einige wenige erhaltene Fassadenteile des zerstörten Gotteshauses. Im Foyer würdigen Gedenktafeln mehrere jüdische Bürger, die im Kulturleben der Zwanziger eine Rolle spielten, darunter den ermordeten Außenminister Walther Rathenau und die Sänger Richard Tauber

und Joseph Schmidt (Fasanenstraße 79-80).

Ehe wir zum Kurfürstendamm zurückkehren, werfen wir noch einen Blick in die Kantstraße: Das »Delphi« wurde 1928 als Tanzpalast auf dem Grundstück des ersten Ausstellungshauses der »Berliner Secession« eröffnet, im Krieg schwer zerstört und als Kino vereinfacht wiederaufgebaut (Kantstraße 12). »Die Orakelsprüche, die hier gefällt werden, sind sicher eindeutiger als an der namensgleichen Stätte der alten Welt. Hier übermittelt sie von Tisch zu Tisch das Telephon als freundlicher und verschwiegener Kuppler«, heißt es 1931 über das »Delphi« im »Führer durch das lasterhafte Berlin« von Curt Moreck: »Ein elektrisch gestirnter Himmel leuchtet über denen, die tanzen, und denen, die nur zechen. Miniaturgolfs laden zum Spiel ein. Es ist alles da, was eine verwöhnte Großstadtmenschheit über die Langeweile eines Tages hinwegführen kann, die ihr in die Zeit zwischen Tag und Tag ein wenig Süßigkeit des Vergessens träufelt.«

Erbaut wurde das alte »Delphi« nach Plänen von Bernhard Sehring, ebenso wie das bereits 1896 eröffnete »Theater des Westens« nebenan. In den Zwanziger Jahren diente es meist als Operettentheater, kurzzeitig auch als »Große Volksoper« der Freien Volksbühne. Im Keller eröffnete die Schauspielerin Trude Hesterberg 1921 ihre »Wilde Bühne«, ein Kabarett, für das Kurt Tucholsky und Walter Mehring bissige Texte lieferten, bis es zwei Jahre später ausbrannte. Seit 2011 erinnert eine Gedenktafel an der Straßenfront an den »Grundstein für das moderne deutsche literarisch-politische Kabarett«. Tucholsky und Mehring gehörten auch

^ *Hier tanzte Josephine Baker im Bananenröckchen: Kurfürstendamm, Ecke Fasanenstraße, im Theater von Rudolf Nelson.*

zu den fleißigsten Autoren der Zeitschrift »Die Weltbühne«. Der politische Publizist Carl von Ossietzky redigierte sie bis zum Verbot durch die Nazis in der Kantstraße 152 (Gedenktafel, s. auch S. 262). Von 1921 bis 1926 arbeitete die Redaktion in der Wundtstraße 65 (Gedenktafel, seit 2010), der Zeitschriftengründer Siegfried Jacobsohn wohnte Dernburger Str. 57 (Gedenktafel). – Außerdem lebten in den Zwanziger Jahren in der Gegend:

- AM KURFÜRSTENDAMM: Gertrud Kolmar (Lyrikerin, wohnte 1921-23 am Kurfürstendamm 43), Wieland Herzfelde (Verleger, bei ihm arbeitete Elias Canetti 1928 als Übersetzer, Kurfürstendamm 76), Otto Dix (Maler, hatte 1926 sein Atelier am Kurfürstendamm 190), Rudolf Nelson (Komponist, wohnte 1922-32 am Kurfürstendamm 186), Max Hermann-Neiße (Lyriker, um 1930, Gedenktafel am Kurfürstendamm 215), Lotte Jacobi (Fotografin, 1932-34, Kurfürstendamm 216).

- SÜDLICH DES KURFÜRSTENDAMMS: Carl Zuckmayer (Dramatiker, Anfang der Zwanziger Jahre in der Lietzenburger Straße 96), Friedrich Ebert (Reichspräsident, starb 1925 in einem Sanatorium in der Joachimsthaler Straße 20), Heinrich Mann (Schriftsteller, ging 1933 von der Fasanenstraße 61 in die Emigration, Gedenktafel), Wilhelm von Bode (Generaldirektor der Berliner Museen von 1906-20, wohnte bis zu seinem Tode 1929 in einer Stadtvilla an der Uhlandstraße 4/5, Gedenktafel), Walter Benjamin (wohnte 1928/29 in der Düsseldorfer Straße 42), Ernst Rowohlt Verlag (ab 1927, Passauer Straße 8/9), Rudolf Breitscheid (Politiker, lebte 1904-32 in der Fasanenstraße 58, Gedenktafel), George Grosz (wohnte 1928-1933 in der Trautenaustraße 12), Marina Zwetajewa (Dichterin, wohnte 1922 in der Trautenaustraße 9), Bertolt Brecht (1924-29 Spichernstraße 16, Gedenktafel am Neubau), Egon Erwin Kisch (vor 1933 Güntzelstraße 3, Gedenktafel).

- NÖRDLICH DES KURFÜRSTENDAMMS: Mascha Kaléko (Lyrikerin, 1936/7, Gedenktafel an der Bleibtreustraße 10/11), John Heartfield (Grafiker, 1930-33 in der Bleibtreustraße 7), Else Ury (Verfasserin der populären »Nesthäkchen«-Romane lebte 1905-33 Kantstraße 30, Gedenktafel), Hedwig Courths-Mahler (meistgelesene Autorin der Zeit, lebte 1914-32 Knesebeckstraße 12, Gedenktafel Ecke Goethestraße), Siegfried Kracauer (Publizist und Filmkritiker, 1931-33 in der Sybelstraße 35 am 2010 nach ihm benannten Kracauerplatz, Gedenktafel).

JEANNE MAMMEN
DAS VERBORGENE ATELIER

Kurfürstendamm 29: Von der Straße aus ist das Haus unauffällig, ein typischer Gründerzeitbau des Neuen Westens. Nur eine Gedenktafel weist darauf hin, dass sich im Hinterhof die einzige noch erhaltene Atelierwohnung einer Künstlerin aus den Zwanziger Jahren befindet. Mehr als 50 Jahre hat Jeanne Mammen hier gelebt und gearbeitet. Nach ihrem Tod 1976 sorgten Freunde dafür, dass das Interieur mit der gesamten Einrichtung, ihren Bildern und Skulpturen erhalten blieb.

Im September 1919 zog die Malerin ein, und teilte sich anfangs mit ihrer Schwester die winzige Wohnung im Hinterhaus, 4. Stock. »Als wir einzogen, gab es nur Gasbeleuchtung, dabei zwei Stühle, zwei Staffeleien. Wir schliefen auf der Erde, auf Matratzen ... Auch viel zu eng: keine Küche, und Klo auf der Treppe.« Eigentlich war es gar keine Wohnung, sondern nur ein Atelier, in dem vorher ein Fotograf gearbeitet hatte. Aber sie war bezahlbar, obwohl mitten an einer teuren Geschäftsstraße gelegen, und sie hatte gutes Nordlicht durch das große Atelierfenster, aus dem man heute auf die Rückseite des Kempinski-Hotels blickt, das hier 1928 als luxuriöses Großrestaurant eröffnete.

Bei ihrem Einzug war Jeanne Mammen 28 Jahre alt, eine mittellose, junge Künstlerin, die in Berlin geboren und in Paris aufgewachsen war. Sie hatte in Paris und Brüssel Malerei studiert und sich als Tochter aus wohlhabendem Hause nie um Geld gekümmert.

Doch nach dem Ausbruch des Ersten Weltkrieges musste die Familie nach Deutschland zurückkehren, verlor ihr gesamtes Vermögen. Plötzlich war Jeanne Mammen gezwungen, ihren Lebensunterhalt selbst zu verdienen. Doch womit? Sie übernahm Aushilfsarbeiten al-

ler Art und klapperte mit ihren Zeichnungen und Aquarellen die Redaktionen der Berliner Zeitschriften ab. Mit Erfolg: Ihre pointierten Skizzen aus den Cafés und Tanzlokalen der Hauptstadt wurden gedruckt, in Blättern wie »Die schöne Frau« oder »Der Junggeselle«, in »UHU«, »Ulk« und im renommierten »Simplicissimus«. Sie entwarf Filmplakate und zeichnete Reklameblätter für Modesalons.

Ihre Motive fand Mammen oft in unmittelbarer Umgebung ihrer Wohnung, in dem Vergnügungsbetrieb rund um den Kurfürstendamm. Zeitweise hatte sogar Rosa Valetti direkt im Vorderhaus ihr Kabarett »Die Rampe«: Jeanne Mammen

^ *Jeanne Mammen, »Berliner Café«, Aquarell um 1930,*
  seinerzeit veröffentlicht unter dem Titel »Romanisches Café«

hielt die Sängerin mit Tusche und Feder fest.

In ihren Aquarellen nahm sie die Reichen und Möchtegernreichen aufs Korn, die provozierend selbstbewussten Halbweltdamen und Modepuppen, die Revuegirls und Tänzerinnen. Für den 1931 erschienen »Führer durch das ›lasterhafte‹ Berlin« steuerte sie Farbillustrationen zu den einschlägigen Nachtlokalen bei. Meist stellte Mammen Frauen ins Zentrum, auch aus dem lesbischen Milieu.

Doch eine kesse Nachtschwärmerin wie die hinreißend gestylten Frauen auf ihren Bildern war sie nicht, lieber blieb sie unauffällig im Hintergrund. Kurt Tucholsky widmete ihr 1929 in der »Weltbühne« eine Liebeserklärung: »Die zarten, duftigen Aquarelle, die Sie in Magazinen und Witzblättern veröffentlichen, überragen das undisziplinierte Geschmier der meisten Ihrer Zunftkollegen (...). Ihre Figuren fassen sich sauber an, sie sind anmutig und herb dabei, und sie springen mit Haut und Haaren aus dem Papier.«

Mammens Bildwelt spiegelt den Vergnügungsbetrieb der Zwanziger und vor allem die Rolle der Frauen darin. Ihre Darstellungen sind prägnant und elegant, durchaus mit ironisch-kritischen Untertönen, aber nicht so bissig wie die Arbeiten von Grosz oder Dix. Dieser hatte ebenfalls, wenn auch nur für kurze Zeit, sein Atelier am Kurfürstendamm, im Haus Nr. 190.

Ölgemälde malte Mammen in den Zwanzigern nur selten; eine »Berliner Straßenecke« und das ernste Bildnis eines Schuljungen hängen in ihrem Atelier, andere befinden sich in der Berlinischen Galerie.

In der Nazizeit zog sich die Künstlerin aus der Öffentlichkeit zurück. Ihre Werke wurden herber, abstrakter und orientierten sich zunehmend an Picasso. Später entstanden Plastiken, sie experimentierte zwischen Abstraktion und Figuration, klebte Staniolpapiercollagen. Doch die späteren Arbeiten haben wenig öffentliche Anerkennung gefunden.

Erst kurz vor ihrem Tode wurde Jeanne Mammen als eine bedeutende Künstlerin der Zwanziger Jahre wiederentdeckt, und ihre einst als Broterwerb entstandenen Aquarelle erzielten plötzlich hohe Preise. Darin gleicht ihr Lebenslauf dem von Hannah Höch, der zweiten großen Berliner Künstlerin der Zeit. Persönlich kennengelernt haben sich die beiden jedoch nie.

TIPP: Erhalten ist auch das ehemalige Flugwärterhäuschen mit Blumengarten in Heiligensee, das Hannah Höch bis zu ihrem Tod bewohnte (An der Wildbahn 33, s. S. 179). Infos: www.hannah-hoech-haus-ev.de

DIE SECESSION WIRD BÜHNE
THEATER AM KURFÜRSTENDAMM

Die geschäftstüchtige und skandalumwitterte Architektin Sigrid Kressmann-Zschach entwarf in den Siebzigern das »Kudamm-Karree«, einen hässlichen Passagenbau mit Hochhaus, dessen einfallslose Geschäftshausfassade nicht vermuten lässt, dass sich dahinter zwei Theatergebäude der Zwanziger Jahre verbergen. Oskar Kaufmann, der Architekt der Volksbühne und des Renaissance-Theaters (s. S. 210f.), baute damals zunächst das Ausstellungsgebäude der Berliner Secession zur Bühne um. An deren reichlich komplizierte Geschichte erinnert eine Gedenktafel am »Theater am Kurfürstendamm«.

Die Secession war eine Künstlervereinigung, die sich 1898 im Protest gegen die akademische Malerei der Kaiserzeit zusammenfand. Im folgenden Jahr präsentierte sie in der Kantstraße 12 ihre erste Ausstellung mit Werken von Max Liebermann, Käthe Kollwitz, Hans Baluschek, Lovis Corinth Max Slevogt und anderen. 1905 zog die Secession in ein neues Ausstellungsgebäude am Kurfürstendamm 208/209 um. Dort kam es zu heftigen Krächen, als eine Jury Werke von Vertretern einer jüngeren, expressionistischen Malergeneration – Nolde, Schmidt-Rottluff, Kirchner – ablehnte. Die internen Auseinandersetzungen gipfelten 1910 in der Abspaltung einer »Neuen Secession« und 1914 in der Gründung einer »Freien Secession«, die das Haus am Kurfürstendamm bis ins Inflationsjahr 1923 nutzte – danach wurde daraus das »Theater am Kurfürstendamm«. Die im alten Secessionsverband zurückgebliebenen Künstler bezogen Räume am Kurfürstendamm 232, wo sie bis ins Jahr 1927 Ausstellungen zeigten.

In Oskar Kaufmanns Theater herrsche eine »damenhafte Boudoiratmosphäre«, heißt es

^ *Die beschwingte Fassade der »Komödie am Kurfürstendamm«, entworfen vom Theaterarchitekten Oskar Kaufmann, um 1925*

in einem 1926 erschienenen Buch über die neueste Theater- und Kinoarchitektur, hervorgerufen durch überreiche Stuckornamentik und eine delikate Farbskala: »zartes lachsrosa, blauviolett, bleu und crême, reiche Versilberungen gegen diese Hintergründe. Vorhang silbergrau-fraise«. Auf dem Nachbargrundstück baute Oskar Kaufmann in den Zwanziger Jahren noch ein Geschäftshaus mit jugendstilhaft bewegter Fassade und einem intimen Hinterhoftheater, die »Komödie«.

Beide Bühnen gehörten um 1930 zum Theaterimperium von Max Reinhardt. Große Publikumserfolge waren die musikalischen Revuen des Komponisten Friedrich Holländer (»Bei uns – um die Gedächtniskirche rum«, 1927) und die Berliner Erstaufführung von Bertolt Brechts und Kurt Weills Oper »Aufstieg und Fall der Stadt Mahagonny« (1931, siehe auch S. 216).

Seit 1933 ist die Geschichte beider Theater eng verbunden mit der Familie Woelffer. Der jetzige Direktor Martin Woelffer ist ein Enkel von Hans Woelffer, der die Häuser in den Dreißiger Jahren, dann wieder ab 1962 als Privattheater leitete; zwischenzeitlich wurden sie verstaatlicht, im Krieg schwer zerstört, notdürftig wieder hergerichtet und von der »Freien Volksbühne« bespielt. Heute treten hier Film- und Fernsehschauspieler meist in leichten Unterhaltungsstücken auf.

Jahrelang wurde um den Erhalt der beiden Theater gerungen, bis sich 2017 der Eigentümer mit Martin Woelffer auf einen Totalabriss einigte – als Ersatz wird für sein Theater eine modernere Bühne auf dem Grundstück gebaut, die dann allerdings nicht mehr direkt vom Kurfürstendamm zugänglich sein wird.

^ *Das alte Secessionsgebäude am Kurfürstendamm um 1925, in der Mitte der Eingang zum »Theater am Kurfürstendamm«*

VOM »UNIVERSUM« ZUR SCHAUBÜHNE
ERICH MENDELSOHNS WOGA-KOMPLEX

Nur ein einziges unbebautes Grundstück stand in den Zwanziger Jahren am oberen Kurfürstendamm zur Verfügung, um dort ein architektonisches Zeichen der neuen Zeit zu setzen. Es gehörte der jüdischen Familie Mosse, deren Zeitungshaus im Presseviertel der Architekt Erich Mendelsohn spektakulär umgebaut hatte (s. S. 186f., Fotos S. 180 und 187).

Zu seinen Gunsten kippten die Eigentümer einen 1925 bereits genehmigten Bebauungsplan von Jürgen Bachmann, der zwischen Kurfürstendamm, Paulsborner, Cicero- und Albert-Achilles-Straße eine Blockrandbebauung mit Wohnungen vorsah. Als Trostpflaster erhielt er den Auftrag, an den weniger attraktiven Seiten des großen Straßenblocks Wohnungen zu bauen – zu erkennen an den spitzen Erkern, die sie dem Betrachter an der Paulsborner und Albert-Achilles-Straße entgegenrecken. An der breiteren Cicerostraße hingegen schlagen die langen dunklen Backsteinbänder der Balkone sanfte Wellen und versetzen so die ganze Fassade in Bewegung – ein typischer Mendelsohn-Effekt, der nichts von seinem Reiz verloren hat.

Im Inneren des Blocks, den ein Appartementhochhaus gegen den Kurfürstendamm abschirmt, befinden sich heute Tennisplätze; ursprünglich sah Mendelsohns Entwurf dort ein Bad vor. Die Ästhetik der Wohnblocks erinnert zwar an den sozialen Wohnungsbau jener Zeit, doch was die der Mosse-Familie gehörende »Wohnhaus-Grundstücks-AG« (kurz WOGA) dort plante, waren Unterkünfte mit großzügigen Grundrissen und allem erdenklichen Komfort für Besserverdienende – schließlich lag das Grundstück am noblen Kurfürstendamm und nicht in einer proletarischen Vorstadt.

Man erkennt es an den eleganten Autogaragen aus den Zwanziger Jahren unter dem Appartementhaus.

Zum Leuchtfeuer des neuen Berliner Westens wurde Mendelsohns Ensemble durch die Schauseite zum Boulevard, die er ganz neuartig definierte. Eine Ladenstraße öffnet sich in den Straßenblock hinein, flankiert von zwei niedrigen Kopfbauten mit runden Fronten zum Kurfürstendamm. Der eine, die heutige Schaubühne, fasste damals ein Großkino mit über 1700 Plätzen, das 1928 eröffnete »Universum«. Die Dachaufbauten der kühnen Gebäudeskulptur erinnern an einen abstrahierten Projektor und eine quer gestellte Leinwand, transportieren so den Inhalt symbolhaft nach außen. Ganz praktisch diente der Turmaufbau am Kurfürstendamm als Entlüftungsschacht und Reklamefläche. Zur Eröffnung schrieb der Architekt programmatisch:

»Also kein Rokokoschloß für Buster Keaton.
Keine Stucktorten für Potemkin und Scapa Flow.
Aber keine Angst auch!
Keine trockene Sachlichkeit, keine Raumangst lebensmüder Gehirnakrobaten. – Phantasie!
Phantasie – aber kein Tollhaus – beherrscht durch Raum, Farbe, Licht.
Unter dem schwebenden Ring des Foyers verschwindet dir die Straße, unter dem Scheinwerferkegel seiner Decke das Dunstlicht des Abends.
Dann – links oder rechts vorbei am Leuchtturm der Kasse in das Helldunkel des Umgangs.
– Hier triffst du ›sie‹ sicher.
Duck' dich in Spannung!
Kompressor!
Aber dann volle Tour.«

^ *Die heutige Schaubühne am Lehniner Platz ist als Kino erbaut worden. Das Haus kurz nach der Fertigstellung im Jahr 1928*

Im zweiten Kopfbau, wo heute eine Bowlingbahn, eine Spielothek und eine Disco untergebracht sind, befand sich ein kleines Theater, das »Kabarett der Komiker«. Unten an der Straße lag das »Café Leon«, das Stammlokal Erich Kästners, der seit 1929 ein paar Häuser weiter wohnte (Roscherstraße 16) und für das »Kabarett der Komiker« manche Texte schrieb.

Nach dem Zweiten Weltkrieg hieß das ehemalige »Universum«-Kino lange Zeit »Capitol«. Es diente als Tanzpalast und gehörte dem Playboy Rolf Eden, der dort das Musical »Hair« und Revuen wie »Draculas Sex-Geburt« aufführen ließ.

Für die erfolgreiche Kreuzberger Schaubühne plante der Berliner Senat in den Siebziger Jahren den dauerhaften Umbau zum Theater. Das Kinogebäude erwies sich dabei als so marode, dass es fast vollständig abgerissen und die alte Hülle mit neuem Kern wiedererrichtet werden musste. So ist die heutige Schaubühne ein architektonischer Zwitter, außen schnittig im Stil der Zwanziger Jahre, innen eine Betonhalle aus den Achtzigern, eine streng funktionale Theaterfabrik, die sich durch Hubpodien und flexible Wände in verschieden große Spielsäle einteilen läßt.

Verloren ging die farbige Eleganz, die Mendelsohns Kinoarchitektur im Inneren auszeichnete. Aber das Haus lebt und leuchtet, zum Glück: Sonst gibt es am einstmals reichen Kurfürstendamm nur noch wenige kulturelle Glanzlichter. 2010 inszenierte der Regisseur Volker Lösch Döblins »Berlin Alexanderplatz« hier mit einem Chor von Ex-Kriminellen (1927-31, Kurfürstendamm 153-162, Nähe U-Bahnhof Adenauerplatz).

^ *»Alle Flächen, Kurven, Orgelbänder und Lichtrollen der Decke sausen zur Leinwand.« (Erich Mendelsohn)*

DER JUNGE MIT DEM FOTOAPPARAT
HELMUT NEWTON STIFTUNG IM MUSEUM FÜR FOTOGRAFIE

Schon als kleiner Junge wollte er eine Kamera haben. Mit Zwölf kaufte er von seinem gesparten Taschengeld eine Agfa Box mit eingelegtem Rollfilm, stieg in die U-Bahn und begann zu fotografieren. Als er den entwickelten Film aus dem Fotogeschäft abholte, war nur ein einziges Bild etwas geworden: ein Foto vom Berliner Funkturm.

Das war 1932. Der Fotograf, der später unter dem Namen Helmut Newton weltberühmt werden sollte, hieß damals noch Helmut Neustädter. Geboren am 31. Oktober 1920 in der Innsbrucker Straße 24 in Schöneberg, wuchs er als verwöhntes Kind einer sehr wohlhabenden, sehr liberalen jüdischen Familie auf. Mit Sechzehn durfte er bei der berühmten Modefotografin Yva in die Lehre gehen, die eigentlich Else Neuländer Simon hieß. In ihrem Atelier in der Schlüterstraße 45, einer Seitenstraße des Kurfürstendamms, lernte er den Umgang mit Fotopapier und Entwickler und durfte am Wochenende eigene Aufnahmen von Freundinnen machen.

Politik interessierte den Jungen nicht, doch als Jude konnte er sich den Schikanen und Drangsalierungen durch die Nazis nicht entziehen, die seine Familie zerstörten. Im Dezember 1938 floh er aus Berlin nach Singapur, wurde Soldat in der australischen Armee und nach dem Ende des Weltkriegs ein gefragter Modefotograf in Paris.

Das letzte, was der Emigrant von Berlin sah, war der Bahnhof Zoo. Vom Bahnsteig fällt seit Anfang 2004 das Haus der Helmut Newton Stiftung ins Auge, in dem neben seinen berühmten »Big Nudes« auch Berliner Familienbilder, frühe Selbstporträts und die erste Kamera ausgestellt sind. Der geräumige Bau war 1909 in Gegenwart des Kaisers als Offi-

zierskasino eingeweiht worden und diente nach der Abrüstung der deutschen Armee in den Zwanziger Jahren als Theater der leichten Muse (Jebensstraße 2).

Es war Newtons Wunsch, sein Fotoarchiv dort anzusiedeln und in wechselnden Ausstellungen zu präsentieren. Man erkennt hier den starken Einfluss, den die Fotografie der Zwanziger Jahre auch in späteren Jahren auf ihn hatte: bei der kühl-sachlichen Inszenierung aggressiver Erotik, in den dramatischen Kontrasten seiner Schwarz-Weiß-Abzüge oder auch im Layout seiner Bilderzeitschrift »Newtons Illustrated«, das die viel gelesene »Berliner Illustrirte« kopiert.

Helmut Newton hat die Eröffnung seines Museums nicht mehr erlebt. Er starb kurz zuvor bei einem Autounfall. Begraben liegt er auf dem Friedhof an der Stubenrauchstraße 43-45 in Friedenau, wenige Meter entfernt von Marlene Dietrichs Grab. Auch eine Kneipe pflegt das Andenken des Nachtschwärmers mit der Kamera: die noch zu Lebzeiten eröffnete, mit Großfotos seiner »Big Nudes« geschmückte »Newton Bar« am Gendarmenmarkt (Charlottenstraße 57).

TIPP: Helmut Newtons Lehrmeisterin Yva war nur eine von zahlreichen Fotografen und Fotografinnen, die sich seinerzeit auf Mode spezialisierten. Im Lesesaal der Lipperheidischen Kostümbibliothek (die zur Kunstbibliothek am Kulturforum gehört) kann man sich die glamourösen Bildinszenierungen von Yva, Lilli Niebuhr oder Sonja Georgi vorlegen lassen. An sonsten findet man die Fotografie der Zwanziger im Archiv des »Museums für Fotografie« und in der bedeutenden Fotosammlung der Berlinischen Galerie (S. 155ff.).

^ *Blick vom Bahnhof Zoo auf das Museum für Fotografie mit der Helmut Newton Stiftung, 2004*

METROPOLE
DES VERBRECHENS

252

In Fritz Langs erstem Tonfilm »M – eine Stadt sucht einen Mörder«, uraufgeführt 1931, versetzt ein Kindermörder ganz Berlin in Angst und Schrecken. Um die Bevölkerung zu beruhigen, führt die Polizei immer schärfere Razzien in der kriminellen Unterwelt durch. Das stört deren Geschäfte so sehr, dass die Bosse der Unterwelt sich genötigt sehen, selbst Jagd auf den Triebtäter zu machen. Die Gewerkschaft der Bettler organisiert die Überwachung von Straßen und Plätzen. Tatsächlich geht der Kindermörder den Bettlern ins Netz. In einer verlassenen Fabrik sieht er sich einem Tribunal von Verbrechern und Prostituierten gegenüber. Das Eingreifen der Polizei rettet den Mörder gerade noch rechtzeitig vor der Lynchjustiz.

Der triebhafte Einzelgänger, eine der großen Rollen des Schauspielers Peter Lorre, verletzt nicht nur die Gesetze der bürgerlichen Gesellschaft, er steht ebenso außerhalb der geheimen Ordnung der Verbrecherwelt. Diese war im Berlin der Zwanziger Jahre gut organisiert. Es war die Blütezeit der sogenannten »Ring- und Sparvereine«, die sich mit harmlosen Namen wie »Vergnügungsverein Osten«, »Deutsche Eiche«, »Lotterieverein Zukunft« oder »Immertreu« tarnten. Hinter der Fassade bürgerlicher Geselligkeits- und Wohltätigkeitsvereine, die angeblich das Ziel verfolgten, vorbestrafte Mitbürger zu resozialisieren, verbargen sich kriminelle Banden. Ihre heimlichen Betätigungsfelder waren Zuhälterei, Glücksspiel, Rauschgifthandel und Schutzgelderpressung. Die Vereine hatten sich zu einer gemeinsamen Dachorganisation zusammengeschlossen, teilten das Revier Berlin untereinander auf und veranstalteten jedes Jahr gemeinsam einen großen Ball, zu dem auch prominente Schauspieler, Juristen und Kriminalbeamte erschienen.

< *Die Brüder Sass, Berlins legendäre Tresorknacker, als Ausstellungsstücke im heutigen Polizeipräsidium*

Begonnen hatte alles 1890 mit der Gründung des »Reichsverbandes ehemaliger Strafgefangener«, einer Selbsthilfegruppe, die Haftentlassenen bei der Arbeits- und Wohnungssuche half. Nach diesem Vorbild entstanden rasch weitere Vereine, die weite Teile des Berliner Vergnügungsgewerbes unter ihre Kontrolle brachten. Wurde ein Vereinsmitglied verhaftet, bezahlte die Berliner Mafia einen Anwalt aus der Vereinskasse und sorgte für seine Familie oder seine »Braut«. Auch nach der Haftentlassung konnte das Vereinsmitglied auf Unterstützung rechnen, sei es durch eine Anstellung als Bierzapfer in einer Kneipe oder dadurch, dass ihm Mädchen für die Zuhälterei zugespielt wurden.

Die Polizei verhielt sich den Ringvereinen gegenüber lange Zeit tolerant, da eine gewisse Ordnung der Unterwelt deren Überwachung erleichterte. Und manchmal erhielt die Justiz von den Vereinen wichtige Fahndungstips, wenn – wie in Langs Film – kriminelle Einzelgänger deren Kreise störten. Härter griff die Polizei erst durch, als im Dezember 1928 eine blutige Massenschlägerei die Öffentlichkeit aufschreckte. Nachdem ein Ringbruder von einem Zimmermann niedergestochen worden war, überfielen 150 Gangster unter Führung des »Immertreu«-Vorsitzenden Adolf Leib, genannt Muskel-Adolf, ein Bauarbeiterlokal am heutigen Ostbahnhof. Schüsse fielen, es gab zwei Tote. Beim folgenden Prozess sorgten Staranwälte dafür, dass Muskel-Adolf mit einer geringen Strafe davonkam und das Verbot der Vereine »Immertreu« und »Norden« aufgehoben werden musste.

Im folgenden Jahr soll der Regisseur Fritz Lang sich mit Muskel-Adolf getroffen haben, um sich fachliche Beratung für sein Drehbuch zu »M« zu holen. Als Gegenleistung soll Lang sich verpflichtet haben, zwei Dutzend »Ringbrüder« als Statisten zu beschäftigen; sie passten auf, dass die Verbrecherwelt im Film gut wegkam – was dann auch geschah.

Neben der organisierten Kriminalität beschäftigten die Berliner Kripo in den letzten Jahren der Weimarer Republik immer öfter politisch motivierte Delikte. Bewaffnete Nazis und Kommunisten lieferten sich Straßenschlachten untereinander, aber auch mit der Polizei. An manchen Tagen herrschten bürgerkriegsähnliche Zustände in der Stadt, wie am 1. Mai 1929, dem sogenannten »Blutmai« (vgl. S. 31-33). Zeitweise verhängte die Justiz Verbote über kommunistische Organisationen, was die Stimmung gegen die Staatsmacht noch stärker anheizte. So starben allein 1931 binnen eines Monats vier Polizeibeamte bei Auseinandersetzungen mit Kommunisten.

Auch die Nazipartei, seit 1925 in Berlin aktiv, war in der Stadt zeitweise polizeilich verboten. Ende 1926 übernahm Joseph Goebbels als Gauleiter die Führung der NSDAP in Berlin. Aggressiv warb er besonders in den Arbeitervierteln, traditionell »roten« Hochburgen wie Wedding und Neukölln, um neue Anhänger. Zur ersten großen Saalschlacht mit Kommunisten kam es am 11. Februar 1927 in den (zerstörten) »Pharus-Sälen« an der Müllerstraße 142 in Wedding. Am 1. Mai 1927 trat Adolf Hitler im Ballhaus »Clou« in Mitte zum ersten Mal vor Berliner Parteigenossen auf – in einer geschlossenen Veranstaltung, da er in Preußen Redeverbot hatte (Eingang zum Saal an der Zimmerstraße 90/91 erhalten). Ein paar Tage später wurde die gesamte Berliner Ortsgruppe der NSDAP verboten. Sie blieb es bis zur Neugründung im Frühjahr 1928.

Besonders erfolgreich bei der Anwerbung neuer Straßenkämpfer war der junge SA-Sturmführer Horst Wessel. Er wohnte mit seiner Freundin, einer ehemaligen Prostituierten, östlich vom Alexanderplatz (damals Große Frankfurter Straße 62, an der heutigen Karl-Marx-Allee) und rekrutierte in der proletarischen Gegend neue Kämpfer für den gefürchteten »Sturm 5«. Weil er für seine Braut keine Miete zahlte, bat die Vermieterin am 14. Januar 1930 kommunistische Rotfrontkämpfer in einem Lokal des Scheunenviertels um Hilfe. Bei der folgenden nächtlichen Schießerei in seiner Wohnung wurde Wessel tödlich verletzt. Goebbels nutzte die Gelegenheit, den Toten zum Märtyrer der Nazibewegung aufzubauen. Der heutige Rosa-Luxemburg-Platz und das Karl-Liebknecht-Haus waren vorübergehend nach ihm benannt (s. S. 31 ff.)

De facto waren die Nationalsozialisten eine kriminelle Organisation, die sich als politische Partei tarnte. Hitlers Leute begingen systematisch Rechtsbrüche, um für sich zu werben. Ihr Ziel war die Abschaffung des demokratischen Rechtsstaates. Wie die Ringvereine umgaben sich die Nazis mit dem Anschein der Legalität, was die Strafverfolgung erschwerte. Als sie 1933 an die Macht kamen, setzten sie das Rechtssystem der Weimarer Republik außer Kraft. Damit ging auch die Blütezeit der Berliner Halbwelt und der Ringvereine zu Ende: Wer von der Nazijustiz als »Berufsverbrecher« abgeurteilt wurde, verschwand auf Nimmerwiedersehen in einem Arbeits- oder Konzentrationslager.

Die Nazipartei duldete keine kriminellen Banden neben sich. Sie machte Berlin zur Kommandozentrale von Verbrechen einer ganz neuen Dimension: der staatlichen gedeckten Entwürdigung, Freiheitsberaubung, Ausplünderung und Ermordung von Millionen unschuldiger Menschen.

DIE EINBRECHERKÖNIGE VON MOABIT

»Was ist ein Dietrich gegen eine Aktie? Was ist der Einbruch in eine Bank gegen die Gründung einer Bank?«, fragt der Verbrecher Mackie Messer in der 1928 uraufgeführten »Dreigroschenoper«. So dachten viele in der Stadt, die von harten Gegensätzen zwischen Arm und Reich gezeichnet war. Die Sympathien für Kommunisten und Tresorknacker reichten bis weit ins Milieu der Bürger und Besitzenden hinein. Daher konnten zwei echte Bankräuber im Jahr nach der »Dreigroschenoper« zu wahren Volkshelden werden, von den Medien umworben und auf eleganten Gesellschaften umschwärmt.

Den Brüdern Franz und Erich Sass glückte im Januar 1929 ein sensationeller Coup: Unbemerkt gruben sie in wochenlanger Arbeit von einem Nachbarhaus einen Tunnel bis zum Keller der Disconto-Bank am Wittenbergplatz (Kleiststraße 23, Ecke Bayreuther Straße, Neubau). Durch einen Luftschacht gelangten sie bis zum Tresorraum, der ihrer modernen Ausrüstung nicht standhielt: Die gelernten Schlosser waren die ersten Panzerknacker, die mit Schneidbrennern zu Werke gingen. Von innen blockierten sie die Tresortür und brachen in aller Ruhe 179 Schließfächer auf. Der Schätzwert der Wertgegenstände, die sie mitnahmen, belief sich auf zweieinhalb Millionen Reichsmark.

Die Polizei war den Brüdern schon seit längerem dicht auf den Fersen. Bei einem Einbruch auf die Dresdner-Bank-Filiale am Savignyplatz 11 im Dezember 1927 stellte sie den Einbrechern eine Falle, doch umsonst. Drei Monate später kam es unweit der Gedächtniskirche zu einer filmreifen Verfolgungsjagd über die Häuserdächer, nachdem die Meisterdiebe bei einem Einbruch überrascht worden waren. Im Mai 1928 vertrieb

^ *Fahndungsplakat aus dem Jahr 1929. Den verdächtigen Brüdern Sass konnte die Polizei nichts nachweisen.*

ein Wachmann die Brüder aus dem Landesfinanzamt in Moabit (Alt-Moabit 134), in dessen Tresor Millionen Devisen für Reparationszahlungen lagerten. Die Brüder wurden von der Polizei verhört, ihre Wohnung durchsucht – aber nie reichten die Beweismittel für eine Anklage aus. Angeblich bestritten sie ihren Lebensunterhalt mit einer Autoreparaturwerkstatt. Deren Einnahmen freilich standen in keinem Verhältnis zum Lebenswandel der Brüder, die sich elegant kleideten, teure Autos fuhren und in Luxuslokalen verkehrten. In Robin-Hood-Manier steckten sie Geldscheine in die Briefkästen des Armeleuteviertels Moabit, in dem sie aufgewachsen waren. Sie wohnten in der Birkenstraße 57, Hinterhaus, vier Treppen – das Haus steht noch, nicht weit von Kurt Tucholskys Geburtshaus in der Lübecker Straße 13 und dem Kriminalgericht an der Turmstraße (Foto S. 260), wo den Einbrecherkönigen schließlich der Prozess gemacht wurde.

Als die Nationalsozialisten an die Macht kamen, die es mit Recht und Gesetz weniger genau nahmen als die Justiz der Weimarer Republik, flohen Franz und Erich Sass vorsichtshalber nach Kopenhagen. Der weniger prominente dritte Bruder im Bunde, Max Sass, blieb in Berlin. Er wurde 1935 bei einem Apothekeneinbruch ertappt und nahm sich in der Untersuchungshaft das Leben. Die beiden Meisterdiebe fasste die dänische Polizei nach einem Einbruch bei einem Zigarrenfabrikanten. Im März 1938 schob der dänische Staat sie nach Deutschland ab, wo die Nazijustiz die Brüder rasch aburteilte und »Sicherungsverwahrung« in einem Konzentrationslager anordnete; zwei Monate später wurden sie beim Transport nach Sachsenhausen »auf der Flucht erschossen«.

^ *Birkenstraße 57: Hier wohnten die Meisterdiebe von Berlin bei ihrer Mutter im Hinterhaus, gleich um die Ecke vom Kriminalgericht.*

DAS MUSEUM IM POLIZEIPRÄSIDIUM

Die Professionalität und Intelligenz, mit der die Brüder Sass ihre Raubzüge planten, nötigt Kriminalisten bis heute Respekt ab. Daher haben die Brüder einen Ehrenplatz im Polizeipräsidium am Platz der Luftbrücke 6, wo die Polizeihistorische Sammlung täglich besichtigt werden kann. Wie in einem Panoptikum machen sich zwei lebensgroße Stoffpuppen mit Arbeitshandschuhen, Schutzbrille und Schneidbrenner an einem Tresor zu schaffen (s. Foto S. 252). Daneben sieht man in einer Vitrine einen Grundriss der Disconto-Filiale und Fotos der geknackten Schließfächer, außerdem die Anklageschrift.

Das Museum in Tempelhof, das die Berliner Polizeigeschichte vom Mittelalter bis in die Gegenwart dokumentiert, wurde 1988 eröffnet; es ist Nachfolger des Kriminalmuseums, das bis zur Zerstörung im Zweiten Weltkrieg im alten Polizeipräsidium am Alexanderplatz (s. Foto S. 278) existierte. Bereits 1890 gegründet, diente das Museum der kriminalistischen Ausbildung und der Aufklärung der Bevölkerung.

»Man geht ins Fremdenamt, ins Paßamt, um ein Visum zu holen, ins Fundbüro einen Regenschirm suchen, in die Kriminalabteilung, einen Diebstahl anzuzeigen. Ins Polizeipräsidium kommen lauter Menschen, die mit den Dingen des Lebens zu tun haben«, schrieb Joseph Roth 1923 in einer Reportage über das alte Polizeipräsidium am Alex. Wer in dem gefürchteten roten Backsteinbau zu tun hatte, kam an Schaukästen vorbei, in denen Fotos anonymer Verbrechensopfer zwecks Identifizierung aushingen: »Das ist die grausame Ausstellung der grausamen Stadt, in deren asphaltierten Straßen, graubeschatteten Parks und blauen Kanälen der Tod lauert, mit Revolver, Kne-

^ *Der Massenmörder Karl Großmann brachte in kurzer Zeit vermutlich 23 Frauen um und zerstückelte ihre Leichen.*

bel und betäubendem Chloroform. Das ist sozusagen die anonyme Seite der Großstadt, ihr Elend, das keinen Namen hat«.

Der schaurigste Kriminalfall jener Jahre fehlt auch im heutigen Polizeimuseum nicht. Zwischen 1918 und 1921 wurden im Berliner Osten die zerstückelten Leichenreste von 23 Frauen aufgefunden, auf Parkbänken, in Abfallkörben und Kanälen. Die Todesschreie eines Opfers alarmierten am 21. August 1921 eine Nachbarin, die den wegen Sexualverbrechen bereits vorbestraften Hausierer Karl Großmann bei der Polizei anzeigte. Er wohnte unweit des heutigen Ostbahnhofs, Lange Straße 88. Die Polizei ertappte ihn dort nackt und blutbesudelt neben einer schrecklich zugerichteten Frauenleiche; im Kochherd fanden die Beamten weitere menschliche Körperteile. Großmann gestand, in seiner Wohnung »höchstens fünf« Lustmorde verübt zu haben, wegen drei beweisbaren Fällen wurde er vor Gericht gestellt. Seine Opfer waren arbeitssuchende Mädchen vom Lande, die am nahen Bahnhof in der großen Stadt strandeten, Prostituierte und stellungslose Haushälterinnen, die er bei sich aufnahm. Großmann selbst hatte wiederholt seine Opfer bei der Polizei angezeigt. Jedesmal behauptete er, eine Wirtschafterin habe ihn bestohlen und sich anschließend aus dem Staub gemacht. Einziger Zeuge der Morde war Großmanns Haustier, ein Zeisig. Er spielte bei der Aufklärung eine wichtige Rolle, da der ermittelnde Kommissar Werneburg für das Tier sorgte, sich dadurch das Vertrauen des Angeklagten erwarb und ihn zu Geständnissen bringen konnte. Noch während seines Prozesses erhängte sich der Massenmörder in der Untersuchungshaftanstalt Alt-Moabit.

Die Berliner Kripo genoss in den Zwanziger Jahren einen exzellenten Ruf, da sie ständig neue Techniken der Verbrechensaufklärung entwickelte und von herausragenden Kriminalisten geführt wurde. 298 Morde klärte allein der Begründer und Leiter der Berliner Mordinspektion, Ernst Gennat, zwischen 1918 und 1939 auf. Er führte das »Mordauto« ein, ein fahrendes Labor, und die Zentrale Ermittlungskartei für Mordfälle. Zugleich war er ein echtes Berliner Original, geschätzte 270 Pfund schwer, Junggeselle, begabt mit psychologischem Einfühlungsvermögen, einem Elefantengedächtnis und messerscharfer Kombinationsgabe. Ein Meister des Verhörs, der Gewalt verabscheute und seinen Mitarbeitern ins Stammbuch schrieb: »Wer mir einen Beschuldigten anfaßt, fliegt! Unsere Waffen sind Gehirn und Nerven!«

KRIMINALGERICHT MOABIT

Ein politischer Mord aus der Endphase der Weimarer Republik beschäftigte noch sechzig Jahre später, in der Zeit nach der Wiedervereinigung, die Berliner Justiz. Auf der Anklagebank saß Erich Mielke, bis kurz vor dem Mauerfall Chef des DDR-Geheimdienstes. Als junger Kommunist war Mielke im August 1931 an dem hinterhältigen Mord auf dem heutigen Rosa-Luxemburg-Platz beteiligt gewesen, bei dem zwei sozialdemokratische Polizisten erschossen wurden (s. S. 32). Danach war Mielke in die Sowjetunion geflohen, wo nach dem Mauerfall belastendes Material auftauchte. Wegen dieses Mordes konnte Mielke 1993 zu sechs Jahren Haft verurteilt werden, während alle anderen Verfahren gegen ihn – es waren insgesamt 50 – im Sande verliefen. Bereits 1995 wurde Mielke entlassen, drei Jahre später ließ die Staatsanwaltschaft alle weiteren Verfahren wegen Verhandlungsunfähigkeit einstellen.

Schauplatz der Prozesse gegen Mielke und andere Vertreter der entmachteten DDR-Führung war das Kriminalgericht in Moabit. Dort sind in den letzten 100 Jahren die meisten spektakulären Berliner Kriminalfälle verhandelt worden. Schon kurz nach der Eröffnung des pompösen neuen Gerichtsgebäudes im Jahr 1906 musste sich hier der Schuster Wilhelm Voigt verantworten: Er hatte in einer ausgemusterten Hauptmannsuniform mit zwölf Soldaten das Rathaus von Köpenick besetzt und die Stadtkasse geplündert. Der Fall erregte seinerzeit großes Gelächter in Berlin, aber erst Carl Zuckmayers sozialkritische Komödie »Der Hauptmann von Köpenick«, 1931 am Deutschen Theater in Berlin uraufgeführt, sicherte ihm seinen dauernden Nachruhm.

^ *Im Kriminalgericht Moabit werden seit 1906 die meisten spektakulären Prozesse in Berlin verhandelt.*

Über ein anderes Stück, Arthur Schnitzlers erotischen »Reigen«, wurde 1921 gut ein Jahr lang wegen angeblicher Sittlichkeitsgefährdung in Moabit verhandelt: Das lange juristische Tauziehen endete mit einem Sieg für die Freiheit der Kunst. Weniger gnädig zeigten sich die Berliner Richter im selben Jahr beim Prozess gegen den Kommunisten Max Hoelz, den sie wegen Totschlags, begangen an einem Gutsbesitzer, zu lebenslangem Zuchthaus verurteilten. Der Fall beschäftigte die linke und liberale Öffentlichkeit noch viele Jahre, da Fehler in der Prozessführung offenkundig waren und der Angeklagte auf seiner Unschuld beharrte. Ein Fall von bürgerlicher Klassenjustiz gegen einen unschuldigen Arbeiter, so sah es die kommunistische Presse. Tatsächlich gestand später ein anderer Mann die Tat, so dass Hoelz 1928 freigelassen werden musste.

Turmstraße 91: Das ist nicht nur die Adresse des Kriminalgerichts, sondern auch Sitz der Berliner Staatsanwaltschaft. Auf der Rückseite des riesigen Justizpalastes liegt die Untersuchungshaftanstalt, in der die Angeklagten auf ihr Urteil warten. Der ehemalige Minister Erich Mielke saß hier ebenso hinter Gittern wie der Frauenmörder Großmann.

Die meisten Fälle, die in Moabit verhandelt wurden und werden, sind weniger spektakulär. Kleine Betrügereien und Diebstähle, Eifersuchtsdramen mit handfesten Folgen, Sexualdelikte, Zuhälterei, Beleidigungen, manchmal ein Totschlag im Affekt oder bei Volltrunkenheit – das war und ist der Alltag in Moabit. Hier verdichtete sich für die Gerichtsreporter der Zwanziger Jahre das Leben der großen Stadt wie unter einem Brennglas. Paul Felix Schlesinger, der unter dem Pseudonym Sling für die »Vossische Zeitung« schrieb, oder Gabriele Tergit vom »Berliner Tageblatt« machten sich mit ihren pointierten und mitfühlenden Berichten aus den Gerichtssälen einen Namen. »Der Mensch, der schießt, ist ebenso unschuldig wie der Kessel, der explodiert, die Eisenbahnschiene, die sich verbiegt, der Blitz, der einschlägt, die Lawine, die verschüttet. Alles tötet den Menschen, auch der Mensch tötet den Menschen«, schrieb Sling. »Den Kaffeekessel, der explodiert, schickt man zum Klempner, den Menschen ins Gefängnis. Eine Weile hat man sich vorgestellt, der Mensch könne die Gelegenheit benutzen, sich im Gefängnis zu bessern ... Man erzielte, auf den Kaffeekessel angewendet, die Wirkung, als ob man ihn nicht zum Klempner geschickt, sondern nun erst recht mit den Füßen zertrampelt und auf den Kehricht geworfen hätte.«

FRANZ BIBERKOPF UND CARL VON OSSIETZKY IN TEGEL

»Er stand vor dem Tor des Tegeler Gefängnisses und war frei. Gestern hatte er noch hinten auf den Äckern Kartoffeln geharkt mit den andern, in Sträflingskleidung, jetzt ging er im gelben Sommermantel, sie harkten hinten, er war frei. Er ließ Elektrische auf Elektrische an sich vorbeifahren, drückte den Rücken an die rote Mauer und ging nicht... Drin saßen die andern, tischlerten, lackierten, sortierten, klebten, hatten noch zwei Jahre, fünf Jahre. Er stand an der Haltestelle. Die Strafe beginnt.«

So fängt im Herbst 1927 die Geschichte des Franz Biberkopf an, wie Alfred Döblin sie im zwei Jahre später erschienenen Roman »Berlin Alexanderplatz« erzählt. Es ist eine Geschichte vom neuerlichen Abrutschen ins kriminelle Milieu, aller guten Vorsätze zum Trotz. Sträflinge, die heutzutage in der größten deutschen Haftanstalt einsitzen, erkennen in Franz Biberkopfs Schwierigkeiten mit dem Leben durchaus ihr eigenes Schicksal wieder. Das Interesse war groß, als 1998 unter ihnen Schauspieler für ein Gefangenentheaterprojekt nach Döblins Roman gesucht wurden.

Die Performance »Tegel Alexanderplatz« kam dann notgedrungen in zwei Teilen diesseits und jenseits der dicken Tegeler Gefängnismauern zur Uraufführung: mit Schwerkriminellen vor scharf kontrollierten Besuchern im Knast und als theatralische Wanderung mit Schauspielern und Freigängern auf dem Alexanderplatz.

Das Tegeler Gefängnis ist seit seiner Inbetriebnahme im Jahr 1898 vielfach umgebaut und perfektioniert worden, lässt aber von draußen noch die ursprüngliche Anlage erkennen: Hinter den Gärten der Wohnhäuser für das Gefängnispersonal an der Seidelstraße (Nähe U-Bahnhof Holzhauser Straße)

^ *Denkmal für den Publizisten und Friedensnobelpreisträger vor der Ossietzkystraße 24 in Pankow*

schirmt eine dicke Mauer das Anstaltsgelände ab. Jenseits erkennt man die markanten Türme der Gefängniskirche und vergitterte Zellentrakte aus rotem Backstein, die offensichtlich noch aus dem 19. Jahrhundert stammen. Das berühmte »Tor 1« an der Seidelstraße 39 wirkt denkmalgerecht restauriert.

Rechts neben der verschlossenen Einfahrt würdigt eine Gedenktafel das Friedensengagement des politischen Schriftstellers und späteren Friedensnobelpreisträgers Carl von Ossietzky, der hier am 10. Mai 1932 für mehrere Monate hinter Gittern verschwand. Als Herausgeber der »Weltbühne« (s. S. 240) musste er für einen Artikel über die geheime Aufrüstung der Wehrmacht büßen, den der Autor Walter Kreiser auf der Grundlage leicht zugänglicher Publikationen verfasst hatte. Dennoch werteten die Leipziger Richter den Beitrag als Landesverrat und verdonnerten Ossietzky zu 18 Monaten Gefängnis. Viele Schriftstellerkollegen sahen darin ein politisches Urteil, das den unbequemen Publizisten mundtot machen sollte, und begleiteten ihn zum Gefängnis. »Es gab Ansprachen, es wurde wieder und wieder photographiert. Unter Hochrufen ging ich durchs Gefängnis. Dieser Tag, der der traurigste hätte werden können, ist für mich der stolzeste meines Lebens geworden«, erinnerte sich Ossietzky. Bereits am 22. Dezember 1932 wurde er aufgrund einer Weihnachtsamnestie entlassen, aber schon zwei Monate später nach dem Reichstagsbrand erneut inhaftiert; er starb 1938 in Pankow an der Folgen der KZ-Haft.

^ *Das historische »Tor 1« der Haftanstalt Tegel wird auch heute noch scharf bewacht.*

VERFOLGUNG, EXODUS UND ERINNERUNG

Albert Einstein

»Amerikareisende, die New Yorks Bowery genau studiert haben, kommen nach Berlin, lassen sich durch das jüdische Viertel führen und sind enttäuscht, hier nichts Gleichartiges zu finden. So wie den Amerikareisenden geht es zuweilen den Berlinern aus anderen Bezirken auch.« Das Zitat könnte einem aktuellen Berlin-Reiseführer entnommen sein, aber es stammt aus dem in Berlin erschienenen »Israelitischen Familienblatt« vom 15. August 1931. Damals schon ließ sich das jüdische Leben Berlins nicht ganz einfach lokalisieren.

»Berlin hat kein Getto«, stellte Joseph Roth 1927 in seinem Buch »Juden auf Wanderschaft« fest. Im sogenannten »Scheunenviertel« zwischen Rosenthaler und Alexanderplatz existierten zwar ein paar Straßen, denen jüdische Flüchtlinge aus Osteuropa eine exotische Atmosphäre verliehen: Es gab dort jüdische Hotels und Betstuben, Straßenhändler im Kaftan und mit Schläfenlocken, Lebensmittelläden mit hebräischen Inschriften. Aber dieses Quartier um die Münzstraße, Dragonerstraße und Grenadierstraße (heute Max-Beer-Straße und Almstadtstraße) war, so Joseph Roth, für die Ostjuden nur »eine Durchgangsstation, in der man aus zwingenden Gründen länger verweilt«.

Die Flüchtlinge, die vor Pogromen und dem Ersten Weltkrieg geflohen und in Berlin gestrandet waren, machten nur einen Bruchteil der jüdischen Bevölkerung Berlins aus. Juden lebten über die ganze Stadt verteilt in allen sozialen Schichten. Es gab alteingesessene Familien wie die Nachfahren des Philosophen Moses Mendelssohn, der 1742 von Dessau nach Berlin zugewandert war. Sein Ur-Urenkel, der Bankier Franz von Mendelssohn, wurde in den Zwanziger Jahren zum Präsidenten der Berliner Industrie- und Handelskammer und des Deutschen Industrie- und

< *Radioansprache von Albert Einstein während der Berliner Funkausstellung 1930.*

Handelstages gewählt. Die Warenhäuser Wertheim und Tietz, die Medienkonzerne Ullstein und Mosse, das Modehaus Grünfeld oder die Zigarettenfabrik Garbáty in Pankow gehörten jüdischen Unternehmern. Die Hälfte der Kassenärzte war jüdischer Herkunft, in der Modebranche lag der Anteil noch höher. Aus jüdischen Familien stammten die Wissenschaftler Lise Meitner und Albert Einstein, die Maler Max Liebermann und Lesser Ury, die Operndirektoren Otto Klemperer und Leo Blech, die Theaterleiter Max Reinhardt und Leopold Jessner, die Schauspielerinnen Fritzi Massary und Elisabeth Bergner, die Verleger Samuel Fischer und Bruno Cassirer – um nur einige Prominente zu nennen. Die meisten Juden aber waren einfache Händler, Handwerker oder Arbeiter. Einige eroberten Spitzenpositionen des Staates, wie der preußische Ministerpräsident Paul Hirsch, der 1922 von Antisemiten ermordete Außenminister Walther Rathenau oder der von den Nationalsozialisten vielfach attackierte Berliner Polizeivizepräsident Bernhard Weiss.

In der Weimarer Republik, deren Verfassung der jüdische Staatsrechtler Hugo Preuss entworfen hatte, standen jüdischen Bürgern zum ersten Mal sämtliche Staatsämter offen. Auch ihre Religionsgemeinschaft wurde den christlichen Kirchen rechtlich gleichgestellt. Damit schien die jüdische Emanzipation in Deutschland glücklich vollendet. Doch »die Juden« blieben Zielscheibe antisemitischer Propaganda und gewalttätiger Übergriffe. So kam es im November 1923 im Scheunenviertel zu Pogromszenen, nachdem rechte Agitatoren die Wartenden vor einem Arbeitsamt gegen die jüdische Bevölkerung der Nachbarschaft aufgehetzt hatten.

^ *Besucher zwischen den Betonstelen des 2005 eingeweihten Holocaust-Denkmals an der Behrenstraße.*

1925 wurden in Berlin 172 672 jüdische Einwohner gezählt, das entsprach 4,3 Prozent der Gesamtbevölkerung. Rund ein Drittel der jüdischen Bevölkerung des Deutschen Reiches wohnte in der Hauptstadt. Sie war das Zentrum jüdischen Lebens in Deutschland, hier hatten Organisationen wie der »Centralverein deutscher Staatsbürger jüdischen Glaubens«, der »Reichsbund jüdischer Frontsoldaten« und der »Jüdische Frauenbund« ihren Sitz. Der bedeutende Theologe Leo Baeck lehrte an der »Hochschule für die Wissenschaft des Judentums«, wo in den Zwanziger Jahren auch die im Scheunenviertel geborene Regina Jonas studierte, die erste weibliche Rabbinerin in Deutschland (damals Artilleriestraße 14, heute Tucholskystraße 9, Sitz des Zentralrats der Juden in Deutschland). In Konkurrenz dazu stand das orthodoxe Rabbinerseminar im Haus der religiös konservativen Gemeinde Adass-Jisroel (damals Artilleriestraße 31, heute Tucholskystraße 40).

Das religiöse Leben der Berliner Juden war so vielfältig wie ihre sozialen Aktivitäten: 1932 existierten in Berlin 94 Synagogen und Bethäuser, es gab schon das heute noch bestehende Jüdische Krankenhaus (Exerzierstraße 11a, heute Heinz-Galinski-Straße 1), jüdische Altersheime (Gedenktafel an der Großen Hamburger Straße 26; Schönhauser Allee 22), das Heim für Flüchtlingskinder aus Osteuropa (»Ahawah«, Auguststraße 14-16), die Jüdische Knabenschule (heute Jüdisches Gymnasium, Große Hamburger Straße 27), die Jüdische Mädchenschule (1929-30, Alexander Beer, Auguststraße 11-13), außerdem jüdische Sport- und Wohltätigkeitsvereine, Zeitschriften und Verlage.

Vor allem für die jüdische Bevölkerung markierte der 30. Januar 1933, der Tag der Ernennung Hitlers zum Reichskanzler,

^ *Auf dem Gelände des zerstörten Anhalter Bahnhofs erinnerte 1995 eine Ausstellung an die Menschen, die von hier ins Exil flohen.*

einen Wendepunkt. Die Weimarer Republik hatte die jüdische Minderheit geschützt und der Mehrheit gleichgestellt, nun schürte das Regime den Judenhass und machte die Emanzipation rückgängig. Übergriffe auf jüdische Mitbürger waren an der Tagesordnung und wurden nicht länger verfolgt. Im März 1933 wurde den jüdischen Ärzten an städtischen Krankenhäusern gekündigt. Jüdische Rechtsanwälte und Richter erhielten Hausverbot in den Gerichten. Am 1. April 1933 organisierten die Nationalsozialisten einen Boykott jüdischer Geschäfte, am 7. April wurden durch das »Gesetz zur Wiederherstellung des Berufsbeamtentums« die jüdischen Mitarbeiter aus dem Staatsdienst gedrängt, am 10. Mai brannten die Bücher jüdischer und politisch missliebiger Autoren auf dem Platz vor der Universität.

Vor der vielfältigen Drangsalierung durch den nationalsozialistischen Staat konnten sich etwa 90 000 Berliner Juden durch die Emigration entziehen. Zehntausende wurden bis zum Beginn des Zweiten Weltkrieges verhaftet und misshandelt oder als Ausländer abgeschoben, ab 1941 wurden 55 000 jüdische Berliner in Vernichtungslager deportiert. Bei Kriegsende hatten nur etwa 6500 Juden in Berlin überlebt, meist geschützt durch die Ehe mit nichtjüdischen Partnern oder in der Illegalität.

^ *Die jüdische Kinderflüchtlingsheim »Ahawah« und die 1930 eingeweihte Jüdische Mädchenvolksschule in der Auguststraße 11-16*

JÜDISCHES MUSEUM UND CENTRUM JUDAICUM

Wenige Tage vor Hitlers Ernennung zum Reichskanzler, am 24. Januar 1933, eröffnete in Berlin das erste Jüdische Museum. »Es war der letzte bedeutsame, noch einigermaßen unbeschwerte, gleichsam abendschein-besonnte jüdische Gesamtkultur-Akt in der damaligen Reichshauptstadt, die mehrere Menschenalter hindurch in gewissem Grade die Diaspora-Haupt- und Brennpunkt-Stadt der Gesamtjudenheit war. Da war noch einmal alles versammelt ›zu jüdischem Tun und Bekennen‹, was Klang und Rang im jüdischen wie im allgemeinen Geistes- und Kunstleben hatte«, erinnerte sich 1982 der Zeitzeuge James Yaakov Rosenthal. Der Maler Max Liebermann, Ehrenpräsident des Museumsvereins, schenkte der Sammlung ein Selbstporträt, das er erst wenige Tage zuvor vollendet hatte. Wenig später gehörte Liebermann wegen seiner jüdischen Herkunft zu den vom Staat geächteten Künstlern. Im Jüdischen Museum, nicht in der Akademie der Künste, deren Präsident er gewesen war, wurde 1936, ein Jahr nach seinem Tod, noch eine letzte große Liebermann-Gedächtnisausstellung gezeigt.

Die Räume des Jüdischen Museums lagen im 1. Stock des Hauses Oranienburger Straße 31, einem Nachbargebäude der 1866 eingeweihten Neuen Synagoge, dem mit 3000 Plätzen größten und prächtigsten Gotteshaus der Juden in Deutschland (Nr. 30). Im Nachbarhaus auf der anderen Seite (Nr. 29) stand ein Verwaltungsgebäude der Jüdischen Gemeinde zu Berlin. Dort waren bereits von 1917 bis 1923 Stücke aus deren Kunstsammlung für die Öffentlichkeit zu sehen. In der Nazizeit gehörte das Jüdische Museum zu den wenigen Orten, an denen bis zu seiner Schließung im Jahr 1938 noch Werke jüdi-

^ *Neben der Synagoge an der Oranienburger Straße, heute »Centrum Judaicum«, eröffnete 1933 das erste Jüdische Museum.*

^ *Die einzigartigen Ausstellungsräume im Jüdischen Museum sind für jeden Kurator eine Herausforderung.*

scher Künstler ausgestellt werden durften. Heute befinden sich im Erdgeschoss des Gebäudes die Ausstellungsräume der »Jüdischen Galerie«.

Die Neue Synagoge wurde wie viele andere jüdische Gotteshäuser in der Pogromnacht vom 9. November 1938 angezündet, doch gelang es dem Polizisten Wilhelm Krützfeld, die Brandstifter zu vertreiben und die Feuerwehr zu alarmieren. Eine Gedenktafel erinnert an den beherzten Reviervorsteher. Erst bei einem Luftangriff im November 1943 brannte die Synagoge aus. 1988 begann der Wiederaufbau des Gebäudes als »Centrum Judaicum«, der bis 1995 dauerte. Eine Dauerausstellung im Erdgeschoss erzählt die Geschichte des Gotteshauses und vom regen jüdischen Leben in seiner Nachbarschaft. Mit Wechselausstellungen zur Kunst- und Kulturgeschichte knüpft das »Centrum Judaicum« an die Tradition des ersten Jüdischen Museums in Berlin an.

Dass es heute zwei bedeutende jüdische Museen in Berlin gibt, ist eine Folge der Mauerjahre. Mit dem Wiederaufbau der Neuen Synagoge als »Centrum Judaicum« wurde noch zu DDR-Zeiten begonnen. Sie liegt im ehemaligen Ost-Berlin, während das im September 2001 eröffnete Jüdische Museum aus einer Abteilung des Stadtmuseums in West-Berlin hervorging. Im Juni 1989, kurz vor dem Fall der Mauer, gewann der Architekt Daniel Libeskind den Wettbewerb für einen Erweiterungsbau des Berlin-Museums, das damals im barocken Collegienhaus an der Lindenstraße 14 (Nähe U-Bahnhof Hallesches Tor) untergebracht war. Den Grundriss des Gebäudes entwickelte Libeskind aus einem stadttopographischen Liniensystem, das die Stadtadressen einiger berühmter Bewohner miteinander verband: der Autoren Heinrich Heine, Heinrich von Kleist, E.T.A. Hoffmann, Walter Benjamin und Paul Celan, der Salondame Rahel Varnhagen, des Komponisten Arnold Schönberg und des Architekten Mies van der Rohe.

Das Nebeneinander von jüdischen und nichtjüdischen Bezugspunkten entsprach der damaligen Bauaufgabe, ein Gebäude zu entwerfen, in dem die jüdische Geschichte als integraler Teil der Stadtgeschichte ausgestellt werden sollte. Auf diesem Liniensystem baute Libeskind eine Grundrissfigur auf, die vielfache Interpretationen zulässt: Man kann darin die kunstvoll verfremdete Figur des barocken Altbaus entdecken, einen geborstenen Davidstern oder Tonhöhenlinien aus Arnold Schönbergs um 1930-32 komponierter, unvollendeter Oper »Moses und Aron«. Auch Walter Benjamins philosophische Kurzprosasammlung »Einbahnstraße«, 1928 erschienen, hat Libeskind als Inspirationsquelle genannt. Die dynamischen Zickzacklinien seines Entwurfs erinnern aber auch an die Großstadtmalerei des Expressionismus. Vielschichtig bezieht sich die Architektur des Gebäudes auf das deutsch-jüdische Geistesleben Berlins, das von den Nationalsozialisten weitgehend zum Verschwinden gebracht wurde.

Heftige Streitigkeiten in den Neunziger Jahren um die Ausstellungskonzeption und den Status der jüdischen Abteilung innerhalb des Stadtmuseums führten schließlich dazu, dass diese aus dem Stadtmuseum herausgelöst wurde. Mit Hilfe der Bundesregierung entstand im weltweit beachteten Libeskindbau ein nationales Museum, das 2000 Jahre deutsch-jüdische Geschichte dokumentiert. Dem Berlin der Jahre 1890-1933 war in der Dauerausstellung ein eigenes Kapitel gewidmet. Sie wird bis 2020 durch eine überarbeitete Präsentation ersetzt. Als Alternative während der Schließzeit und als Ergänzung zu einem Besuch im Jüdischen Museum bietet sich eine Visite in der benachbarten Berlinischen Galerie an (s. S. 155ff.). Denn die dort präsentierte Großstadtkultur der Kaiserzeit und der Zwanziger Jahre wurde ganz wesentlich von Künstlern, Wissenschaftlern und Unternehmern jüdischer Herkunft mitgeschaffen. Die beeindruckende Architektur des Jüdischen Museums mit ihren sich wild kreuzenden Linien und Leerräumen, sogenannten »voids«, ist auch während der Schließung der Dauerausstellung erlebbar und lohnt auf jeden Fall einen Besuch in der Lindenstraße.

IN WEISSENSEE
DIE JÜDISCHE NEKROPOLE

»Du siehst noch drei, vier fremde Städte, / du siehst noch eine nackte Grete, / noch zwanzig-, dreißigmal den Schnee – / Und dann: / Feld P – in Weissensee – / in Weissensee.« So endet ein 1925 in der »Weltbühne« gedrucktes Gedicht von Kurt Tucholsky, doch sein Grab sucht man auf dem jüdischen Friedhof in Weissensee vergebens. Im Gräberfeld T2, nahe der Friedhofsmauer, kann man eine Grabstelle für seinen Vater Alex und seine Mutter Doris Tucholsky entdecken. Sie jedoch wurde hier tatsächlich nicht beigesetzt, sondern kam 1943 im Konzentrationslager Theresienstadt ums Leben. Der Sohn Kurt Tucholsky starb wie viele jüdische Berliner, die das Kulturleben der Stadt in den Zwanziger Jahren prägten, im Exil. 1935 wurde er im schwedischen Mariefred nahe Schloss Gripsholm begraben.

Der jüdische Friedhof an der Herbert-Baum-Straße 45 in Weissensee mit über 115 000 Grabstätten ist flächenmäßig der größte in Europa. In den Zwanziger Jahren waren mit der Verwaltung und Pflege des Geländes rund 250 Personen beschäftigt. Die Zerstörung des jüdischen Lebens in der Nazizeit hat dazu geführt, dass es sich weitgehend in einen Urwald mit Grabsteinen verwandelte. Viele Grabfelder und Grabmale wurden in den vergangenen Jahren wiederhergerichtet, doch mit der Erhaltung ist die heutige, sehr viel kleinere jüdische Gemeinde überfordert. Im Juli 2012 beschloss der Berliner Senat, einen Antrag auf Aufnahme des Friedhofs in die Welterbeliste der UNESCO zu stellen: So soll der Bestand des Friedhofs als Kulturdenkmal abgesichert werden.

1880 eröffnet, dokumentiert der Friedhof vor allem den Beitrag jüdischer Bürger zur Metropolenwerdung Berlins in der Kaiserzeit. Die Wa-

^ *Zweisprachiger Grabstein des religiösen Schriftstellers Micha Josef Ben Gorion von 1921.*

renhauskönige Adolf Jandorf, Hermann und Oskar Tietz, die Verleger Rudolf Mosse und Samuel Fischer, die Fabrikanten Josef Garbaty und Benno Orenstein sind in Weissensee begraben. Pompöse Mausoleen, historistische Tempelchen und die Trauerhalle aus gelbem Backstein bestimmen das architektonische Erscheinungsbild der Friedhofsanlage, dazwischen finden sich Grabstellen, die deutlich vom Zeitgeschmack der Zwanziger Jahre beeinflusst sind – wie der Grabstein des Malers Lesser Ury mit seinen blockhaften Buchstaben. 1927 wurde das Ehrenmal für 12 000 im Ersten Weltkrieg gefallene jüdische Soldaten eingeweiht. Aus den Werkstätten des Weimarer Bauhauses stammt das von Walter Gropius entworfenen Grabmal für den 1922 verstorbenen Kaufmann Albert Mendel: Ein prismenförmiger steinerner Sarkophag, der mit dem Rahmen und Dach der Rückwand eine spannungsvolle Raumkomposition bildet.

Seit 2011 können Friedhofsbesucher auf ein neues Informations-und Navigationssystem im Internet zurückgreifen, es gibt Pläne zum Download und eine Mobilfon-App (www.juedische-friedhoefe-berlin.de). Auch die älteren jüdischen Friedhöfe an der Großen Hamburger Straße 26 in Mitte und an der Schönhauser Allee 23-25 wurden berücksichtigt. 1935 wurde dort der Maler Max Liebermann beigesetzt, von 1920 bis 1932 Präsident der Berliner Akademie der Künste. Seine Witwe nahm sich 1943 in Berlin das Leben, um sich der drohenden Deportation nach Theresienstadt zu entziehen.

^ *Avantgardistische Grabkunst aus dem Weimarer Bauhaus*

INSTITUT FÜR SEXUALWISSENSCHAFT UND DENKMAL DER BÜCHERVERBRENNUNG

Im Jüdischen Museum wird auch das weltweit erste »Institut für Sexualwissenschaft« gewürdigt, das so lange bestand wie die Weimarer Republik, von 1919 bis 1933. Sein Gründer, der jüdische Arzt Magnus Hirschfeld, war bereits im Kaiserreich ein Vorkämpfer für die Entkriminalisierung von Homosexuellen. Das 1924 staatlich anerkannte Institut diente der Erforschung und Aufklärung über die menschliche Sexualität. Es war nicht nur ein Anlaufpunkt für Homosexuelle, die mit ihren Nöten in Hirschfelds Sprechstunde und zu seinen Vorträgen strömten, das Institut unterhielt auch die erste Eheberatungsstelle in Deutschland. Hirschfelds soziales Anliegen war es, die Not zu lindern, die von mangelhafter Sexualaufklärung, ungewollten Schwangerschaften, Geschlechtskrankheiten und der Kriminalisierung sexueller Praktiken ausging.

Das Archiv und Museum des Instituts beschrieb ein Mitarbeiter rückblickend als »eine in der Welt einzig dastehende Sehenswürdigkeit. Hier waren u.a. Tausende von Fotografien zu sehen, Bilder von Sexualverbrechern, von Neurotikern, Geistesgestörten, Bilder von abwegigen sexuellen Gewohnheiten, Perversitäten, von Mitteln und Werkzeugen hierzu, historische Bilder, ganze Mappenwerke über Bordelle aus allen Zeiten und Ländern, Prostituiertenaufnahmen, Fotos von Homosexuellen, Transvestiten, Lesbierinnen, Exhibitionisten, Sadisten, Masochisten, Zuhältern, Kleptomanen und vielen, vielen anderen (...) Eine der seltsamsten Sammlungen war unsere Zusammenstellung von Abtreibungswerkzeugen, die Frauen aus allen Zeiten und Völkern jemals zu Abtreibungszwecken verwendet hatten.«

Als Jude, Homosexueller und Linker gehörte Magnus

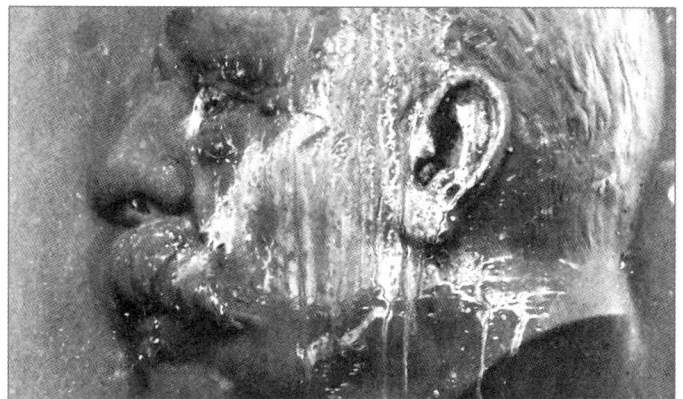

Hirschfeld zu den prominentesten Opfern der nationalsozialistischen Hasspropaganda. Er hielt sich im sicheren Ausland auf, als sein Institut am 6. Mai 1933 von Sportstudenten und SA-Leuten geplündert und verwüstet wurde. Hirschfeld starb 1934 im Exil in Nizza. Sechzig Jahre später wurde der Ort, an dem sonst nichts mehr an das Institut erinnert, durch eine Gedenkstele am Spreeuferweg, nicht weit vom Haus der Kulturen der Welt, markiert; außerdem wurde vor dem Haus in Charlottenburg, wo Hirschfeld von 1896 bis 1910 gelebt hatte, eine Stele mit einem Porträtrelief enthüllt (Otto-Suhr-Allee 93, Nähe U-Bahnhof Richard-Wagner-Platz).

Seit 2017 erinnert am Magnus-Hirschfeld-Ufer im Tiergarten ein Denkmal in Regenbogenfarben an die von ihm initiierte Homosexuellenbewegung.

1986 gründeten Schwule in West-Berlin einen Museumsverein, der zwei Jahre später das Schwule Museum in einem Kreuzberger Hinterhof eröffnete; in der seit 2004 gezeigten Dauerausstellung, im Archiv und der Bibliothek erfährt man mehr über das Wirken Magnus Hirschfelds und das schwullesbische Leben im »Sodom Berlin« der Zwanziger Jahre (früher Mehringdamm 61, seit 2013 in der Lützowstr. 73).

Vier Tage nach der Plünderung des »Instituts für Sexualwissenschaften«, am 10. Mai 1933, gingen große Teile der Bibliothek auf dem Platz vor dem Universitätsgebäude Unter den Linden in Flammen auf. Auch eine Büste Magnus Hirschfelds wurde bei der Hauptveranstaltung der im ganzen Reich inszenierten Nacht der Bücherverbrennungen »wider den undeutschen Geist« ins Feuer geworfen. »Hier sinkt die geistige Grundlage der November-Republik zu Boden«, rief Reichspropagandaminister Joseph

^ *Das Denkmal für Magnus Hirschfeld an der Otto-Suhr-Allee, von einem Farbbeutel getroffen (2006).*

Goebbels triumphierend in die Radiomikrofone, die das Ereignis ins ganze Land übertrugen. Heinrich Mann und Erich Kästner, Alfred Kerr und Erich Maria Remarque, Kurt Tucholsky und Carl von Ossietzky, Karl Marx und Sigmund Freud gehörten zu den Autoren, deren Bücher ins Feuer geworfen wurden. Es war der Auftakt zu einer systematischen Entfernung aller den Nationalsozialisten missliebigen Literatur aus Bibliotheken und Buchhandlungen. Seit 1995 gibt eine Glasscheibe in der Mitte des Bebelplatzes den Blick auf eine unterirdische, nachts beleuchtete Bibliothek mit leeren Regalen frei. Etwa 20 000 Bände hätten dort Platz, ungefähr so viele, wie am 10. Mai 1933 dort verbrannt sind. Dieses Symbol der Abwesenheit, von dem israelischen Künstler Micha Ullmann entworfen, ist vielleicht das gelungenste Denkmal, das dem Untergang des Geistes der Weimarer Republik gewidmet ist.

Wider den undeutschen Geist!

1. Sprache und Schrifttum wurzeln im Volke. Das deutsche Volk trägt die Verantwortung dafür, daß seine Sprache und sein Schrifttum reiner und unverfälschter Ausdruck seines Volkstums sind.
2. Es klafft heute ein Widerspruch zwischen Schrifttum und deutschem Volkstum. Dieser Zustand ist eine Schmach.
3. Reinheit von Sprache und Schrifttum liegt an Dir! Dein Volk hat Dir die Sprache zur treuen Bewahrung übergeben.
4. Unser gefährlichster Widersacher ist der Jude, und der, der ihm hörig ist.

^ *Blick in die leere Bibliothek auf dem Bebelplatz (oben)*
Aufruf zur geistigen Gleichschaltung vom April 1933 (unten)

1933 - SCHAUPLÄTZE DES TERRORS

Am 28. Februar 1933 wurde früh um fünf Uhr der Schriftsteller Egon Erwin Kisch in seinem Zimmer in der Motzstraße verhaftet. Zwei Polizeibeamte brachten ihn mit der U-Bahn vom Nollendorfplatz ins Polizeipräsidium am Alexanderplatz. Dort waren am Morgen nach dem Reichstagsbrand die Korridore überfüllt mit verhafteten Oppositionellen:

»Der erste, den ich von weitem erblicke, ist der Rechtsanwalt Dr. Apfel, der Verteidiger von Max Hoelz. Fein, denke ich, fein, daß er da ist, der kann gleich für mich intervenieren. ›Hallo, Dr. Apfel, ich bin verhaftet.‹

›Ich auch‹, sagt er nur.

Und schon sehe ich andere. Carl von Ossietzky, Chefredakteur der ›Weltbühne‹, die Romanschriftsteller Ludwig Renn und Kurt Kläber, Hermann Duncker, den Herausgeber sozialistischer Klassiker, Felix Halle, Mitglied des Staatsgerichtshofs, Dr. Hodann, den Sexualforscher, Lehmann-Rußbüldt, Entlarver der blutigen Rüstungsinternationale und Ligist für Menschenrechte, Dr. Schminke, den sozialistischen Stadtarzt (...). Die Bänke sind besetzt, der Raum dazwischen verstellt: Der gesamte Kulturbolschewismus soll hier Sitz und Stand finden. Alle kennen einander, und immer wenn ein neuer von Polizisten hereingeschleppt wird, begrüßen ihn alle«.

So Kisch in einer Reportageserie, die noch im selben Jahr in der in Deutschland verbotenen, nun in Prag erscheinenden »Arbeiter Illustrierten Zeitung« (AIZ) erscheinen konnte. Da das Untersuchungsgefängnis im Polizeipräsidium die Verhafteten nicht fasste, wurde Kisch mit anderen Leidensgenossen zwei Tage später in ein Gefängnis in Spandau (Wilhelmstraße 23) gebracht und nach der Reichstagswahl vom 5. März als Ausländer über die tschechi-

^ *Verhaftete Oppositionelle aus der Künstlerkolonie am Laubenheimer Platz (s. S. 101), abgedruckt im »Illustrierten Beobachter« vom 31. März 1933*

sche Grenze abgeschoben. Beide Gefängnisse existieren nicht mehr, nur indirekt erinnert an das ehemalige Polizeipräsidium am Alexanderplatz noch ein ehemals benachbarter Justizpalast: das damalige Land- und Stadtgericht an der Littenstraße 11-17. Vor dem Eingang würdigt eine Tafel den politischen Anwalt Hans Litten, der bis zu seiner Inhaftierung nach dem Reichstagsbrand linke Arbeiter und Oppositionelle verteidigte; er starb 1938 im Konzentrationslager Dachau.

In den ersten Monaten nach Hitlers Ernennung zum Reichskanzler entstanden an vielen Orten in der Stadt Folterkeller, sogenannte »wilde Konzentrationslager«, in denen SA-Leute ihre Gegner quälten. Durch Gedenktafeln markiert sind das historische Wasserwerk in Prenzlauer Berg (Gedenkwand an der Kolmarer, Ecke Knaackstraße), das Lokal »Keglerheim« (Friedrichshain, Petersburger Straße 94, Gedenktafel am Neubau) und die ehemaligen Kasernen am S-Bahnhof Papestraße (Gedenktafel am Werner-Voß-Damm 62). Die SS richtete 1933 in der Columbiastraße 1-3 ein Gefängnis für politische Gegner ein, das ab 1935/36 als »Konzentrationslager Columbia« weitergeführt, danach abgerissen wurde (Denkmal am Columbiadamm, Ecke Golßener Straße).

Der 21. März 1933 ist als »Tag von Potsdam« in die Geschichtsbücher eingegangen: Anläßlich der Konstituierung des Reichstages inszenierten die Nazis einen feierlichen Festakt in der Garnisonkirche von Potsdam. Dabei nahm Hitler die preußische Tradition für sich und seine Partei in

^ *Im Polizeipräsidium am Alexanderplatz (rechts) befand sich außer einem Untersuchungsgefängnis auch ein Kriminalmuseum (vgl. S. 258f.).*

Anspruch, die an die Stelle des »Geistes von Weimar« treten solle. In Potsdam schritt der greise Reichspräsident Paul von Hindenburg mit Kriegsorden geschmückt eine gemeinsame Ehrenformation von Reichswehr und SA-Leuten ab.

Am selben Tag richtete die SA-Standarte 208 in Oranienburg das erste auf Dauer angelegte Konzentrationslager in Preußen ein. In einer stillgelegten Brauerei an der Berliner Straße 20 wurden bis Juli 1934 etwa 3000 Häftlinge drangsaliert, vor allem Kommunisten, Sozialdemokraten, Pazifisten und Repräsentanten der Weimarer Republik. Acht Häftlinge starben an den Folgen der Misshandlungen, darunter der linke Schriftsteller Erich Mühsam. Auf einem kleinen Gedenkplatz an der Stelle des Lagers findet man heute einen Gedenkstein mit Versen Mühsams. Wegen der guten Verkehrsanbindung an die Hauptstadt hatte das KZ Oranienburg die Funktion, Nazigegner aus überfüllten Berliner Gefängnissen aufzunehmen, um sie dauerhaft aus der Öffentlichkeit zu entfernen. Diese Aufgabe übernahm später das 1936/37 von Häftlingen gebaute KZ Sachsenhausen am Stadtrand von Oranienburg (heute Gedenkstätte, Straße der Nationen 22, Oranienburg).

Am 22. Juni 1933 verboten die Nationalsozialisten die SPD, neben den Gewerkschaften die wichtigste Stütze der Weimarer Republik. An diesem und den folgenden Tagen war der Berliner Bezirk Köpenick Schauplatz einer besonders brutalen Verfolgungswelle. Hunderte von Kommunisten, Sozialdemokraten und politisch verdächtigen Bürgern wurden aus ihren Wohnun-

^ *Figurenpaar von Ingeborg Hunzinger vor dem Amtsgerichtsgefängnis in Köpenick, heute »Gedenkstätte Köpenicker Blutwoche«*

gen in Sturmlokale der SA und ins Amtsgerichtsgefängnis in der Puchanstraße 12 verschleppt und brutal mißhandelt. Mindestens 24 Menschen verloren ihr Leben, viele blieben vermisst. Seit 1995 dokumentiert eine neue Dauerausstellung in dem Gefängnisgebäude aus der Kaiserzeit die »Köpenicker Blutwoche«.

Bereits in der Weimarer Republik gab es eine Abteilung der Polizei, die für politisch motivierte Straftaten zuständig war. Als Instrument zur Verfolgung politischer Gegner wurde im April 1933 in Berlin das »Geheime Staatspolizeiamt« gegründet, das direkt dem Naziführer und Preußischen Ministerpräsidenten Hermann Göring unterstellt war.

Es bezog im Mai 1933 die frühere Kunstgewerbeschule in der Prinz-Albrecht-Straße 8 (heute Niederkirchnerstraße), nur wenige Schritte von der Reichskanzlei und den meisten Ministerien entfernt (s. S. 19f. und Karte S. 14). In den ehemaligen Bildhauerwerkstätten entstand im Spätsommer 1933 das berüchtigte Hausgefängnis der Gestapo. Es diente vor allem als Zwischenstation für politische Gefangene, die aus dem Polizeipräsidium oder dem Gefängnis am Columbiadamm zur Vernehmung in die Prinz-Albrecht-Straße gebracht wurden.

Zu den Insassen gehörten der wegen des Reichstagsbrandes angeklagte, aber freigesprochene bulgarische Kommunist Georgi Dimitroff, der KPD-Vorsitzende Ernst Thälmann, der spätere SED-Chef Erich Honecker, der Berliner SPD-Vorsitzende Franz Künstler und sein Parteifreund Kurt Schumacher, der liberalkonservative Politiker Ferdinand Friedensburg und in den Kriegsjahren Mitglieder der Widerstandsorganisation »Rote Kapelle«.

Die Nachbargebäude des Gestapo-Hauptquartiers nah-

^ *Besucher in der Dauerausstellung »Topographie des Terrors« im 2010 eröffneten Dokumentationszentrum*

men in den Dreißiger Jahren weitere Behörden auf, die mit der Verfolgung politischer Gegner und dem Völkermord im nationalsozialistischen Herrschaftsbereich beauftragt waren. Seit 1939 liefen alle Fäden im neu gegründeten Reichssicherheitshauptamt an der Prinz-Albrecht-Straße 8 zusammen.

Nach dem Zweiten Weltkrieg geriet die Zentrale des Naziterrors in Vergessenheit. Erst in den Achtziger Jahren wurde das Brachgelände neben der Mauer als wichtiger historischer Ort wiederentdeckt und durch die Ausstellung »Topographie des Terrors« kenntlich gemacht.

Mehrere Wettbewerbe für eine Gestaltung des Geländes blieben ohne greifbares Ergebnis. 1995 wurde der erste Spatenstich für ein vom Schweizer Architekten Peter Zumthor entworfenes Ausstellungs- und Dokumentationszentrum zelebriert. Doch die komplizierte Gebäudekonstruktion erwies sich als so teuer, dass der Senat das Projekt 2005 stoppte und die bereits gebauten Treppentürme aus Beton wieder abreißen ließ.

Ein neuer Wettbewerb für ein festes Haus wurde ausgeschrieben, den die Architektin Ursula Wilms und der Landschaftsarchitekt Heinz W. Hallmann für sich entscheiden konnten. Seit Mai 2010 ist das neue Ausstellungs- und Dokumentationszentrum geöffnet. Der niedrige Flachbau versteckt sein Innenleben hinter einer grauen Lamellenfassade, bietet dem Auge kaum einen Reiz und lenkt so den Blick auf das Freigelände. Innen wirkt das schmucklose Gebäude einladend, hell und großzügig. Glaswände erlauben von fast jedem Winkel des Gebäudes den Ausblick auf die Umgebung. Alles dient dem Zweck, den historischen Ort und die ausgestellten Dokumente des Terrors für sich selbst sprechen zu lassen.

^ *Markierung des Gestapo-Hausgefängnisses zwischen Martin-Gropius-Bau und Dokumentationszentrum.*

100 JAHRE GROSS-BERLIN

Charlottenburg und Spandau, Pankow und Köpenick, der Grunewald und die Müggelberge, die Dahme und der Wannsee: Das alles gehört zu Berlin. Doch selbstverständlich ist es nicht. Die Metropolenregion Berlin könnte ebensogut ein Flickenteppich aus Städten sein wie das Ruhrgebiet. Auf dem heutigen Stadtgebiet existierten bis Anfang der Zwanziger Jahre tatsächlich Dutzende von miteinander konkurrierenden Gemeinden – bis am 1. Oktober 1920 das Groß-Berlin-Gesetz in Kraft trat und aus acht Städten, 59 Landgemeinden und 27 Gutsbezirken die flächenmäßig zweitgrößte Stadt der Welt wurde. Die Einwohnerzahl Berlins verdoppelte sich auf 3,8 Millionen. Berlin nahm die Umrisse an, die uns bis heute vertraut sind.

Die Widerstände gegen die Fusion waren groß. Die wohlhabenden Nachbargemeinden der Reichshauptstadt, allen voran Charlottenburg, wehrten sich gegen den Verlust ihrer Selbständigkeit. Sie verdankten ihre Prosperität dem enormen Wirtschafts- und Bevölkerungswachstum in der Berliner Region seit der Mitte des 19. Jahrhunderts. Dabei kam es zu einer sozialen Entmischung: Wer es sich leisten konnte, floh aus der übervölkerten Innenstadt in die bürgerlichen Wohnquartiere und Gartenstädte, die auf dem Gebiet der Nachbargemeinden entstanden. Dort winkten niedrigere Steuersätze, da die Gemeinden geringere Sozialausgaben hatten. Die ärmere Bevölkerung blieb in Mietskasernen und Elendsquartieren auf dem alten Berliner Stadtgebiet gefangen. Es lag im Interesse Berlins, die wohlhabenden Steuerflüchtigen zurückzuholen.

Um 1900 waren die Gemeinden auf dem heutigen Berliner Stadtgebiet bereits eng verflochten, ihre gegensätzlichen Interessen blockierten jedoch eine koordinierte Stadtentwicklung. Daran

< *Mitarbeiter des Baubüros der Gewobag in Haselhorst, um 1931*

änderte auch die Gründung des »Zweckverbandes Groß-Berlin« im Jahr 1912 nicht viel. Er kaufte 100 Quadratkilometer Wald in der Region auf, um sie vor Bebauung und Zersiedlung zu schützen – wovon die Berliner bis heute profitieren. Immerhin gelang es, die Fahrpläne und Tarife von 15 Straßenbahngesellschaften aufeinander abzustimmen.

Erst die Revolution von 1918/19 schuf die Voraussetzung dafür, den kommunalpolitischen Reformstau aufzulösen. Das allgemeine und gleiche Wahlrecht, das auch Frauen einschloss, veränderte die Mehrheitsverhältnisse in den Gemeindeparlamenten und im Land Preußen. Für einen kurzen, entscheidenden Moment gewannen die Befürworter von Groß-Berlin, Sozialdemokraten und Liberale, die Oberhand. Nach langen und schwierigen Verhandlungen mit den betroffenen Gemeinden fand das Groß-Berlin-Gesetz am 27. April 1920 in der preußischen Landesversammlung eine knappe Mehrheit.

Die neue Verwaltungsstruktur mit einem gemeinsamen Magistrat und 20 Bezirken war ein politischer Kompromiss, der bis heute immer wieder zu Reibungen und Kompetenzstreitigkeiten führt. So bleibt es ein beliebtes Spiel, die politische Verantwortung für drängende Probleme zwischen dem Roten Rathaus und den Bezirksämtern hin und her zu schieben. Doch seit 1920 ist es immerhin möglich, die großen Aufgaben und Zukunftsprojekte einer Viermillionenstadt unter einer einheitlichen Perspektive anzugehen.

1919 gab es im Großraum Berlin 17 Wasserwerke, 43 Gasanstalten und 15 Elektrizitätswerke, die weitgehend unabhängig und unkoordiniert die Bevölkerung mit lebenswichtigem Trinkwasser und Energie versorgten. In Groß-Berlin entstanden innerhalb weniger Jahre große kommunale Eigenbetriebe wie die Bewag, die das Stromnetz zielstrebig ausbaute. Das wiederum war die Bedingung für massive Investitionen in Elektromobilität: Das U-Bahn-netz und das Straßenbahnnetz wurden stark ausgebaut, 1924 fuhr die erste S-Bahn elektrisch bis nach Bernau. Der 1927 eingeführte Einheitstarif erlaubte ein bequemes Umsteigen zwischen Bussen, Straßenbahn und U-Bahn. 1928 wurde die BVG gegründet, die damals 1,8 Milliarden Fahrgäste jährlich beförderte. Sie existiert noch heute und bewältigt 1,1 Milliarden Fahrten pro Jahr.

Durch zentrale Steuerung und zielgerichtete Investitionen wollten die Kommunalpolitiker die Lebensbedingungen der Berlinerinnen und Berliner verbessern. Der Gesundheitszu- stand großer Teile der Bevölkerung wurde damals als äußerst kritisch eingeschätzt – als Folge elender Wohnverhältnisse, mangelnder

Hygiene, von Armut und Unterernährung während der Kriegs- und Nachkriegsjahre. Als Ausgleichsmaßnahme reservierte die Stadtplanung große Areale für die Erholung in Licht, Luft und Sonne. Der Freiflächenplan von 1929 sah für jeden Bewohner eines fünfstöckigen Mietshauses mindestens 29 Quadratmeter Ausgleichsfläche in Form von Parks, Spielplätzen, Sportanlagen, Kleingärten oder Dauerwald vor. Es entstanden die großen Volksparks Rehberge, Jungfernheide und Schönholzer Heide. Da die finanziellen Mittel der Kommune beschränkt waren, gründete Oberbürgermeister Gustav Böß eine private Stiftung, die mit Spendengeldern den Bau von Sportstätten beschleunigte. Auch Uferwege wurden vor Bebauung geschützt, durch ein System von Grünschneisen sollte frische Luft bis in die Innenstadt zirkulieren.

Eine geänderte Bauordnung und ein Bauzonenplan lenkten ab 1925 die Stadtentwicklung in eine neue Richtung: Die Grundstücksausnutzung wurde begrenzt, dadurch sanken die Bodenpreise und die Stadt konnte große Flächen für den sozialen Wohnungsbau erwerben. Einige der damals errichteten Wohnsiedlungen gehören seit 2008 zum Weltkulturerbe. Aber sie sind keine Solitäre. Außerhalb des S-Bahn-Rings durchwandert man in allen Himmelsrichtungen ganze Stadtteile, die nach den neuen Bauvorschriften errichtet wurden: ohne dunkle Hinterhöfe, meist in Blockrand-, später auch in Zeilenbauweise. Von 1924 bis 1932 subventionierte Groß-Berlin den Bau von rund 150.000 Wohnungen mit öffentlichen Mitteln. Stadtplanung, Verwaltung, gemeinnützige Wohnungsgesellschaften und Baubetriebe zogen an einem Strang, um die Wohnungsproduktion enorm zu steigern. So wurden im Rekordjahr 1930 43.000 Wohnungen in Groß-Berlin bezugsfertig, eine Ziffer, wie sie im heutigen Berlin völlig utopisch erscheint.

Doch obwohl der Wohnungsbestand in der Weimarer Republik um etwa ein Fünftel wuchs, blieb die Wohnungsnot ein ständiger Begleiter; denn auch die Bevölkerung nahm bis 1933 um 400.000 Menschen zu und nach 1929 ging der Stadt infolge der Weltwirtschaftskrise das Geld aus.

Heute steht Berlin vor ähnlichen Herausforderungen wie damals, vor allem beim Wohnungsbau, aber ebenso bei der Daseinsvorsorge: Verwaltung, Schulen, Krankenhäuser, Sozialeinrichtungen, Verkehrsmittel müssen mit dem neuerlichen Wachstum der Bevölkerung Schritt halten. Berlin muss klimaneutral werden und sich auf heißere Zeiten vorbereiten. Dabei kann das Berlin des 21. Jahrhunderts auf vielem aufbauen, was hundert Jahre zuvor im jungen Groß-Berlin auf den Weg gebracht wurde.

ANHANG

^ *Werbung für elektrische Haushaltsgeräte, um 1925*

WEITERFÜHRENDE LITERATURHINWEISE

BERLIN IN DEN ZWANZIGER JAHREN

BLOCH, Ernst: Erbschaft dieser Zeit. Frankfurt a. M. 1985.
BÖSS, Gustav: Berlin von heute. Stadtverwaltung und Wirtschaft. Berlin 1929.
BRENNERT, Hans/Werner STEIN: Probleme der neuen Stadt Berlin. Darstellungen der Zukunftsaufgaben einer Viermillionenstadt. Berlin 1926.
GAY, Peter: Die Republik der Außenseiter. Geist und Kultur der Weimarer Zeit 1918-1933. Frankfurt a. M. 1970.
GLATZER, Ruth (Hg.): Berlin zur Weimarer Zeit. Panorama einer Metropole 1918-1933. Berlin 2000.
GÖRTEMAKER, Manfred: Weimar in Berlin. Berlin 2002.
KRACAUER, Siegfried: Schriften 5.1-3. Aufsätze. Frankfurt a. M. 1990.
SCHRADER, Bärbel/Jürgen SCHEBERA: Kunstmetropole Berlin 1918-1933. Dokumente und Selbstzeugnisse. Berlin und Weimar 1987.
RIBBE, Werner (Hg.): Geschichte Berlins. Zweiter Band. Von der Märzrevolution bis zur Gegenwart. 3. Aufl., Berlin 2002.

DIE NOVEMBERREPUBLIK

ES LEBE DAS NEUE! Berlin in der Revolution 1918/19, Berlin 2019.
WILDEROTTER (Hg.): Walther Rathenau 1867-1922. Die Extreme berühren sich (Ausstellungskatalog). Berlin 1992.

TEMPO UND TECHNIK

BETHGE, Walter: Hafenstadt Berlin. Leipzig 1937.
BOBERG, Jochen u. a. (Hg.): Die Metropole. Industriekultur in Berlin im 20. Jahrhundert. München 1986.
DOMKE, Petra/Markus HOEFT: Tunnel Gräben Viadukte. 100 Jahre Baugeschichte der Berliner U-Bahn. Berlin 1998.
DIE FAHRT. Kundenzeitschrift der BVG, 1929-31
50 JAHRE BERLINER ELEKTRIZITÄTSWERKE. Berlin 1934.
REICHARDT, Hans D.: Die Berliner S-Bahn. Düsseldorf 1974.
MÜLLER-WALDECK, Gunnar/Roland ULRICH: Er war der Eiserne Gustav. Die Geschichte des legendären Kutschers Gustav Hartmann. Frankfurt a. M. und Berlin 1994.

NEUES BAUEN

ARCHITEKTEN- UND INGENIEURVEREIN ZU BERLIN (Hg.): Berlin und seine Bauten. Berlin, München, Düsseldorf 1964ff.
DAS NEUE BERLIN. Monatshefte für die Probleme der Großstadt. Hg. von Adolf Behne und Martin Wagner. Berlin 1929.
HAJOS, Elisabeth M./Leopold ZAHN: Berliner Architektur von 1919 bis 1929. Berlin 1929.
HÜTER, Karl-Heinz: Architektur in Berlin 1900-1933. Dresden 1987.
KRÜGER, Thomas Michael u. a.: Architekturstadtplan Berlin. Berlin 2001.
MENDELSOHN, Erich: Neues Haus – Neue Welt. Berlin 1932.
MÜLLER-WULCKOW, Walter: Deutsche Baukunst der Gegenwart. Wohnbauten und Siedlungen. Königstein/Ts. und Leipzig 1929.
TENDENZEN DER ZWANZIGER JAHRE (Ausstellungskatalog). Berlin 1977.

WOHNEN IM WELTKULTURERBE

LANDESDENKMALAMT BERLIN (Hg.): Siedlungen der Berliner Moderne. Berlin 2009.
ICOMOS (Hg.): Welterbestätten des 20. Jahrhunderts. Petersberg 2008.

DIE KLARE LINIE

BUDDENSIEG, Tilman (Hg.): Berlin 1900-1933. Architektur und Design. München 1994.
GEIST, Jonas und Dieter RAUSCH: Die Bundesschule des ADGB in Bernau bei Berlin. Hannes Meyer und Hans Wittwer. 1930-1993. Potsdam 1993
HAHN, Peter (Hg.): Bauhaus in Berlin. Bauten und Projekte. Berlin 1995

MODE DER 20ER JAHRE. Bearb. v. Christine Waidenschlager mit Christa Gustavus (mit Bestandskatalog der Mode im Berlin-Museum). Tübingen, Berlin 1993.
MUNDT, Barbara: Metropolen machen Mode. Haute Couture der 20er Jahre. Bestandskatalog von Mode der Zwanziger Jahre im Kunstgewerbemuseum Berlin. 3. Auflage, Berlin 1989.
SAMMLUNG BRÖHAN. Kunst der Zwanziger und Dreißiger Jahre. Gemälde, Skulpturen, Kunsthandwerk, Industrie-Design, bearb. von Karl H. Bröhan und Dieter Högermann. Berlin 1985.
WESTPHAL, Uwe: Berliner Konfektion und Mode 1836 – 1939. Die Zerstörung einer Tradition. Berlin 1986.
WINGLER, Hans Maria: Das Bauhaus. Weimar-Dessau-Berlin 1919-1933. Köln 2005.

GROSSSTADTKUNST

BERGER, Ursel: Georg Kolbe. Leben und Werk (mit Bestandskatalog der Kolbe-Plastiken im Georg-Kolbe-Museum). Berlin 1990.
BERGER, Ursel und Josephine GABLER: Georg Kolbe: Wohn- und Atelierhaus. Architektur und Geschichte. Berlin 2000.
GEORGE GROSZ. BERLIN – NEW YORK (Ausstellungskatalog). Berlin 1995.
HANNAH HÖCH – Eine Lebenscollage. Hg. vom Künstlerarchiv der Berlinischen Galerie. Bd. 1 : 1889-1920. Berlin 1989; Bd.2: 1921-1945. Ostfildern 1996.
JANDA, Annegret/Jörn GRABOWSKI: Kunst in Deutschland 1905-1937. Die verlorene Sammlung der Nationalgalerie im ehemaligen Kronprinzen-Palais. Berlin 1992.

KLIEMANN, Helga: Die Novembergruppe. Berlin 1969.
KÄTHE KOLLWITZ und BERLIN. Eine Spurensuche. Hg. von Kathleen Krenzlin. Berlin 2017.
KOLLWITZ, Käthe: Die Tagebücher 1908-1943. Berlin 1999.
MERKERT, Jörn: Kunst die in Berlin entstand: Meisterwerke der Berlinischen Galerie. München, Berlin 2004.
SCHUSTER, Peter-Klaus (Hg.): Die Neue Nationalgalerie. Köln 2003.

ASPHALTLITERATUR UND PRESSE

BIENERT, Michael: Die eingebildete Metropole. Berlin im Feuilleton der Weimarer Republik. Stuttgart 1992.
BIENERT, Michael (Hg.): Joseph Roth in Berlin. Ein Lesebuch für Spaziergänger. Köln 1994.
BIENERT, Michael: Brechts Berlin. Literarische Schauplätze. Berlin 2018.
BIENERT, Michael: Kästners Berlin. Literarische Schauplätze. Berlin 2014.
BIENERT, Michael: Döblins Berlin. Literarische Schauplätze. Berlin 2017.
JENS, Inge: Dichter zwischen rechts und links. Die Geschichte der Sektion für Dichtkunst an der Preußischen Akademie der Künste. 2. Aufl. Leipzig 1994.
KÄHLER, Hermann: Berlin – Asphalt und Licht. Die große Stadt in der Literatur der Weimarer Republik. Berlin 1986.
KIAULEHN, Walther: Berlin. Schicksal einer Weltstadt. Berlin 1958.
MANN, Heinrich: Ein Zeitalter wird besichtigt. Düsseldorf 1974.
MENDELSSOHN, Peter de: Zeitungsstadt Berlin. Frankfurt a. M., Berlin, Wien 1982.
MEYER, Jochen: Berlin Provinz. Literarische Kontroversen um 1930. Marbach 1985.
OBERHAUSER, Fred/Nicole HENNEBERG: Literarischer Führer Berlin. Frankfurt a. M. 1998.
TEBBE, Krista/Harald JÄHNER (Hg.): Alfred Döblin zum Beispiel. Stadt und Literatur. Berlin 1987.
TERGIT, Gabriele: Atem einer anderen Welt. Berliner Reportagen. Frankfurt a. M. 1994.

REVUE BERLIN

BERG-GANSCHOW, Uta/Wolfgang JACOBSEN: Film...Stadt...Kino...Berlin (Ausstellungskatalog). Berlin 1987.
BIENERT, Michael: Mit Brecht durch Berlin. Frankfurt a. M. 1998.
BOEGER, Peter: Architektur der Lichtspieltheater in Berlin. Bauten und Projekte 1919-1930. Berlin 1993.
JACOBSEN, Wolfgang u.a. (Hg.): Filmmuseum Berlin – Deutsche Kinemathek. Berlin 2000.
JACOBSEN, Wolfgang (Hg.): Babelsberg 1912-1992. Ein Filmstudio. Berlin 1992.
KRACAUER, Siegfried: Von Caligari zu Hitler. Frankfurt a. M. 1984.
NAUDET, Jean-Jacques/ Peter RIVA (Hg.): Marlene Dietrich. Berlin 2001.
RECKNAGEL, Steffi: Das Renaissance Theater. Berlin 2002.
RÜHLE, Günther: Theater für die Republik. Berlin 1988.
ZUCKER, Paul: Theater und Lichtspielhäuser. Berlin 1926.

KURFÜRSTENDAMM

JEANNE MAMMEN 1890-1976. Gemälde, Aquarelle, Zeichnungen. Hg. Jörn Merkert. Katalog zur Ausstellung in der Berlinischen Galerie im Martin-Gropius-Bau mit Werkverzeichnis, Köln 1997.

METZGER, Karl-Heinz/
Ulrich DUNCKER:
Der Kurfürstendamm. Leben und
Mythos des Boulevards in 100 Jahren
deutscher Geschichte. Berlin 1987.
MORECK, Kurt: Führer durch das »lasterhafte« Berlin. Leipzig 1931.
HELMUT NEWTON: Autobiographie.
München 2002.
SCHAUBÜHNE AM LEHNINER PLATZ
(Hg.): Der Mendelsohn-Bau am
Lehniner Platz. Erich Mendelsohn und
Berlin. Berlin 1981.
SCHEBERA, Jürgen: Damals im Romanischen Café. Leipzig 1988.
WICHNER, Ernest/Herbert WIESNER:
Industriegebiet der Intelligenz (Ausstellungsbuch). Berlin 1990.

METROPOLE DES VERBRECHENS

BOEHNCKE, Heiner/Hans Sarkowicz:
Die Metropole des Verbrechens.
Frankfurt a. M. 1997.
ENGELBRECHT, Ernst: In den Spuren
des Verbrechertums. Berlin 1930.
SLING: Der Fassadenkletterer vom
Kaiserhof. Berliner Kriminalfälle aus
den zwanziger Jahren. Hg. von Ruth
Greuner. Berlin 1989.

VERFOLGUNG, EXODUS UND ERINNERUNG

BURKERT, Hans Norbert u.a.: »Machtergreifung« Berlin 1933. Berlin 1982.
EHMANN, Annegret u.a.:
Juden in Berlin 1671-1945.
Ein Lesebuch. Berlin 1988.
ENDLICH, Stefanie u.a.:
Gedenkstätten für die Opfer des
Nationalsozialismus. Eine Dokumentation. Band 2. Bonn 1999.
KISCH, Egon Erwin: Mein Leben für die
Zeitung 1926-47. Gesammelte Werke
Bd. 9. Berlin und Weimar 1983.
REBIGER, Bill: Das jüdische Berlin,
Berlin 2000.
RÜRUP, Reinhard (Hg.): Jüdische
Geschichte in Berlin. Bilder und Dokumente. Berlin 1995.
SIMON, Hermann/Jochen BOBERG (Hg.):
»Tuet auf die Pforten«.
Die Neue Synagoge 1886-1995.
Berlin 1995.

GROSS-BERLIN

BAADE, Rudolf: Kapital und Wohnungsbau in Berlin 1924 bis 1940, Berlin 2004.
Bodenschatz, Harald u. a.: 100 Jahre
Groß-Berlin, 3 Bde., Berlin 2017-2019.

WEITERFÜHRENDE INTERNETQUELLEN
STAND JANUAR 2020

www.berlin1920s.blogspot.de
Das Blog zu diesem Buch mit aktuellen Hinweisen auf neue Zwanziger-Jahre-Sehenswürdigkeiten, Neuerscheinungen und Termine in der Stadt.

www.bauhaus100.de
Gemeinsame Onlinepräsentation des Bauhaus-Archivs Berlin, der Stiftung Bauhaus Dessau und der Klassik Stiftung Weimar mit einem Atlas der Bauhausstätten weltweit, Magazin und Veranstaltungskalender, dazu gibt es eine Smartphone-App und einen gedruckten Führer (Bauhaus-Reisebuch, Köln 2012).

www.text-der-stadt.de/Bibliografie1920s_in_Berlin.pdf
Eine ausführliche Bibliografie zum Thema dieses Buches zum Download, zusammengestellt mit Bibliothekaren der Abteilung Berlin-Studien in der Zentral- und Landesbibliothek Berlin. Alle Titel sind dort einzusehen, darunter etliche Raritäten.

https://digital.zlb.de/viewer/cms/155/
Die Berliner Adressbücher bis 1943 im Volltext, eine unerschöpfliche Quelle.

https://www.berlin.de/landesdenkmalamt/denkmale
Auf der Website des Landesdenkmalamtes findet man neben einer unschätzbar nützlichen Denkmaldatenbank auch Informationen und Pläne zu allen Welterbesiedlungen in Berlin.

architekturmuseum.ub.tu-berlin.de
Mehr als 100 000 Entwürfe von Architekten liegen hier digitalisiert vor, darunter von bedeutenden Baumeistern der Moderne wie Hans Poelzig oder Bruno Taut.

www.welterbesiedlungen-berlin.de
Kompakte Information über alle Welterbesiedlungen und die Informationsangebote vor Ort.

www.hufeisensiedlung.info
Umfangreiche Internetpräsentation zur Geschichte der Hufeisensiedlung in Britz.

www.dhm.de/lemo
Das virtuelle Geschichtsmuseum des Deutschen Historischen Museums mit Bildern, Ton- und Filmausschnitten vermittelt ein vielschichtiges Bild der Weimarer Republik.

www.zeitreisen.de/kaestner/start.htm
Website der Zentral- und Landesbibliothek zu Erich Kästners Roman »Emil und Detektive« mit Adressbuch der Schauplätze

www.gedenktafeln-in-berlin.de
Die 2013 freigeschaltete Datenbank ermöglicht das gezielte Auffinden von über 3100 Gedenktafeln in Berlin.

www.illustrierte-presse.de
Legendäre Zeitschriften wie "Uhu" und "Querschnitt" im Volltext, digitalisiert mit Mitteln der Deutschen Forschungsgemeinschaft.

www.boheme-sauvage.net
Seit 2006 organisiert die »Gesellschaft für mondäne Unterhaltung« Ballabende im Stil der Zwanziger Jahre.

www.kabarett.it
Tolle italienische Website über das Kabarett der Zwanziger Jahre.

www.text-der-stadt.de
Hier informieren die Autoren Michael Bienert und Elke Linda Buchholz über ihre aktuellen Projekte und Stadtführungen.

ADRESSEN

MUSEEN

Übersicht aller Berliner Museen im Internet:
www.museumsportal-berlin.de

AKADEMIE DER KÜNSTE
Pariser Platz 4,
10117 Berlin
Tel. 285 38 50
www.adk.de

ANTI-KRIEGS-MUSEUM
Brüsseler Straße 21,
13353 Berlin
Tel. 454 90 110
www.anti-kriegs-museum.de

BAUDENKMAL BUNDESSCHULE
des ADGB in Bernau
Hannes-Meyer-Campus 9,
16321 Bernau
Tel. 033 38 / 76 78 75
www.bauhaus-denkmal-bernau.de

BAUHAUS-ARCHIV BERLIN
Museum für Gestaltung
z. Zt. Knesebeckstraße 1-2,
10623 Berlin
Tel. 25 40 02 0
www.bauhaus.de

BERLINER S-BAHN-MUSEUM
Rudolf-Breitscheid-Straße 203,
14482 Potsdam (geschlossen und auf Standortsuche)
www.s-bahn-museum.de

BERLINER U-BAHN-MUSEUM
Rossitter Platz 1,
14053 Berlin
Tel. 25 62 71 71
www.ag-berliner-u-bahn.de

BERLINISCHE GALERIE
Alte Jakobstraße 124-128,
10969 Berlin
Tel. 789 02 600
www.berlinischegalerie.de

BRÖHAN-MUSEUM
Schloßstraße 1a, 14059 Berlin
Tel. 326 906 00
www.broehan-museum.de

BRÜCKE-MUSEUM
Bussardsteig 9,
14195 Berlin
Tel. 831 20 29
www.bruecke-museum.de

CENTRUM JUDAICUM
Oranienburger Straße 28/30,
10117 Berlin
Tel. 880 28 300
www.centrumjudaicum.de

DEUTSCHES HISTORISCHES MUSEUM
Unter den Linden 2,
10117 Berlin
Tel. 20 30 4 0
www.dhm.de
DEUTSCHE KINEMATHEK –
MUSEUM FÜR FILM UND FERNSEHEN
Potsdamer Straße 2,
10785 Berlin
Tel. 30 09 03 0
www.deutsche-kinemathek.de
DEUTSCHES TECHNIKMUSEUM BERLIN
Trebbiner Straße 9,
10963 Berlin
Tel. 90 254 0
www.dtmb.de
EINSTEINHAUS CAPUTH
Waldrand 15-17,
14548 Caputh
Tel. 0331 / 27178 0
www.einsteinsommerhaus.de
FILMMUSEUM POTSDAM
Marstall/ Breite Straße 1a,
14467 Potsdam
Tel. 0331 / 271 81 12
www.filmmuseum-potsdam.de
FILMPARK BABELSBERG
Großbeerenstraße,
14482 Potsdam-Babelsberg
Tel. 0331 / 72 12 75 0
www.filmpark-babelsberg.de
FRIEDRICHSHAIN-KREUZBERG-MUSEUM
Adalbertstraße 95A,
10999 Berlin
Tel. 5058 5233
www.fhxb-museum.de
GEDENKSTÄTTE KÖPENICKER
BLUTWOCHE JUNI 1933
Puchanstraße 12,
12555 Berlin
Tel. 902 97 56 71
http://www.gedenkstaette-koepenicker-blutwoche.org

GEDENKSTÄTTE SACHSENHAUSEN
Straße der Nationen 22,
16515 Oranienburg
Tel. 03301 / 200 200
www.sachsenhausen-sbg.de
GEORG-KOLBE-MUSEUM
Sensburger Allee 25,
14055 Berlin
Tel. 304 21 44
www.georg-kolbe-museum.de
HEINRICH-ZILLE-MUSEUM
Probststraße 11,
10178 Berlin
Tel.: 246 32 500
www.zillemuseum-berlin.de
HISTORISCHER HAFEN
Märkisches Ufer,
10179 Berlin
Tel. 214 73 257
www.historischer-hafen-berlin.de
JEANNE-MAMMEN-ATELIER
Kurfürstendamm 29,
10719 Berlin
Tel. 881 87 53
JÜDISCHES MUSEUM
Lindenstraße 9-14,
10969 Berlin
Tel. 25 99 33 00
www.jmberlin.de
KÄTHE-KOLLWITZ-MUSEUM BERLIN
Fasanenstraße 24,
10719 Berlin
Tel. 882 52 10
www.kaethe-kollwitz.de
KUNSTBIBLIOTHEK
Matthäikirchplatz 6, 10785 Berlin
Tel. 266 42 42 42
www.smb.museum
KUPFERSTICHKABINETT
Matthäikirchplatz 8,
10785 Berlin
Tel. 266 42 42 42
www.smb.museum

KUNSTGEWERBEMUSEUM
Matthäikirchplatz 8, 10785 Berlin
Tel. 266 42 42 42
www.smb.museum

LIEBERMANN-VILLA AM WANNSEE
Colomierstraße 3,
14109 Berlin
Tel. 805 85 90 0
www.liebermann-villa.de

MEDIEN GALERIE
Dudenstr. 10, 10965 Berlin
www.mediengalerie.org

MIES VAN DER ROHE-HAUS (LANDHAUS LEMKE)
Oberseestraße 60,
13053 Berlin
Tel. 97 00 06 18
www.miesvanderrohehaus.de

MUSEUM BERGGRUEN
Schloßstraße 1, 14059 Berlin
Tel. 266 42 42 42
www.smb.museum

MUSEUM FÜR FOTOGRAFIE
Helmut Newton Stiftung
Jebensstraße 2,
10623 Berlin
Tel. 31864-856
www.helmut-newton.de

MUSEUM FÜR KOMMUNIKATION BERLIN
Leipziger Straße 16, 10117 Berlin
Tel. 202 94 0
www.mfk-berlin.de

NEUE NATIONALGALERIE
Potsdamer Straße 50,
10785 Berlin
Tel. 266 42 42 42
www.smb.museum

POLIZEIHISTORISCHE SAMMLUNG
Platz der Luftbrücke 6,
12101 Berlin
Tel. 4664 76 24 50
www.phs-berlin.de

SAMMLUNG SCHARF-GERSTENBERG
Schloßtr. 70, 14059 Berlin
Tel. 266 42 42 42
www.smb.museum

SCHWULES MUSEUM BERLIN
Lützowstraße 73,
10785 Berlin
Tel. 69 59 90 50
www.schwulesmuseum.de

STADTMUSEUM BERLIN
(Märkisches Museum)
Am Köllnischen Park 5,
10179 Berlin
Tel. 24002-162
www.stadtmuseum.de

STIFTUNG TOPOGRAPHIE DES TERRORS
Niederkirchnerstraße 8,
10963 Berlin
Tel. 25 45 09 50
www.topographie.de

OFEN- UND KERAMIKMUSEUM VELTEN
Wilhelmstraße 32, 16727 Velten
Tel. 03304 / 31 76 0
okmhb.de

DAS VERBORGENE MUSEUM
Dokumentation der Kunst von
Frauen e.V.
Schlüterstraße 70, 10625 Berlin
Tel. 313 36 56
www.dasverborgenemuseum.de

WEGE-UMWEGE-IRRWEGE
(Historische Ausstellung des Deutschen
Bundestages im Deutschen Dom)
Gendarmenmarkt 1, 10117 Berlin
Tel. 227 304 31
https://www.bundestag.de/deutscherdom

WERKBUND-ARCHIV / MUSEUM DER DINGE
Oranienstr. 25
10999 Berlin
Tel. 92 10 63 11
www.museumderdinge.de

THEATER UND KINOS

Übersicht über Berliner Theater im Internet: www.berlin-buehnen.de

ADMIRALSPALAST
Friedrichstraße 101,
10117 Berlin
www.admiralspalast.de

BAR JEDER VERNUNFT
Schaperstraße 24, 10719 Berlin
Tel. 883 15 82
www.bar-jeder-vernunft.de

BABYLON BERLIN:MITTE
Rosa-Luxemburg-Straße 30,
10178 Berlin
Tel. 242 59 69
www.babylonberlin.eu

DEUTSCHES THEATER
Schumannstraße 13a, 10117 Berlin
Tel. 284 41 0
www.deutschestheater.de

FILMTHEATER AM FRIEDRICHSHAIN
Bötzowstr. 1-5, 10407 Berlin
Tel. 42 84 51 88
www.yorck.de

HEBBEL-THEATER (HAU1)
Stresemannstr. 29, 10963 Berlin
Tel. 25 90 04 0
www.hebbel-am-ufer.de

KINO TONI
Max-Steinke Str. 43,
13086 Berlin/Weißensee
Tel. 92 79 12 00
www.kino-toni.de

KOMISCHE OPER
Behrenstraße 55-57, 10117 Berlin
Tel. 30 20 260-0
www.komische-oper-berlin.de

METROPOL
Nollendorfplatz 5, 10777 Berlin
Tel. 403 67 85 60
www.metropol-berlin.de

RENAISSANCE-THEATER
Knesebeckstr. 100,
10623 Berlin
Tel. 312 42 02
www.renaissance-theater.de

SCHAUBÜHNE AM LEHNINER PLATZ
Kurfürstendamm 153,
10709 Berlin
Tel. 89 00 23
www.schaubuehne.de

STAATSOPER UNTER DEN LINDEN
Unter den Linden 7, 10117 Berlin
Tel. 20 35 45 55
www.staatsoper-berlin.de

THEATER DES WESTENS
Kantstraße 12, 10623 Berlin
Tel. 319 03 0
www.stage-entertainment.de

THEATER UND KOMÖDIE AM KURFÜRSTENDAMM
z. Zt. im Schillertheater
Bismarckstraße 110, 10625 Berlin
Tel. 885 911 88
www.komoedie-berlin.de

VOLKSBÜHNE AM ROSA-LUXEMBURG-PLATZ
Rosa-Luxemburg-Platz,
10178 Berlin
Tel. 240 65 77
volksbuehne.berlin

WINTERGARTEN VARIETÉ
Potsdamer Straße 96,
10785 Berlin
Tel 588 43 40
www.wintergarten-berlin.de

UND SONST?

JOSEPH-ROTH-DIELE
Potsdamer Straße 75,
10785 Berlin
Tel. 26369884
joseph-roth-diele.de

REGISTER

Adenauer, Konrad 22, 249
Admiralspalast 208
AEG 48, 58, 60, 68, 128
AEG-Turbinenhalle 68
Ahrends, Bruno 117
Akademie der Künste 144, 151, 167, 176, 183, 189ff., 204, 269
Albers, Hans 222
Alexanderplatz 11, 31, 34, 47f., 68, 81ff., 135, 182, 188ff., 255, 258, 262, 265, 277f.
Anker, Alfred 97ff.
Anti-Kriegsmuseum 34f.
Arbeitsrat für Kunst 69, 130, 153
Autoverkehr 38ff., 69, 145, 186, 231
Avus 43f., 145

»Babylon« (Kino) 11, 33, 223ff.
Baeck, Leo 267
Bahnhof Friedrichstraße 81, 93, 199, 205f., 208, 217
Baker, Josephine 173, 239f.
Baluschek, Hans 125, 141, 153, 178, 219, 245
Barlach, Ernst 159, 164, 172, 176, 206
Bartning, Otto 96f., 157
Bauhaus 44, 75, 81, 103, 136ff., 161f.
Bauhaus-Archiv 81, 127, 129ff.
Baum, Vicki 185, 196
Beckmann, Max 152, 154, 156, 163
BEHALA 50
Behne, Adolf 74, 137
Behrens, Peter 48, 68, 84, 128, 139
Belling, Rudolf 145, 153, 160
Benjamin, Walter 197, 241, 271
Benn, Gottfried 191, 194, 196

Berber, Anita 228
Berg, Alban 202
Berggruen, Heinz 164f.
Bergner, Elisabeth 228, 266
Berliner Ensemble 212, 214
Berlinische Galerie 13, 91, 155ff., 251
Bewag 56f., 89
Bin Gorin, Micha Josef 272
Blech, Leo 228, 266
Bloch, Ernst 37, 101
Bode, Wilhelm von 241
Borsigturm 82, 93
Böß, Gustav 29f., 285
Brademann, Richard 45, 80
Braun, Otto 22
Brecht, Bertolt 55, 76, 151, 183, 185, 189, 192, 197, 201f., 204, 207, 212ff., 219, 241, 256
Breitscheid, Rudolf 237, 241
Breker, Arno 158, 173
Brentano, Bernard von 44
Breuer, Marcel 42, 96, 131
Bröhan-Museum 127, 139ff.
Bronnen, Arnolt 206
Bruckner, Ferdinand 210, 228
»Brücke« (Künstlergruppe) 152, 160, 164, 178
Bubikopf 128, 141, 145, 148f., 185
Buddhistisches Haus 92
Büning, Wilhelm 116
Busch, Ernst 101, 219, 228
Busoni, Ferruccio 175, 203, 228
BVG 60, 84f.

»Café Leon« 235
Canetti, Elias 169, 241

»Capitol« (Kino) 224, 237
»Ceciliengärten« (Wohnanlage) 125
Centrum Judaicum 269ff.
Charell, Erik 207
»Colosseum« (Kino) 225
»Comedian Harmonists« 199ff., 228, 238, 246
Corinth, Lovis 160, 176, 245
Courths-Mahler, Hedwig 196, 241

Dada 151ff., 156f., 161, 163, 170, 176f., 179
»Delphi«-Tanzpalast 240
Deutsches Theater 195, 206, 210, 214, 260
Dietrich, Marlene 217, 221, 226ff., 256
Dix, Otto 152, 154, 157f., 162f., 179, 241, 244
Döblin, Alfred 182f. 188ff., 197, 200, 262
Dudow, Slatan 219
Durieux, Tilla 175

Ebert, Friedrich 18f., 93, 173, 218, 241
Einstein, Albert 55, 62ff., 161, 176, 264ff., 271
Eisenstein, Sergej 219
Eisler, Hanns 204, 219
»Eldorado« 194
Elektrifizierung 45, 56ff., 67, 149, 264
Engel, Erich 213f.
Engl, Jo 220, 229
Ermächtigungsgesetz 21, 203
Ermisch, Richard 79, 124
Erzberger, Matthias 27
Etzdorf, Marga von 59, 61
Expressionismus (Architektur) 69, 71, 80, 93f., 99, 132f.
Expressionismus (Bildende Kunst) 152f., 157, 159ff., 175f., 218, 245, 271

Fahrenkamp, Emil 93
Fasanenstraße 165, 168, 197, 236ff.
Fehling, Jürgen 202
Feininger, Lyonel 160ff.
Feuchtwanger, Lion 185, 196
Filmstadt Babelsberg 60, 218, 226
»Filmtheater am Friedrichshain« 225
Fischer, Samuel 28, 182, 196, 266
Flechtheim, Alfred 152, 162, 164
Flesch, Hans 55

Flughafen Tempelhof 59f., 80
Forbat, Fred 115, 121
Fränkel, Rudolf 122
Friedlaender, Marguerite 140
Friedrich, Ernst 34
Friedrich-Ebert-Siedlung 93, 109
Friedrichstadtpalast 207, 272
Friedrichstraße 56, 60, 81f., 93, 129, 134, 199, 205ff., 217, 231
Funkturm 54, 97
Furtwängler, Wilhelm 204

Gabo, Naum 157
Gartenstadt Atlantic 122f.
Gartenstadt Falkenberg 106f.
Gennat, Ernst 259
George, Heinrich 163, 190, 216, 228
Gewerkschaften 69, 72ff., 136ff., 279
Geyer, Karl-August 217
Giacometti, Alberto 164
Gies, Ludwig 140
Girls 208
Gleisdreieck 47, 61
Goebbels, Joseph 32, 219, 255, 276
Grenander, Alfred 47ff., 85
Gropius, Walter 80, 114, 119f., 127ff., 153, 161, 273
Groß-Berlin 29
Große Berliner Kunstausstellung 151, 158
Großes Schauspielhaus 205, 207, 209
Großkraftwerk Klingenberg 56
Großmann, Karl 258ff.
Grosz, George 149ff., 157, 162f., 169ff., 174, 190, 192, 220, 241, 244
Gründgens, Gustav 202, 206
Gustav-Adolf-Kirche 90f.

Haas, Willy 214
Haffner, Sebastian 17
Harbou, Thea von 100f., 174, 197, 220, 229
Häring, Hugo 115, 118
Hartmann, Gustav 39f.
Hasenclever, Walter 101
Hauptmann, Elisabeth 214
Hauptmann, Gerhart 64
Haus des Deutschen Metallarbeiterverbandes 75
Haus des Deutschen Verkehrsbundes 72
Haus des Rundfunks 54f., 175
Hausenstein, Wilhelm 208

Hausmann, Raoul 152, 178
»Haus Vaterland« 200
Hausvogteiplatz 142f.
Heartfield, John 152, 170f., 192, 241
Hebbel-Theater 211
Heckel, Erich 159, 164, 178
Helm, Brigitte 144, 217, 228
Hermann, Georg 196
Hermann-Neisse, Max 197
Hertlein, Hans 58
Herzfelde, Wieland 169ff., 197, 236, 241
Hessel, Franz 12, 182, 232
Hesterberg, Trude 228, 240
Heuss, Theodor 24, 196
Hilberseimer, Ludwig 135
Hindemith, Paul 202ff., 228
Hindenburg, Paul von 20, 35, 176, 279
Hirsch, Paul 266
Hirschfeld, Magnus 274f.
Hitler, Adolf 21, 71, 138, 154, 255, 278
Höch, Hannah 151f., 156f., 161, 179, 244, 266
Hochhäuser 13, 42, 56, 81ff.
Hochschule für Politik 24
Hoelz, Max 261, 277
Höger, Fritz 88
Hollaender, Friedrich 237
Holz, Arno 174, 196
Hotel Adlon 161, 192
Huch, Ricarda 192, 196
Huchel, Peter 101
Hufeisensiedlung 11, 110f.
Hugenberg, Alfred 162, 184

Institut für Sexualwissenschaft 274
Isherwood, Christopher 193, 197

Jacobi, Lotte 165, 241
Jahnn, Hans Henny 206
Jannings, Emil 218, 228
Jazz 140, 201, 204, 239
Jessner, Leopold 206, 266
Jonas, Regina 267
Jüdische Friedhöfe 272f.
Jüdische Mädchenschule 78, 267
Jüdisches Gemeindehaus 236
Jüdisches Museum 35, 269ff.

Kafka, Franz 196
Kaiser-Wilhelm-Gedächtniskirche 25, 88, 233f.
Kaleko, Mascha 197, 241
Kandinsky, Wassily 129, 152, 163
Kantgaragen 44
Kapp-Putsch 18, 107
Karl-Liebknecht-Haus 32f.
Karl-Marx-Schule 76
Karsen, Fritz 76f.
Karstadt 48, 85
Kästner, Erich 182, 195, 197, 205, 234f., 276
Kaufmann, Oskar 211, 245f.
Kempinski 239, 242
Kerr, Alfred 28, 187, 197, 211, 219, 276
Kiaulehn, Walther 47, 186f.
Kinogeschichte 60, 123, 217ff.
Kirchen 58, 88ff.
Kirchner, Ernst Ludwig 156, 245
Kisch, Egon Erwin 37, 55, 182, 196, 241, 277
Klee, Paul 129, 152, 162, 164
Klein, Alexander 119, 121
Klein, Cesar 211
Klemperer, Otto 202, 266
Kokoschka, Oskar 152, 159, 161
Kolbe, Georg 28, 97, 164, 172ff.
Kollo, Walter 208, 228
Kollwitz, Käthe 26, 34, 64, 153, 166ff., 172, 176f., 192, 219, 239, 245
Kolmar, Gertrud 197, 241
Komische Oper 209
»Komödie am Kurfürstendamm« 236, 245
Konfektionsviertel 142f.
Königliche Porzellanmanufaktur (KPM) 127f., 140
Korherr, Richard 183
KPD 23, 26, 31ff., 167, 280
Kracauer, Siegfried 48, 200, 233, 236, 241
Kreuzkirche am Hohenzollerndamm 89f.
Kriminalgericht Moabit 257ff.
Krolloper 20, 202f.
Kunstgewerbemuseum 103, 127, 131, 144
Kunstgewerbeschule 179, 280
Künstler, Franz 280
Künstlerkolonie 101, 228, 277
Kurfürstendamm 142, 152, 169, 179, 187, 200, 210, 216, 220f., 224, 230ff.
KZ Oranienburg 279

Landhaus Lemke 102f., 131, 135
Lang, Fritz 100f., 174, 220, 224, 226, 229, 253f.
Laserstein, Lotte 165
Lasker-Schüler, Else 194, 197
Lehar, Franz 208
Lenya, Lotte 193
Lessing-Theater 205
Liebermann, Max 64, 151, 155, 160, 176ff., 185, 191, 245, 266, 269, 273
Liebknecht, Karl 23, 25f., 32f., 167
Lincke, Paul 208
Linden-Kabarett 209
Lipperheidesche Kostümbibliothek 146
Lissitzky, El 157, 163
Litten, Hans 278
Lorre, Peter 217, 253
Lubitsch, Ernst 218, 220, 224, 229
Luckhardt, Wassili und Hans 68, 97ff., 192
Lufthansa XXf.
Lustgarten 24, 88
Luxemburg, Rosa 25f., 31ff., 49, 85, 214, 223, 260

Malik-Verlag 169ff.
Mammen, Jeanne 146, 199, 242ff.
»Mampe-Stuben« 235
Mann, Heinrich 64, 148, 185, 191f., 197, 221, 237, 241, 276
Mann, Thomas 55, 191f.
»Marmorhaus« (Kino) 224
Masolle, Joseph 220, 229
Massary, Fritzi 209, 266
Max-Taut-Schule 77f.
May, Joe 224
Mebes, Paul 53, 109, 119, 121, 124f.
Mehring, Walter 170, 240
Meidner, Ludwig 156, 178
»Meistersaal« 169, 204
Meitner, Lise 266
Mendelsohn, Erich 63, 65, 75, 83, 93ff., 114, 153, 186, 192, 236, 247ff.
Mendelssohn, Franz von 265
Menuhin, Yehudi 204
Messegelände 54f., 69
Messel, Alfred 68, 106
Messter, Oskar 217
Meyer, Hannes 129, 130, 136ff.
Mielke, Erich 32, 260, 261

Mies van der Rohe, Ludwig 26, 102ff., 114, 159, 271
Moabit 68, 256ff.
Mode 126ff., 142ff., 183, 185, 201, 204, 237, 251
Moholy-Nagy, Laszlo 161, 202
Molo, Walter von 191
Moschee Brienner Straße 92
Mosse, Rudolf 273
Mosse-Verlag 83, 93, 180f., 186f., 247, 266
»Mozartsaal« (Kino) 194, 219, 224
Mühsam, Erich 235, 279
Müller, Hans Heinrich 57f.
Münzenberg, Willi 181
Murnau, Friedrich Wilhelm 218ff., 224, 226, 229
Musil, Robert 182, 191, 197, 236, 239

Nagel, Otto 26, 165, 177, 219
Nationalgalerie 159ff., 170
Nationalversammlung 18f.
Neher, Caspar 202
Nelson, Rudolf 229, 239ff.
Neue Sachlichkeit 68, 153ff.
Newton, Helmut 250f.
Nielsen, Asta 144, 148, 217, 227, 229, 237f.
Nierendorf, Karl 152, 165
Nollendorfplatz 49, 193ff., 211, 215, 219, 224, 277
Novembergruppe 69, 153, 155, 157f.
Novemberrevolution 16ff., 23ff., 153
NSDAP 18, 20, 32, 255, 268, 275ff.

Onkel-Tom-Siedlung 118f.
Ossietzky, Carl von 31, 236, 241, 262f., 276f.

Pabst, Georg Wilhelm 214, 220
Papen, Franz von 22
Paul, Bruno 83, 97, 128, 139
Paulus, Ernst 89, 101
Pechstein, Max 153, 164, 176
Pergamonmuseum 106
Philharmonie 202, 204
Picasso 152, 160, 164, 244
Piscator, Erwin 131, 161, 189, 195, 215f., 220, 229
Platz der Republik 20f., 202
Poelzig, Hans 53, 97, 206f., 223ff., 237
Poelzig, Marlene 97
Polgar, Alfred 208, 218

Polizeipräsidium 31, 85, 253, 258f., 277ff.
Pommer, Erich 220, 229
Porten, Henny 217, 221f., 229
Potsdamer Platz 9f., 13, 36, 40ff., 47, 54, 60, 81, 96, 98, 152, 200, 204, 217
Preuss, Hugo 266
Preußisches Herrenhaus 22
Preußischer Landtag 22, 203
Puni, Iwan 157

Rat der Volksbeauftragten 17, 18, 23
Rathaus Wedding 27, 72, 87
Rathenau, Walther 27f., 175, 197, 240, 266
Reich, Lilly 103, 127
Reichsdruckerei 185
Reichsforschungssiedlung Haselhorst 120f.
Reichskanzlei 22, 71, 280
Reichsknappschaftshaus 72, 101
Reichsschuldenverwaltung 70f., 93, 185
Reichstag 12, 17, 19ff., 27, 161, 203, 209
Reinhardt, Max 206f., 214, 229, 246, 266
Relativitätstheorie 62ff.
Remarque, Erich Maria 194, 196, 276
Renaissance-Theater 210ff.
Rentsch, Ernst 172
Reuter, Ernst 57
Reutter, Otto 199, 229
Richter, Hans 220
Ringsiedlung Siemensstadt 114f.
Ring- und Sparvereine 253
Ringelnatz, Joachim 174, 197
»Romanisches Café« 151, 158, 162, 234, 237, 243
Rosa-Luxemburg-Platz 26, 31, 33, 214, 223, 260
Rotes Rathaus 29f., 189
Roth, Joseph 51, 60, 108, 181, 197, 201, 234ff., 258, 265
Rundfunk 54ff., 60f. 201
Ruttmann, Walter 220

Sahm, Heinrich 30
Sakralbauten 88ff.
Salomon, Erich 156
Salvisberg, Otto Rudolf 117f., 124, 217
Sammlung Scharf-Gerstenberg 164
Sandrock, Adele 229

Sass, Franz und Erich 253, 256ff.
S-Bahn 38, 45ff.
»Scala«-Varieté 199, 209
Scharoun, Hans 114f., 125, 204
Scheidemann, Philipp 19, 23, 27
Scherl-Verlag 181, 184
Schiffshebewerk Niederfinow 52f.
Schiller-Theater 206
Schklowski, Viktor 60
Schlemmer, Oskar 96, 129, 160, 162, 164, 202
Schlichter, Rudolf 151, 154, 156, 158, 162
Schloß 23, 37, 139, 164f., 173, 229
Schloßplatz 23f., 142
Schmidt-Rottluff, Karl 164, 176, 178, 245
Schmohl, Eugen 82
Schnitzler, Arthur 261
Scholz, Wilhelm von 191
Schönberg, Arnold 204, 271
Schreker, Franz 203
Schulbauten 76ff.
Schwitters, Kurt 152, 161, 163
Secession 141, 151, 155, 161, 166, 190, 234, 236, 240, 245
Sechstagerennen 37
Seghers, Anna 192, 197
Shaw, Bernard 211
Shell-Haus 66, 87
Siedlung Am Fischtal 118
Siedlung Schillerpark 108f.
Siedlung Tempelhofer Feld 124
Siemens 58, 60
Siemensstadt 56f.
Skladanowsky, Max 199, 217
Sklarek-Skandal 30
Sling 184, 261
Spartakusaufstand 18, 23, 25, 186
SPD 18ff., 39, 31ff., 279ff.
Staatsbibliothek 64
Staatsoper 135, 202, 228, 272
Staatstheater am Gendarmenmarkt 205f.
Stadtbad Mitte 79f.
Stadtgericht 278
Städtische Oper 203
Städtische Irrenanstalt in Buch 188
Stadtmuseum 35, 144, 164, 177, 271
Steiner, Rudolf 194, 197
Sternberg, Josef von 220, 222, 226
Strandbad Wannsee 69, 79f.
Straumer, Heinrich 55, 97
»Sturm«-Galerie 152, 161, 164
Surrealismus 164

Tauber, Richard 240
Taut, Bruno 107ff., 124, 153, 190
Taut, Max 72ff., 77ff., 83f., 85, 101
Technikmuseum, Deutsches 46, 55, 59f.
Telefon 60f., 130
Tempo 36ff., 62, 152, 185
Tergit, Gabriele 187, 197, 261
Tessenow, Heinrich 80, 118, 168
Thälmann, Ernst 26, 280
»Theater am Kurfürstendamm« 236, 246
»Theater am Schiffbauerdamm« 208, 213f.
Thorak, Josef 78, 173
»Titania-Palast« 222, 225
Toller, Ernst 210, 215
Topographie des Terrors 22, 280f.
»Tribüne« (Theater) 210
Tucholsky, Kurt 35, 181, 183, 187, 197, 240f., 244, 257, 272, 276

U-Bahn 38, 47ff.
Ufa 219ff., 224f., 227
Ullstein-Verlag 39, 82f., 87, 174, 181, 184f., 187, 213, 266
Universität 63f., 140, 268
Ury, Else 197, 241
Ury, Lesser 266, 273

Valetti, Rosa 222, 243
Veidt, Conrad 218, 229
Verbandshaus der deutschen Buchdrucker 74, 83
Vogt, Hans 220, 229
Volksbühne 33, 211, 214ff., 223, 240, 245f.
Vox-Haus 54f., 60

Wachsmann, Konrad 64
Wagenfeld, Wilhelm 127, 140
Wagner, Martin 69, 79, 105ff., 125, 190
Walden, Herwarth 152, 161
Waldoff, Claire 201, 209, 229
Walter, Bruno 203
Warenhäuser (o. Kaufhäuser) 48, 85f., 266
Weigel, Helene 212f., 216, 241
Weill, Kurt 202, 204, 214, 216
Weinert, Erich 26, 31, 76
Weiße Stadt 104, 116f.
»Weltbühne« (Zeitschrift) 74, 171, 236, 238, 241, 244, 247
Werkbund 128, 139, 140
Wermuth, Adolf 29
Wertheim 48, 66, 139, 266
Wessel, Horst 32f., 255
Westhafen 50f.
»Wintergarten«-Varieté 199f., 209
Wohnanlage Flußpferdhof 124
Wohnstadt Carl Legien 112f., 117
Wohnungsbau 93, 98, 100, 105ff., 190, 247
Wolf, Friedrich 26, 223
Wolff, Theodor 186f.
Wolffenstein, Richard 50, 186
Wolffsohn, Karl 123

Yva 250f.

Zech, Paul 197
Zeitungsviertel 82f., 184ff.
Zemlinsky., Alexander von 216
Zille, Heinrich 155, 176ff., 270
Zuckmayer, Carl 185, 197, 206, 241, 260
Zweig, Arnold 64, 197
Zwetajewa, Marina 197, 241
Zwölftonmusik 190, 201ff.

Bildquellennachweis
- Fotos von Michael Bienert: S. 10, 16, 19, 25, 27, 40o., 42, 47, 48, 50, 52, 61, 64, 65o., 65u., 68u., 70, 71, 72u., 73, 74, 75, 76, 77, 78, 79, 82l., 84u., 86, 91, 89, 90, 91, 104, 106, 107, 109, 112, 113o., 114, 115, 116, 117, 119, 121, 122, 135o., 155, 167, 179o., 183, 187, 191, 197, 207, 210, 212, 222, 226, 227, 229, 235, 238, 251, 252, 257, 262, 263, 247, 266, 267, 268, 269, 270, 272, 273, 276o., 279, 280, 281
- Fotos von Elke Linda Buchholz: S. 34, 46u., 94, 96, 99, 100o.,101, 102, 103, 129, 133, 134, 135u., 137, 138, 139, 141, 142, 154, 159, 164, 173, 174, 175, 217, 223, 224, 228, 275
- Archiv der Autoren: S. 9, 13, 14/15, 21, 26, 29, 30, 32, 33o., 36, 38, 40u., 41, 43, 46o., 49, 51, 64, 68, 84o., 88, 92, 97u., 126, 132, 140, 143, 144, 145, 146, 147, 149, 166, 168, 171, 177, 179u., 180, 188, 184, 190, 200, 201, 205, 209, 230, 216, 236, 264, 276u., 264, 282 (Sammlung Heider)
- Ben Buschfeld/Tautes Heim: S. 110
- Ron Mertiny: Coverfoto, S. 3
- Besonderer Dank gilt dem Zentrum für Berlin-Studien in der Zentral- und Landesbibliothek Berlin für die Nutzung seiner Postkartensammlung (S. 22, 23, 35, 85, 113u., 123, 178, 192, 193, 195, 203, 213, 232, 233l., 240, 246, 260), sowie historischer Zeitschriften, Zeitungen, Kalender, Karten und Bücher (S. 32, 33, 34, 44, 54, 55, 56, 57, 58, 62, 68o., 72o., 80, 82r., 83, 93, 111, 139, 153, 171, 184, 189, 206, 215, 219, 221, 225, 233r., 234, 245, 248, 249, 256, 258, 277, 278, 286)
- Agentur für Bilder zur Zeitgeschichte / Archiv Willy Römer: S. 24
- Bundesarchiv, Bild 146-1987-031-28 / Hoffmann, Herbert / CC-BY-SA 3.0 (https://creativecommons.org/licenses/by-sa/3.0/de/): S. 87
- Bundesanstalt für Wasserbau / Historisches Archiv der Bundeswasserstraßen: S. 53
- Leon Buchholz: Autorenfoto Rückseite
- Bauhaus-Archiv Berlin / Gunter Lepkowski: S. 131
- Otto Dix: bpk-Bildagentur / VG Bild-Kunst, Bonn 2020: S. 157
- Otto Dix: Berlinische Galerie, Landesmuseum für Moderne Kunst, Fotografie und Architektur / VG Bild-Kunst, Bonn 2020: S. 158
- Gewobag / Sabine Dobre: S. 120, 121
- George Grosz: Estate of George Grosz, Princeton, N. J. / VG Bild-Kunst, Bonn 2020: S. 169 (Ausschnitt), 171
- Volker Hartig: S. 300
- Hannah Höch: bpk-Bildagentur / VG Bild-Kunst, Bonn 2020: S. 150
- Ewald Hoinkis / bpk-Bildagentur: S. 169
- Arthur Köster / VG Bild-Kunst, Bonn 2020: S. 69, 97o., 100u., 118, 124, 125
- Tamara de Lempicka: Authorized by Tamara Art Heritage / VG Bild-Kunst, Bonn 2020: S. 150
- Jeanne Mammen: Förderverein der Jeanne-Mammen-Stiftung e.V. / VG Bild-Kunst, Bonn 2020: S. 198, 243, Backcover m. (Ausschnitt);
- Christian Schad: bpk-Bildagentur / Christian Schad Stiftung Aschaffenburg / VG Bild-Kunst, Bonn 2020: S. 160
- Rudolf Schlichter: Viola Roehr von Alvensleben / c/o Galerie Alvensleben, München: S. 156
- Wikimedia Commons/Berlin_Brewer: S. 95

Sollten trotz unserer intensiven Recherche Bildrechte nicht berücksichtigt sein, erfüllen wir berechtigte Honorarforderungen selbstverständlich unmittelbar gemäß der MFM-Empfehlung.

Elke Linda Buchholz und Michael Bienert

DIE ZWANZIGER JAHRE – MOBIL UND MULTIMEDIAL

In ein Buch passt viel, aber nicht alles. Deshalb arbeiten wir laufend an neuen Präsentationsformen, um das Informationsangebot über die Zwanziger Jahre in Berlin zu erweitern. Wir publizieren im Internet, bieten Stadterkundungen an, halten gerne Vorträge und lesen aus unseren Büchern. Termine und Neuigkeiten finden Sie auf der Autorenwebsite **www.text-der-stadt.de**, bei Facebook unter der Adresse **www.facebook.com/text.der.stadt** und im Blog: **www.berlin1920s.blogspot.de**

MODERNES BERLIN DER KAISERZEIT

Das Berlin der Zwanziger Jahre war ein Kind der Kaiserzeit. Der größte Teil der Stadt war vor dem Ersten Weltkrieg gebaut worden und prägte weiterhin den Alltag der Berliner. Das vorliegende Zwanziger-Jahre-Buch lenkt den Blick auf das, was nach dem Krieg wirklich neu war. Um das Bild zu vervollständigen, haben wir einen weiteren Wegweiser durch das wilhelminische Berlin verfasst. Der Band **Modernes Berlin der Kaiserzeit** ist in gleicher Ausstattung und zum selben Preis im Berlin Story Verlag lieferbar.